中国地质调查局地质调查项目
“华东地区脉石英晶质石墨等重要非金属矿综合利用评价”
（项目编号：DD20190186）

石墨资源开发利用现状及市场分析

刘 磊　张 亮　杨卉芃　庞功周　著

扫一扫查看全书数字资源

北 京
冶 金 工 业 出 版 社
2021

内容简介

本书介绍了石墨的性质及应用、全球石墨资源情况、石墨资源开发利用现状、石墨资源市场情况等内容，并对石墨资源下游产业发展趋势进行了延伸分析，提出了我国石墨资源产业发展的对策建议。

本书可供石墨行业管理、咨询、开发和投资、研究和教学的相关人员阅读，也可供高等院校相关专业师生参考。

图书在版编目(CIP)数据

石墨资源开发利用现状及市场分析/刘磊等著. —北京：冶金工业出版社，2021. 10

ISBN 978-7-5024-8945-8

Ⅰ. ①石… Ⅱ. ①刘… Ⅲ. ①石墨—资源开发—研究—中国 ②石墨—资源利用—研究—中国 Ⅳ. ①F426. 1

中国版本图书馆 CIP 数据核字（2021）第 204847 号

石墨资源开发利用现状及市场分析

出版发行 冶金工业出版社　**电　话**（010）64027926

地　址 北京市东城区嵩祝院北巷 39 号　**邮　编** 100009

网　址 www. mip1953. com　**电子信箱** service@ mip1953. com

责任编辑 王 颖 美术编辑 彭子赫 版式设计 郑小利

责任校对 范天娇 责任印制 李玉山

北京富资园科技发展有限公司印刷

2021 年 10 月第 1 版，2021 年 10 月第 1 次印刷

710mm×1000mm 1/16；12. 25 印张；238 千字；189 页

定价 99. 90 元

投稿电话（010）64027932 **投稿信箱** tougao@cnmip. com. cn

营销中心电话（010）64044283

冶金工业出版社天猫旗舰店 yjgycbs. tmall. com

（本书如有印装质量问题，本社营销中心负责退换）

前　言

石墨是一种性能优异、用途广泛的非金属材料，是国家战略性新兴矿产之一，对经济社会的全局和长远发展具有重大引领带动作用。石墨由于其特殊的物理化学性能，被广泛应用于冶金、机械、电气、化工、轻工、纺织、国防等众多领域。近年来，随着石墨加工技术的进步及球形石墨、石墨烯等新材料的开发和应用技术研究，石墨在新兴环保材料、新兴热交换材料、储能、导电材料、石墨烯及新型超级电容器材料等高新技术领域和新能源领域的应用前景越来越好，尤其是被称为“21世纪新材料之王”的石墨烯的发现，引起电子通信、锂离子电池、军工、航天和生物医药等新兴领域的广泛关注。随着现代科学技术和社会经济的不断发展，战略性新兴产业将会是获取未来竞争新优势的关键领域，并代表了新一轮的科学技术革命、产业变革的方向。石墨资源是新能源汽车、电子行业、石墨烯新材料等新兴产业不可或缺的重要材料资源，因此，石墨资源产业健康有序发展对我国未来在战略性新兴产业方面的发展具有重要意义。

石墨资源是我国传统优势矿产，目前我国石墨资源的产量和消费量均为世界第一，随着经济社会的进一步发展，未来对石墨“量”和“质”的要求也会逐步提高，这对我国石墨资源产业发展提出了新的要求。只有全面客观地了解全球石墨产业的发展历史和开发利用现状，分析石墨产业未来发展趋势，制定科学的矿业发展战略，促进石墨产业健康可持续发展，才能为我国经济长期发展提供可靠的资源保障。

本书是在中国地质调查局“矿产资源节约与综合利用调查工程”下设的地质调查项目“华东地区脉石英晶质石墨等重要非金属矿综合利

用评价”（项目编号：DD20190186）研究成果的基础上，加工凝练形成的。本书介绍了石墨的性质及应用、全球石墨资源情况、石墨资源开发利用现状、石墨资源的市场情况等内容，并对石墨资源下游产业的发展趋势进行了延伸分析，提出了我国石墨资源产业发展的对策建议。

近年来，随着新能源汽车、电子信息、新材料等一系列新兴产业的发展，使得石墨资源的用途、市场供需、产品等发生了明显的变化，越来越多的资金也逐渐投入石墨产业中来，国内外新上了大批开发项目，形成了新一轮石墨产业发展势头。我国是传统的石墨生产大国，石墨市场供需变化势必会对我国石墨产业造成一定影响，因此，本书对全球石墨资源现状、生产现状、新上项目特点及市场发展趋势进行系统总结，以期为从事石墨行业管理、咨询、开发和投资、研究和教学的相关人员提供参考和借鉴。

本书在编写过程中，得到了王文利、陈忠新、向琦、萧小月等专家的悉心指导和帮助；得到了中国地质调查局资源评价部、中国非金属矿工业协会、中国石墨产业发展联盟、黑龙江省区域地质调查所、青岛市南墅镇镇政府、中国石墨烯产业技术创新战略联盟、甘肃省地质调查院、内蒙古自治区地质调查院、鑫椤咨讯等单位的大力支持，获取了大量的实际资料和数据，对它们的支持和帮助表示诚挚的谢意！

由于编者水平所限，书中不妥之处，恳请广大读者批评指正。

编　者

2021 年 7 月

目　　录

1 石墨的性质及应用

石墨是由单质碳元素构成的一种鳞片状矿物，是单质碳元素在地球上的一种存在形式。单质碳以结晶态（石墨、金刚石、富勒烯等）和无定型态（煤炭、炭黑、泥炭、活性炭等）存在于地球。碳元素的最大特点之一是结晶态单质碳存在着众多同素异形体，如人们熟悉的金刚石和石墨，以 C_{60} 为代表的富勒烯和碳纳米管以及最新发现的石墨烯（Graphene）。这些碳材料的特性几乎可涵盖地球上所有物质的性质，甚至相对立的两种性质，如从最硬到极软、全吸光到全透光、绝缘体到半导体到导体、绝热到导热、高临界度的超导体等。石墨结构如图 1-1 所示。

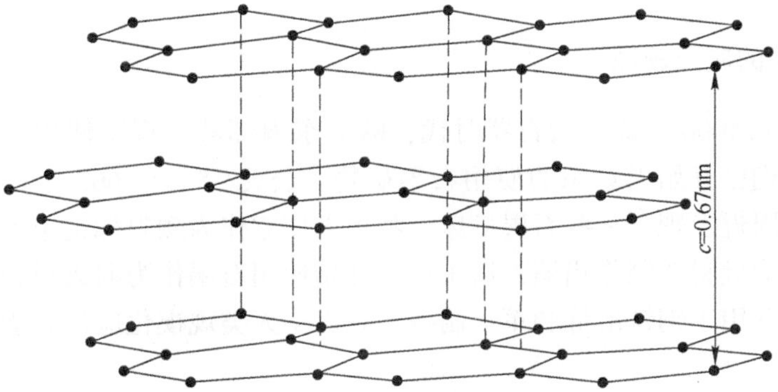

图 1-1 石墨结构

1.1 石墨的性质

石墨是自然界中最软的矿物之一，是单质碳元素在自然界的一种存在形式。石墨的莫氏硬度为 1~2，颜色由黑到铁灰，不透明，形状呈晶体状、薄片状、鳞状、条纹状、层状体或散布在变质岩中，密度为 2.09~2.23g/cm^3。石墨矿物是层状混合晶体，每一层中碳原子间以共价键的形式连接，故既有原子晶体的特点，层与层之间以弱的范德华力连接，又有分子晶体的特点。由于其特殊结构，而具有很多特殊性质。

(1) 良好的耐高温性：石墨的熔点为 (3850±50)℃，沸点为4250℃，强度随温度提高而加强，在2000℃时，石墨强度提高一倍。

(2) 良好的导电、导热性：石墨的导电性比一般非金属矿高100倍。导热性超过钢、铁、铅等金属材料。导热系数随温度升高而降低，甚至在极高的温度下，石墨成绝热体。

(3) 润滑性：石墨的片状结构使其具有很好的润滑性。

(4) 化学稳定性：石墨在常温下有良好的化学稳定性，能耐酸、耐碱和耐有机溶剂的腐蚀。

(5) 可塑性和延展性：石墨的层状结构使其具有良好可塑性和延展性，通过插层等工艺进行膨胀处理的膨胀石墨，可塑性和延展性更好。

(6) 良好的抗热震性：石墨在常温下使用时能经受住温度的剧烈变化而不致破坏，温度突变时，石墨的体积变化不大，不会产生裂纹。

1.2 石墨的应用

1.2.1 石墨的应用领域

早在公元4000年前的新石器时代，欧洲东南部就出现了使用石墨颜料装饰的陶器，人们已开始无意识的使用石墨矿物，公元1533~1603年在英格兰地区坎布里亚郡附近发现了一些石墨矿床，牧羊人用它作为颜料标记羊群，人们逐渐使用石墨作为颜料并制作铅笔，后来英国开始使用石墨作为耐火材料制造铸造模具的内衬，并用于钢铁冶炼和军火制备，开启了人类规模化应用石墨矿产资源的历史。

现阶段，由于石墨特有的结构其使其具有特殊的物理化学性能，这些性能使其在冶金、机械、电气、化工、轻工、纺织、国防等众多领域得到广泛应用，近年来随着石墨加工技术的进步及球形石墨、石墨烯等新材料的开发，石墨在新兴环保材料、新兴热交换材料、储能、导电材料、石墨烯及新型超级电容器材料等高新技术领域和新能源领域的应用前景越来越好，尤其是被称为“21世纪新材料之王”石墨烯的发现，引起电子通信、锂离子电池、军工、航天和生物医药等新兴领域的广泛关注。目前全球石墨的主要应用领域包括：

(1) 耐高温材料：石墨优良的耐高温性能使其被用于制造耐火砖、坩埚、连续铸造模压粉、铸模芯、铸模洗涤剂、塞头和喷嘴等。石墨耐火砖包括镁碳砖和铝碳砖两大类，炼钢炉内衬主要使用镁碳砖，连续铸造主要使用铝碳砖，石墨坩埚被广泛用于直接熔融金属的工艺中。

(2) 炼钢增碳剂：石墨在炼钢工业中作为增碳剂可以调节钢的成分，隐晶质石墨的主要用途之一就是作为炼钢增碳剂。

(3) 导电材料：石墨在电气工业中广泛用作电极、电刷、碳棒、碳管、水银整流器的正极、垫圈等，其中以石墨电极应用最广，在冶炼各种合金钢、铁合金时，电弧炉使用石墨电极。此外，在电解金属镁、铝、钠时，电解槽的阳极也用石墨电极。生产金刚砂的电阻炉也用石墨电极作炉头导电材料。电气工业中所使用的石墨，对石墨粒度和纯度要求很高，以人造石墨为主。

(4) 耐磨和润滑材料：石墨在机械工业中常作润滑剂。润滑油往往不能在高速、高温、高压的条件下使用，而石墨润滑耐磨材料可以在-200~2000℃下工作，许多输送腐蚀介质的设备，广泛采用石墨材料制成活塞环、密封圈和轴承，它们运转时，无须加入润滑油，石墨乳也是许多金属加工（拔丝、拉管）时的良好的润滑剂。

(5) 耐腐蚀材料：石墨具有良好的化学稳定性。经过特殊加工的石墨，具有耐腐蚀、导热性好、渗透率低等特点，而广泛用于制作热交换器、反应槽、凝缩器、燃烧塔、吸收塔、冷却器、加热器、过滤器、泵体等设备。这些设备主要用于石油化工、湿法冶金、酸碱生产、合成纤维造纸等工业部门，可节省大量的金属材料。

(6) 铸造、翻砂、压模及高温冶金材料：由于石墨的线膨胀系数小，而且能耐急冷急热的变化，可作为玻璃器皿的铸模，也可作为脱模剂。使用石墨后，金属铸件尺寸精确，表面光洁，成品率高，生产硬质合金等粉末冶金工艺，通常用石墨材料制成压模和烧结用的舟皿。单晶硅的晶体生长坩埚、区域精炼容器、支架、夹具、感应加热器等都是用高纯石墨加工而成的。此外，石墨还可以作真空冶炼的隔热板和底座、高温电阻炉炉管、棒、板、隔栅等元器件。

(7) 原子能工业和国防工业：石墨具有良好的中子减速性能，最早作为减速剂用于原子反应堆中，“铀-石墨”反应堆是目前应用较多的一种原子反应堆，石墨由于自身特殊的性质使得其在核聚变反应堆中也具有重要的作用，它能够在很大程度上减少材料等离子体中的金属杂质，因此对材料等离子体提高能量约束发挥了巨大作用，随着核聚变装置逐渐大型化，导热性好、机械强度高的石墨材料被视为核聚变反应堆的优质材料，且其在应用过程中表现出了良好的放电脉冲效果，此外，因石墨具有原子序数低、引起的辐照损失小等特性，即便混入等离子体中，也能使高温下等离子体保持稳定。高温气冷堆（核裂变堆）中，由于高温气冷堆中用作慢化剂的石墨必须具有辐照蠕变及对变形所产生的辐照应力有很强的耐受力，便提出了模块化高温气冷堆。当代新型超高温核反应堆，具有高功率密度、高温等特点，这对新一代石墨材料提出了更高的要求：物美价廉、超高的辐照损伤耐受力、产品均质化等。

国防工业中使用石墨制造固体燃料火箭的喷嘴、导弹的鼻锥，宇航设备隔热材料和防射线材料等也常用石墨制造。

（8）防锈及吸附材料：石墨涂料用于金属部件上可以防腐和防锈。膨胀石墨还可以作为吸附剂吸附油类。

（9）制动摩擦材料：自20世纪70年代以来，离合器和制动衬广泛使用半金属摩擦材料，半金属摩擦材料是将石墨和金属粉、钢纤维、陶土粉用合成树脂黏结而成。制动摩擦材料主要用于高速设备，如飞机、卡车以及越野车的刹车片和离合器片，近几年来，石棉逐渐被石墨所取代用于制造摩擦材料。

（10）柔性石墨密封材料：柔性石墨是20世纪70年代开发的一种新型石墨制品，这种产品除具有天然石墨所具有的优良特性外，还具有特殊的柔性和弹性，因此，是一种理想的密封材料，广泛用于石油化工、原子能等工业领域。

（11）锂离子电池电极材料：球状石墨是关键的锂离子电池阳极材料，它是由天然鳞片石墨加工而成。球状石墨非常符合锂离子电池阳极材料的要求，而目前的人造石墨成本和性能都无法完全满足锂离子电池的需求，伴随着锂离子电池在计算机、通信和消费类3C电子产品中的使用迅速增长，电动工具和电动滑板车、电动自行车也越来越受欢迎，锂电池正成为石墨市场需求增长最快的行业。

（12）石墨烯：石墨烯是世界上目前发现最薄、导电导热性能最强的新型纳米材料，被称为“黑黄金”，是“新材料之王”，是21世纪最具发展潜力的新材料。2004年，科学家首次制备出了石墨烯材料，石墨烯特殊的结构形态，使其具有极高强度、特殊光电性能和导热性能，见表1-1，这些性能使其在超级蓄电池、超高效太阳能电池、透明导电膜、超级半导体材料、电子散热等方面有极大的潜在应用价值。采用天然鳞片石墨进行机械或化学剥离是制造石墨烯的方法之一，但石墨烯短期内难以解决规模化生产和产业化应用的难题。2019年，中国石墨烯材料制造约7000t，石墨烯的优良特质使得其在未来有较大的应用空间。

表1-1　石墨烯的性质

序号	性质	描　述
1	薄	单原子层，厚度仅0.335nm，相当于一根头发直径的二十万分之一
2	硬	130GPa，最坚硬的纳米材料，硬度比最好的钢铁硬100倍，甚至超过钻石
3	导热系数高	5300W/(m·K)，比纳米碳管或硅晶体高，远超银和铜
4	电子迁移率高	15000cm^2/V，电子的运动速度达到光速的1/300倍，是世界上电阻率最低的材料
5	比表面积大	2630m^2/g，2g石墨烯的面积比一个标准足球场还大
6	透光性好	单层石墨烯透光率高达97.7%，几乎完全透明
7	柔	可弯曲，可用于发展柔性电子触摸屏和可穿戴设备

天然石墨应用领域分布如图1-2所示。

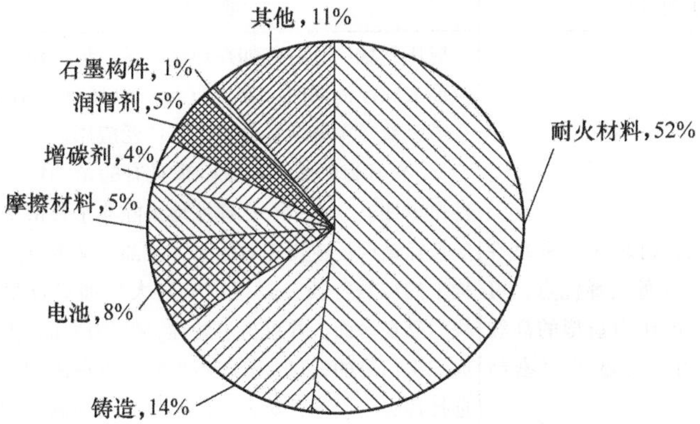

图1-2 全球天然石墨应用领域分布

扫一扫查看彩图

石墨主要加工产品、性质及用途见表1-2。

表1-2 石墨主要加工产品、性质及用途

序号	石墨加工产品	主要性质	主要用途
1	高纯石墨	具有鳞片结晶完整、片薄、良好的导热性能、耐高温和抗腐蚀等特点	主要应用于军事工业火工材料稳定剂、冶金工业高级耐火材料和化肥工业催化剂、添加剂等
2	球形石墨	具有粒度分布集中、密度大、比表面积小和品质稳定等特点	主要应用于当前的锂离子电池的负极材料和新一代的燃料电池板原材料等
3	等静压石墨	具有线膨胀系数低、耐热性好、耐化学腐蚀、导热导电性能良好等特点	主要应用于多晶硅铸锭炉用加热器、核裂变堆、核聚变反应堆、放电加工电极等。(1) 多晶硅铸锭炉用加热器：近年来，随着全球气候变暖，太阳能电池便成为新时代的“宠儿”。在制造过程中用到的铸锭炉加热器便需要用等静压石墨来制作。(2) 核裂变堆（高温气冷堆）：由于高温气冷堆中用作慢化剂的石墨必须具有辐照蠕变及对变形所产生的辐照应力有很强的耐受力，便提出了模块化高温气冷堆。(3) 核聚变反应堆：能够在很大程度上减少材料等离子体中的金属杂质，因此对材料等离子体提高能量约束发挥了巨大作用，随着核聚变装置逐渐大型化，导热性好、机械强度高的石墨材料被视为核聚变反应堆的优质材料。(4) 放电加工电极：石墨电极在放电加工用电极中表现出许多优点：①质量较同类电极轻，易搬运；②易加工；③切削加工中不易产生应力导致变形；④极高温度下，因热膨胀系数小，故石墨电极很少因放电加工产生的热量而变形

续表 1-2

序号	石墨加工产品	主要性质	主要用途
4	膨胀石墨	具有耐高温、耐高压、密封性好和耐多种介质腐蚀等优点，可处理成柔性石墨作为新型的高级密封材料使用，被冠以“密封王”的美誉	应用领域广泛，例如在环保领域，被广泛应用于海面去除浮油同时，对大气污染也具有抑制作用。在航天航空军事装备领域也有广泛应用。 （1）环保领域：膨胀石墨具有的亲油性和疏水性可以使其在水中有选择性地去除非水性溶液，这一特点被广泛应用于海面去除浮油，又因其分子结构上的特殊性质，表现出吸附大量油后可集结成块，浮在海面，并可再生处理，循环使用，不会造成二次污染的特点。膨胀石墨除了可在液相中进行选择性吸附以外，对大气污染也具有抑制作用，如吸附二氧化碳气体等 （2）密封材料：膨胀石墨可处理成柔性石墨（热膨胀系数小，在低温下不发脆、不炸裂，在高温下不软化、不蠕变）作为密封材料使用，因而被冠以“密封王”的美誉
5	氟化石墨	具有低表面能的特性	可应用于粉末成型、模铸、胶合板成型等金属模的脱模剂，作为高级润滑剂用于高温轴承、飞机和汽车引擎等，作为电池原料应用于计算机等集成电路存储器中
6	胶体石墨	在高温条件下具有特殊的抗氧化性、自润滑性和可塑性，以及良好的导电、导热和吸附性	主要用于密封、冶金脱模等领域
7	石墨烯	目前发现的最薄最轻、硬度最高、韧性最强导热性和导电性最好的纳米材料，被誉为“21 世纪的新材料之王”，是五种（石墨烯、增材制造材料、纳米材料、超导材料、极端环境材料）前沿新材料之一	在新能源电池领域，作为负极材料可应用于锂离子电池、动力电池、超级电容、燃料电池、风电储能装置等领域；作为复合材料，可用于抗静电复合材料、导电复合材料导热复合材料和高分子复合材料等，一些产品已在传感器、生物医药、环境保护、新能源、机器人等领域中实现了大量应用；此外，石墨烯在重防腐涂料领域和海水淡化领域也具有广阔的应用前景

中国石墨应用领域整体上与全球石墨应用略有不同，根据非金属矿业协会资料，我国每年石墨消费量平均 100 万吨左右（含人造石墨），行业年产值为 100 亿~200 亿元。其中，晶质石墨消耗量为 50 万~75 万吨，主要应用于钢铁和铸造业、耐火材料、导电材料、润滑剂、密封材料等领域，如图 1-3 所示。

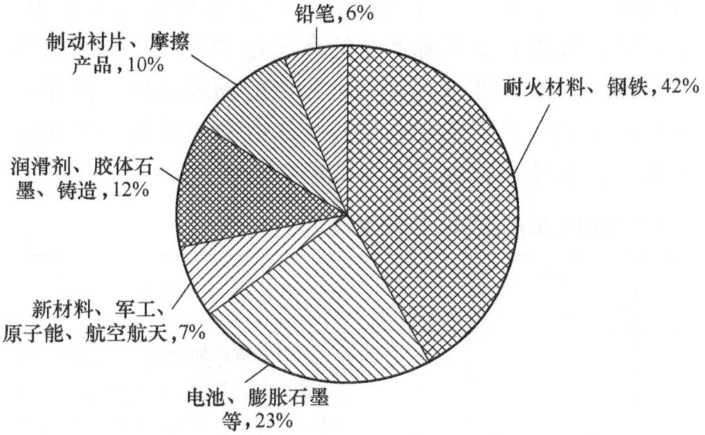

图 1-3 中国石墨应用领域分布

扫一扫查看彩图

1.2.2 石墨的战略意义

石墨被国际公认为是“21 世纪支撑高新技术发展的战略资源”，传统的石墨资源产业、产品都在不断转型升级，随着石墨烯材料的开发与利用，对新能源新材料的创新驱动带来了颠覆性的技术革命，将进一步推动全球材料领域的变革，未来天然石墨将被广泛地应用到高新技术领域，成为支撑高新技术发展的重要战略资源，对全球未来发展具有重要的战略意义。

世界各国政府都非常重视石墨资源的保护、开发和利用。2011 年 12 月，美国能源部发布了 2011 版《关键材料战略》，将石墨材料、石墨烯列入重点发展内容；2018 年美国发布 35 种关键矿物清单（Final List of Critical Minerals 2018），将天然石墨列为美国的关键矿物之一；欧盟的《欧盟关键矿产原材料报告(2010)》(CRM2010) 和欧盟 2020 战略的七大旗舰项目中，关键材料都包括石墨，将石墨视为关键工业矿物列为关键材料之一。

石墨资源是我国 24 种战略性矿产资源之一，各级政府和部门以及相关的社会与经济组织，国务院及科技部、工信部、发改委自然资源部等出台了一系列新政策支持石墨资源产业发展，包含石墨资源保护、基础研究、工艺装备研发、石墨（烯）新材料研发等相关政策，对石墨资源的保护开发与利用、石墨资源产业产品及新材料的创新发展都起到了巨大的推动作用，仅 2016~2020 年，国家相关部门密集出台了多项关于石墨资源产业产品创新发展的政策与指导意见，见表 1-3，如 2016 年 1 月国务院批复通过的《全国矿产资源规划（2016—2020年)》，首次将石墨等 24 种矿产列入战略性矿产目录；2016 年 5 月 19 日，中共中央、国务院印发了《国家创新驱动发展战略纲要》，提出要开发氢能、燃料电池等新一代能源技术，发挥纳米、石墨烯等技术对新材料产业发展的引领作用。加快石墨资源产业发展政策研究，促进石墨资源产业的高质量发展，是我国战略性新兴产业创新驱动发展战略的重要组成部分石墨具有独特的物理结构，优异的物理化学性质，是一种用途广泛的战略矿产资源，是传统产业和战略新兴产业所必需的基础矿物原料，也是支撑高新技术发展的重要战略资源。

表 1-3　近年我国石墨产业相关国家法规及政策

国家法规/政策	发布单位	发布时间/a	主要内容
《全国矿产资源规划（2016—2020 年）》	原国土资源部	2016	提出要重点加强资源基础好、市场潜力大、具有国际市场竞争力的稀土、石墨、锂等矿产的合理开发与有效保护，提升高端产业国际竞争力。石墨的勘探、开发被首次列入《规划》
《新材料产业“十三五”规划》	工信部	2016	其中前沿新材料领域，石墨烯等作为重点提及。其目的是为满足未来十年战略新兴产业发展，以及为制造业全面迈进中高端进行产业准备；并形成一批潜在市场规模在百亿至千亿级别的细分产业，为拉动制造业转型升级和实体经济持续发展，提供长久推动力
《关于加快新材料产业创新发展的指导意见》	工信部	2016	提出到 2020 年重点发展包括石墨烯在内的基础研究和技术积累
《建材工业鼓励推广应用的技术和产品目录（2016—2017 年本）》	工信部	2016	将石墨烯粉体、石墨烯重防腐涂料入选
《制造业升级重大工程包》	国家发改委	2016	提出重点发展石墨烯等前沿材料，加快成创新果转化和典型应用
《国民经济和社会发展第十三个五年规划纲要》	国务院	2016	明确提出大力发展石墨烯、超材料等纳米功能材料。将石墨烯作为“十三五”期间“战略新兴产业发展行动”中“高端材料”之一
《国家创新驱动发展战略纲要》	国务院	2016	提出开发石墨烯等技术对新材料产业发展的引领作用
《“十三五”国家战略性新兴产业发展规划（2016—2030 年）》	国务院	2016	推动石墨等特色资源高质化利用，加强专用工艺和技术研发

续表 1-3

国家法规/政策	发布单位	发布时间/a	主要内容
《战略性新兴产业重点产品和服务指导目录（2016 版）》	国家发改委	2017	石墨类材料列入高端储能材料目录；高功率石墨电极，锂离子电池负极用石墨列入高纯元素及化合物目录；高性能碳石墨密封材料列入高性能密封材料目录；石墨烯材料列入其他功能材料目录；石墨纤维列入高性能纤维及复合材料目录；长寿命石墨材料列入太阳能产品目录；鳞片石墨多段磨矿多段选别技术与装备列入矿产资源综合利用目录
《新材料产业发展指南》	工信部 国家发改委 科技部 财政部	2017	对于石墨烯、超导材料等提出了任务要求，明确提出大力发展石墨烯产业
《十三五材料领域科技创新专项规划》	科技部	2017	在石墨烯碳材料技术方面，提出了重点发展领域：单层薄层石墨烯粉体、高品质大面积石墨烯薄膜工业制备技术，石墨烯粉体高效分散、复合与应用技术
《新材料标准领航行动计划（2018—2020 年）》	工信部 国家发改委 科技部 国家标准委	2018	要构建石墨烯等新材料产业标准体系，加强与石墨烯研究领先国家的合作，为新材料创新发展提供保障
石墨行业规范条件	工信部	2020	为保护性开发和高效利用石墨资源，优化产业结构，推动技术创新，保护生态环境，引领行业高质量发展，根据相关法律法规和产业政策，工业和信息化部制定《石墨行业规范条件》

随着现代科学技术和社会经济的不断发展，战略性新兴产业将会是获取未来竞争新优势的关键领域，并代表了新一轮的科学技术革命、产业变革的方向。石

墨资源是新能源汽车、石墨烯新材料等新兴产业的关键原材料，受到了各方面越来越多的关注。石墨凭借其多种优良性能，成为21世纪战略性新兴产业发展不可或缺的重要材料资源。石墨资源在传统产业领域消费增速将放缓，而在战略性新兴产业领域中，石墨资源的应用与消费快速增加，石墨资源的应用与消费正在或将会由传统产业领域向战略新兴产业领域转变。被称为“新材料之王”的石墨烯，将会使石墨资源的开发与利用提升到一个新的高度。石墨资源产业将在半导体、锂离子电池、航空、环保等传统领域和新兴领域带来革命性的影响。

2　全球石墨资源情况

2.1　石墨矿物矿床

2.1.1　主要矿物类型

天然石墨的化学成分为碳元素，鳞片状晶体结构，自然界中没有纯净的石墨矿物，天然石墨矿物往往含有SiO_2、Al_2O_3、Fe_2O_3、CaO、P_2O_5等杂质，这些杂质常以石英、黄铁矿、碳酸盐等矿物形式出现。天然石墨的矿物类型是根据其结晶形态和聚集状态来划分的，石墨的工艺性能主要取决于它的结晶形态，结晶形态不同的石墨矿物，具有不同的工业价值和用途，从工业应用角度出发，根据石墨矿物结晶形态和聚集状态的不同，将天然石墨分为三类：块状石墨、鳞片状石墨和隐晶质石墨。

2.1.1.1　块状石墨

块状石墨又叫致密结晶状石墨。此类石墨结晶明显，晶体肉眼可见。颗粒直径大于0.1mm，比表面积范围集中在0.1~1m^2/g，晶体排列无序，呈致密块状构造。这种石墨的特点是原矿品位高，一般含碳量为60%~65%，有时达80%~98%，但其可塑性和润滑性不如鳞片石墨好。结晶块状石墨被认为源于石油，经过长时间，温度和压力作用转化为石墨。虽然世界各地都有这种形式的石墨资源，但是只有斯里兰卡的该类资源能形成商业开采，开采采用传统的竖井地下开采或露天采矿技术。

2.1.1.2　鳞片状石墨

鳞片状石墨晶体呈鳞片状，属六方晶系，呈层状结构，晶体大小一般为(1.0~2.0)mm×（0.5~1.0)mm，片厚0.02~0.05mm，大的鳞片可达4~5mm以上，具有良好的耐高温、导电、导热、润滑、可塑及耐酸碱等性能。鳞片状石墨是在很高的压力下变质而成的，有大鳞片和细鳞片之分。此类石墨矿石的特点是原矿品位不高，一般含碳为2%~3%，高的可达10%~25%，甚至35%。鳞片状石墨是自然界中可浮性最好的矿物之一，这类石墨的可浮性、润滑性、可塑性均比其他类型石墨优越，因此它的工业价值最大。

鳞片石墨存在于变质岩中，通常在矿体中分布均匀，或集中于透镜状矿体的凹处。鳞片状石墨在世界各地的变质岩如大理岩，片麻岩和板岩中都有分布，鳞片石墨产量在全球天然石墨产量中占到60%以上，主要分布于中国、捷克、墨西哥、马达加斯加、印度、乌克兰、斯里兰卡和巴西等国。

2.1.1.3　隐晶质石墨

隐晶质石墨又称微晶石墨或土状石墨，这种石墨的晶体直径一般小于1μm，比表面积范围集中在1~5m^2/g，往往以集合体存在，只有在电子显微镜下才能见到晶形，这类石墨是岩层由含碳物质经热分解深变质产物（如由煤变质而成）。此类石墨的特点是表面呈土状，缺乏光泽，润滑性比鳞片石墨稍差，品位较高，一般为含C60%~85%。少数高达90%以上。隐晶质石墨矿通常存在于煤矿顶底板或页岩中。隐晶质石墨主要蕴藏于中国、墨西哥、印度、韩国和奥地利等国。据国家标准《微晶石墨》（GB/T 3519—2008），微晶石墨按有无铁的要求分为两类：有铁要求微晶石墨和无铁要求的微晶石墨。产品主要应用方向为：（1）有铁要求的微晶石墨［$w(C) \geqslant 99.9\%$］主要用于电池、特种碳材料的原料；（2）有铁要求的微晶石墨［$w(C) \geqslant 75.0\%$］主要用于铅笔、电池、焊条、石墨乳剂、石墨轴承的配料、电池碳棒的原料；（3）无铁要求的微晶石墨产品主要用于铸造材料、耐火材料、染料、电极糊等原料。隐晶质石墨深加工产品有胶体石墨、石墨高导涂料等。

2.1.2　石墨矿床成因类型

2.1.2.1　全球石墨矿床成因类型

全球具有工业价值的石墨矿床按其成因可分为：区域变质型石墨矿床（如加拿大安大略Kearney、莫桑比克Balam、巴西米纳斯吉拉斯州Pedra Azul、黑龙江柳毛、内蒙古自治区兴和等），接触变质型石墨矿床（如墨西哥Nuevo San Pedro、俄罗斯库尔伊思库Kureiskoe、湖南鲁塘、吉林磐石等）及岩浆热液型（同化混染型，如新疆维吾尔自治区苏吉泉、西藏自治区左贡青谷等）石墨矿床三种类型。其中以区域变质型晶质石墨矿床最多，其次为接触变质型隐晶质石墨矿床，岩浆热液型晶质石墨矿床较少。石墨矿床在形成过程中，其成矿物质主要来源于沉积地层中的有机质。成矿热源方面：区域变质型石墨矿床成矿的热源由区域动力作用转化的热量提供；接触变质型和岩浆热液型石墨矿床成矿的热源由岩浆侵入作用提供（接触变质型石墨矿形成于侵入体与富有机质地层的外接触带；岩浆热液型石墨矿形成于侵入体与富有机质地层捕虏体的同化混染带）。常见的石墨矿床类型、特征及典型矿床见表2-1。世界主要石墨产出国矿床成因情况如下。

表 2-1 石墨矿床类型及特征

矿床成因类型	矿体特征	矿石特征	矿床规模	典型矿床
区域变质型石墨矿床	层状、拟层状或透镜状，长几十至几千米、厚几十至几百米，倾角为陡至中等	岩性为片麻岩、片岩、透灰岩、石英岩及角闪岩等。石墨一般为大于0.1mm的鳞片状，碳含量3%~10%，高可达30%以上。可选性好	多为大中型	黑龙江柳毛，山东南墅、刘戈庄，内蒙古自治区兴和，湖北三岔垭，加拿大安大略Kearney，莫桑比克Balam，巴西米纳斯吉拉斯州Pedra Azul
接触变质型石墨矿床	层状、拟层状、带状或透镜状，长一般几十至几百米、厚1~3m，个别10m，倾角为陡—缓倾斜	呈土状、可选性差，固定碳含量高，一般为60%~80%，可达90%以上。石墨的晶体直径一般小于1μm	多为中型	湖南鲁塘，吉林磐石，墨西哥Nuevo San Pedro，俄罗斯库尔伊思库Kureiskoe
岩浆热液型石墨矿床	形态复杂，呈不规则，透镜体分布于含矿带或岩体中，长几十至几百米	主要岩性为含石墨混染花岗岩等，石墨为鳞片状，直径一般大于0.1mm，碳含量一般为3%~10%	一般不大	新疆维吾尔自治区苏吉泉、西藏自治区左贡青谷

印度境内有3条石墨成矿带，分别是登卡纳尔成矿带、普尔巴尼—长拉汉迪成矿带、博兰吉尔—桑巴尔普尔成矿带。其中，博兰吉尔—桑巴尔普尔成矿带是世界上矿体最长、矿体厚度最厚的成矿基带之一，矿床延伸达到11km之多，矿体厚度平均在120m左右。印度这3条成矿带以煤及煤系沉积物富集碳元素而成矿的变质隐晶质石墨矿为主，固定碳含量最好的能达到90%以上。这3个矿床大约成矿于寒武纪的地层中，著名的石墨资源矿床成矿区都在奥瑞萨邦和拉贾斯坦邦两个区域内。

墨西哥的石墨资源矿床主要分布在格雷罗州、索诺拉州和伊达尔戈州。该类矿床属于多种复杂地质条件形成的隐晶质石墨资源矿床，大多赋存于煤及煤系沉积物富集区和灰色石英岩之间，世界上超大型高质量的隐晶质石墨资源矿床就在墨西哥的索诺拉州，该矿床固定碳含量大多在80%以上，矿体厚度在10m以上。

朝鲜的石墨资源矿床主要分布在慈江道和咸镜道，以隐晶质石墨为主，也有一些晶质石墨，以接触变质型矿床为主，也有区域变质型矿床，多数属于富有机质地层再造而成的后生矿床，成矿时代大多在中生代。咸镜道内的东方石墨矿是亚洲较大的鳞片晶质石墨矿之一，矿床鳞片石墨以块状形态分布于云母片岩和绿泥片岩中，平均含固定碳只有20%~30%，但矿石采选难度小，提纯后精矿粉含固定碳可达90%以上。韩国境内亦有不少石墨资源矿床，以土状石墨类型为主。

乌克兰石墨资源矿床属于区域变质型矿床，成矿物质主要来源于沉积地层中的有机质。主要分布在克什提姆-穆尔津片麻岩中，已开采多年的大型晶质石墨矿名叫查瓦里耶鳞片石墨矿，矿床原矿固定碳含量可达60%～80%，且周边矿床带延续较好。通过多年找矿勘查发现20多个晶质石墨矿体，鳞片质量高、易采选，据资料分析，应该属于区域变质型矿床中典型的由区域热源动力作用转化而成的矿床。根据热源动力的地质分析，该矿床应该是成矿于寒武纪时代。

马达加斯加的石墨资源矿床主要分布在马达加斯加岛东部沿海地区，属于全球著名的大型优质品质鳞片石墨资源矿床，其成矿时代应该在中、新生代，是典型的区域变质型矿床，成矿物质主要来源于沉积地层中的一些有机质元素，通过区域热源动力相互作用转化而成的矿床。大多呈浸染状赋存于火山岩、硅质沉积岩中，分布状态主要在云母片岩和云母片麻岩中，鳞片不仅片度大，厚度均匀，含固定碳为20%～80%，是全球最优质的晶质鳞片石墨资源矿床之一。

斯里兰卡的脉状型石墨资源矿，也是全球少有的品质石墨资源矿床，矿体多呈脉状型分布在太古宇片麻岩中，有的呈透镜状和菱状充填在变质石灰石和结晶页岩的洞穴中，洞穴型充填的石墨资源矿体宽厚，一般固定碳含量都在80%以上。这些矿床主要分布在斯里兰卡的西部和西南部的些山地中，其矿床属于典型的接触变质型矿床。由于岩浆侵入活动而转化为热源，形成在侵入矿体与富有机质地层的外接触带，成矿于中、新生代。

坦桑尼亚—莫桑比克成矿带，该地区是近几年新发现的超大型石墨资源矿床。根据坦桑尼亚 Pula 石墨开发公司资料介绍，该矿床属于区域变质型矿床，成带状分布，矿带长约10km，厚度为60～80m，是非洲目前最大的石墨资源矿床，资源总估值超过1200亿美元，鳞片含固定碳为60%～80%。该地区地质复杂而多样，太古宙以来经历了长期复杂的块体拼贴和造山作用，石墨资源成矿是由变质花岗岩和变质沉积岩及岩浆活动共同作用而形成的，该矿床若进入大规模开采，有可能成为世界最大的晶质石墨资源矿床之一。

2.1.2.2 中国石墨矿床成因类型

石墨矿床是由富有机质的沉积地层发生变质作用形成的。石墨矿床的形成要具备两个条件，一是地层沉积时富含有大量有机质；二是沉积地层发生较为强烈的变质作用或岩浆侵入或接触变质。中国石墨矿床类型涵盖了区域变质型、接触变质型及岩浆热液型等各个类型，以区域变质型为主，占查明资源储量的82%，石墨成矿作用和大地构造演化阶段密切相关，主要有3个重要成矿期：中太古代—古元古代区域变质成矿期，中元古代—早寒武世浅变质成矿期，晚古生代—中生代接触变质、岩浆岩成矿期及浅变质成矿期，其中以中太古—古元古代区域变质成矿期为主要成矿期，岩浆岩型石墨矿形成与海西期碱性花岗岩和石炭纪含炭质地层密切相关。

石墨矿床在各个构造板块均有分布，但主要分布在华北陆块、扬子陆块周缘，天山—兴蒙造山系，秦祁昆造山系。较集中分布于天山—兴蒙造山系的佳木斯—兴凯地块、准噶尔地块；华北陆块的狼山—阴山陆块、阿拉善隆起、胶北隆起，辽吉裂谷；华北陆块南缘与秦祁昆造山系的接合部，扬子陆块的康滇基底断隆、龙门—大巴台缘凹陷中段、黄陵断穹；武夷—云开—台湾造山系的湘中南—粤北坳陷区域变质型石墨矿床主要形成于中国前寒武纪古陆内部相对稳定的陆核区，与我国太古界—元古界地层出露范围一致。在佳木斯地块、胶北隆起、华北陆块北缘形成的石墨矿变质作用深，陆块褶皱构造发育，混合岩化作用强烈，常形成超大型、大型石墨矿，如：黑龙江鸡西柳毛和萝北云山特大型石墨矿床分别位于佳木斯地块的南缘和北缘，结晶基底为麻山岩群和兴东群；内蒙古自治区查汗木胡鲁晶质石墨矿分布于华北陆块北缘中段的狼山—渣尔泰山隆起，结晶基底为中太古界乌拉山群，含矿岩性为含石墨斜长片麻岩；山东南墅、刘戈庄石墨矿床产于胶北隆起，组成基底的含矿岩系为古元古界荆山群陡崖组大理岩、片麻岩和斜长角闪岩、透辉岩段。在扬子陆块及秦祁昆造山系形成的石墨矿一般分布于前寒武纪古陆及相邻的造山带板块缝合线上，以秦岭祁连一带及康滇隆起、龙门山—大巴台缘褶带、黄陵断穹构造为代表，如四川坪河活动带型石墨矿床，位于秦岭褶皱构造带与扬子陆块北缘的交接部位，属龙门山—大巴台缘褶带米仓山台穹的一部分，含矿岩系为中元古界火地垭群变质杂岩；陕西丹凤县蔡凹石墨矿位于华北陆块南缘与秦岭褶皱构造带交汇处，富矿地层为古元古界秦岭岩群雁岭沟岩组，湖北三岔垭石墨矿位于上扬子台坪鄂中褶断区黄陵断穹。活动带型成矿环境形成的石墨矿以中型及小型石墨为主。岩浆岩型石墨矿，目前只在中国西部新疆维吾尔自治区、西藏自治区等地有所发现。具有工业意义的岩浆岩型石墨矿分布于准噶尔板块谢米斯台—库兰卡兹中古生代复合岛弧带与唐巴勒—卡拉麦里古生代复合沟弧带的结合部位。接触变质型石墨矿床主要分布在中国东部活动大路边缘地区，一般形成于早期挤压—中酸性岩浆活动阶段。

中国晶质石墨矿床成矿层位主要分布在中太古界乌拉山群、集宁群；新太古界麻山群麻山组、太华群；古元古界兴东群大盘道组（佳木斯地块）、荆山群陡崖组（胶北隆起）、水月寺群黄良河组下段（黄棱背斜）、秦岭群雁岭沟组；中元古界火地垭群麻窝子组、白云鄂博群尖山组、长城系高于庄组；前震旦纪康定群冷竹关组和咱里组。接触变质型隐晶质石墨矿床成矿时代从晚古生代石炭纪、二叠纪至中生代侏罗纪，其中最重要的是晚二叠世及早侏罗世和晚侏罗世，北方以晚、早侏罗世及石炭纪的较多，南方以二叠纪为主。其主要含矿层位：北方有石盒子组、大酱缸组、二道梁子组、鸡西群；南方有斗岭组、龙潭组及梨山组、测水组、童子岩组一段等煤系地层。产生接触变质作用的岩浆热源体的侵入时代大多为印支期-燕山期，但北方也有的为海西期。含矿岩性：含煤岩系原岩为黏土质岩、砂岩、碳酸盐岩等，变质成为板岩、千枚岩、片岩及大理岩等。

经统计，中国区域变质型石墨矿的沉积时代集中在中太古代到前寒武纪，占石墨资源储量的93%，其中主要沉积时代为古元古代，占总资源储量的41.1%，新太古代形成的石墨矿占资源储量的17.7%。区域变质型石墨矿形成时代总体上北方早于南方。接触变质型（隐晶质）石墨矿的沉积时代集中在二叠—侏罗纪，占隐晶质石墨资源储量的94.31%。其中主要沉积时代为二叠纪与侏罗纪，二叠纪占总资源储量的44.68%，侏罗纪占总资源量的44.26%。接触变质型形成的隐晶质石墨矿与燕山期酸性或中酸性岩浆岩、闪长岩密切相关。酸性岩浆稠度低，流动性好，有利于热的传递。同时这种岩浆富含氟等挥发气体，可起到催化和助熔作用，有利于有机碳转化为石墨。岩体沿石炭—二叠纪地层背斜轴部或倾伏端侵位，封闭条件良好，引起煤系地层接触变质，煤变质成隐晶质石墨。

中国石墨矿主要成矿期见表2-2。

表2-2　中国石墨矿主要成矿期

沉积时代	构造旋回期	矿床类型	成矿作用
晚古生代—中生代	海西—燕山期构造旋回	接触变质型	中、酸性花岗岩、闪长岩侵入二叠—三叠纪含煤地层引起接触变质作用，煤层变质形成隐晶质石墨矿床。如湖南鲁塘
		岩浆岩型	海西期碱性花岗岩浆侵入石炭纪含碳质地层，发生同化混染，形成成因独特的岩浆岩型球状晶质石墨矿床。如新疆维吾尔自治区苏吉泉、黄羊山石墨矿岩
		区域变质型（浅变质）	浆侵入（或喷出）与石炭纪、泥盆纪粉砂岩、碳质砂岩、凝灰岩、碳质凝灰岩、碳质页岩接触，引起触变质作用和区域变质作用，形成变质程度较浅的细鳞片晶质石墨矿床。如：新疆维吾尔自治区清河县阿拉托别、孔克热石墨矿，内蒙古自治区闫地拉图石墨矿
中元古代—早寒武世	晋宁—加里东旋回	区域变质型（浅变质）	成矿作用发生于中国陆块基本形成并开始解体的早期阶段，多见于褶皱隆起区，如哀牢山褶皱带、金沙江褶皱带、龙门—大巴山褶皱带，武夷山褶皱区，云开大山褶皱区等地，以火地垭群、昆阳群、罗峰溪群、陀烈群、白云鄂博群为代表，由区域变质作用形成浅变质细粒晶质石墨矿床。如：内蒙古自治区大乌淀、江西峡山等石墨矿

续表 2-2

沉积时代	构造旋回期	矿床类型	成矿作用
中太古—古元古	吕梁运动旋回	区域变质型（中深变质）	成矿作用发生于中国陆块逐步形成阶段的陆核区及陆块发展过程中的一些残块，如佳木斯地块、胶北隆起、鄂尔多斯地块、武当—淮阳地块、黄陵背斜古基底、祁连中间隆起区等地，以集宁群、乌拉山群、麻山群、兴东群、荆山群、太华群、秦岭群、水月寺群为代表，这一成矿为主要成矿期。如：鸡西柳毛、萝北云山等石墨矿

2.1.3 典型矿床地质特征

2.1.3.1 坦桑尼亚 Bambarawe 石墨矿

Bambarawe 石墨矿位于坦桑尼亚中东部莫罗戈罗地区的乌鲁谷鲁多矿带，大地构造位置属于乌萨迦兰造山带内，含矿地层为元古界乌萨迦兰系高级变质岩地层，主要分布鲁匡古勒组特戈特罗段，主要岩性为含石墨黑云斜长片麻岩；其下伏为鲁匡古勒组姆巴坎纳段，岩性以角闪麻粒岩及斜长角闪片麻岩为主；上覆地层为玛佟博组乞托柏段，岩性以方解石大理岩为主。区域构造格架内共有四组构造存在，构造性质以 NE-SW 向断裂构造为主，局部为剪切构造。区域范围内岩浆岩欠发育，仅局部发现石英岩脉顺层分布。Bambarawe 石墨矿的形成很大程度上依赖于区域变质作用，区域变质作用越强烈，对原岩的改造也越彻底含矿岩系的变质程度已达到角闪岩相——麻粒岩相，区内常见的变质矿物包括石墨、黑云母、石榴子石、蓝晶石、金红石、矽线石、方解石和透辉石等。变质矿物组合为：石墨+黑云母+蓝晶石+金红石+石英+矽线石、方解石+透辉石+金云母+透闪石、角闪石+辉石+石榴子石+石英。变质作用类型主要为中 P/T 型（蓝晶石—矽线石型）区域变质作用。

Bambarawe 石墨矿内共发现 12 条含石墨矿带，矿带随地层整体近南北向呈层状、似层状展布，含石墨矿带沿走向延伸较稳定，长度为 600～8800m 不等，整体倾向东，一般为 53°～123°，倾角为 19°～40°。含石墨矿带主要赋存于石墨黑云斜长片麻岩中，其底板围岩为黑云斜长片麻岩或大理岩，顶板围岩为黑云斜长片麻岩或大理岩，含石墨矿带与顶底板围岩呈整合产出。其中 V 号、X 号含石墨矿带内赋存厚大的石墨矿层。

Bambarawe 石墨矿矿床类型为沉积变质型矿床，石墨矿体主要赋存于鲁匡古勒组特戈特罗段含石墨变质岩系中，顶底板围岩为特戈特罗段黑云斜长片麻岩，围岩与矿体呈渐变过渡关系，矿体分布受层位控制明显。目前该区共圈定了 16

个石墨矿体，延伸长度为 600～8800m，厚度为 2～36.85m，各矿体均为露头矿体。矿区查明矿石量为 5188 万吨，石墨矿物量为 315 万吨，整体平均品位约 6.47%。

Bambarawe 石墨矿矿石类型为粗粒鳞片状（晶质）石墨矿，该区矿石自然类型主要为的石墨黑云斜长片麻岩。按照矿石风化程度划分，可进一步划分为风化矿石和原生矿石。风化矿石一般呈灰褐或褐黄色，碎裂状-块状结构，层状构造，易沿层间裂隙充填褐铁矿化、高岭土化、碳酸盐岩化等，可见石墨鳞片折断、碎裂等现象；原生矿石一般呈深灰、灰黑色，鳞片状变晶结构，层状构造，石墨为铅灰色鳞片状分布于石英、云母等脉石之间。矿石结构一般为片状自形结构，发育互层结构，部分扭折明显；矿石构造为片麻状构造、片状构造、定向构造。石墨矿石样品片度统计分析，矿石中石墨最大片径超过 2mm，样品中正目石墨（粒径>0.147mm）含量平均为 91.65%，属于大鳞片状石墨矿。

2.1.3.2　马达加斯加石墨矿床（群）及 Vohitasara 石墨矿

A　马达加斯加石墨矿床（群）

马达加斯加矿产资源分布广泛且具有丰富的储量及良好的潜力，与该区自太古代古陆形成以来的构造岩浆演化关系密切。其中石墨矿资源的形成与该区前寒武纪构造—岩浆—变质作用的关系尤为紧密。马达加斯加石墨矿床（群）是世界上最大的超大型晶质石墨矿床，位于马达加斯加岛的东南部，矿床主要以沉积变质型为主，局部发育接触变质矿化。矿体赋存在云母片麻岩和片岩组成的硅质沉积变质岩中，矿带延伸约 500km。在从塔夫到马罗文特塞延伸约 70km 的地区，共有 10 个主要矿山。矿体长千余米，厚为 3～30m。石墨晶体呈大粒粗鳞片状，石墨平均开采品位为 4%～11%，已探明资源量约 1 亿吨。

马达加斯加主要发育中新太古代克拉通边缘的新太古代—古元古代增生带，中新元古代超大陆裂解带及新元古代拼贴造山带。因此马达加斯加石墨矿床（群）形成的构造背景与多阶段复合演化相关。主要变质岩系包括：Betsiboka 花岗岩及混合岩岩套，新太古代 Vondrozo 群片麻岩，元古宙 Ambatolampy 群、Mamampotsy 群及 Andriba 群的片岩及片麻岩等，元古宙 Imaloto 群片麻岩。变质基底主要为石墨岩系，正变质岩的原岩主要为花岗侵入岩基或基性—中酸性火山岩；副变质岩原岩主要为含碳质较高的泥岩、石英砂岩及部分碳酸盐岩沉积等。岩浆岩也以新太古代—古元古代变质程度较高的花岗岩及混合岩，新元古代花岗岩、正长岩，晚新元古代长英质伟晶岩及花岗岩或正长岩脉为主。石墨矿床形成于新太古代到新元古代，一般经历了石墨岩系的沉积、变质变形改造以及岩浆叠加改造三个阶段。

马达加斯加自太古宙以来发生多期次构造沉积岩浆作用，形成不同类型的沉积建造、岩浆单元及区域性的构造变形形迹，不仅控制地质单元及地质体的空间展布，同时也对在此基础上形成的矿床具有明显的控制作用。除区域构造带外，变质基底发育多层次的构造变形。主要以深层次的韧性变形为主，其次为后期脆性构造。这些构造变形大多与冈瓦纳块体的形成演化过程相关。韧性变形中大量发育流变褶皱、紧闭同斜褶皱、平卧褶皱、韧性及韧脆性剪切带，同时也有挤压及伸展断层。导致变质基底地层间产生剪切滑脱效应，形成大量的挤压片理或破碎带。这些中尺度的构造变形对于石墨矿床也具有相应的控制作用，是控岩控矿的主要构造。总体来说，马达加斯加石墨矿床（群）中部石墨矿床主要受由于紧密同斜褶皱改造的变质片理构造控制，矿体翼部薄而转折端较厚；东部石墨矿床受同斜褶皱及顺变质片理的剪切带控制，并被后期沿脆性断裂迁移的热液叠加富集；南部石墨矿床由于受深层次剪切变形带的影响而延伸稳定。

B Vohitasara *石墨矿*

Vohitasara 石墨矿位于纵贯马达加斯加东部地区的 Vorokafotra 巨型韧性剪切带东侧，北距马达加斯加重要港口城市图阿马西纳约 150km。组成岩石为石墨片麻岩、石墨片岩、石墨变粒岩、大理岩、含石榴石浅粒岩、辉长岩等。富含碳的砂质原岩依次经过了高角闪岩相—麻粒岩相区域变质作用、中深层韧性剪切作用以及局部熔融作用，形成了不同层次的变质岩石、构造痕迹和多种成分的同构造脉体以及数量众多的石墨矿体。

Vohitasara 石墨矿附近出露富含石墨的变质岩层，其中多见石榴石、矽线石等矿物，与孔兹岩系的特征相近。自上而下划分为夫黑博瑞岩系（群）与格拉菲特岩系（群）。原岩恢复为一套大陆边缘的碎屑沉积夹中基性火山、含碳—有机质泥—砂岩沉积，和浅海相碳酸盐岩沉积建造。

Vohitasara 石墨矿距 Vorokafotra 巨型韧性剪切带较近，构造片麻岩和长英质、石英、伟晶岩等不同成分的同构造脉体表现为带状分布，在宏观上呈现为透入性线性构造。弱变形透镜体，塑性剪切流褶皱等分布其中。具有流动构造的长英质脉体、线状分布的叶理带以及分布在其间的塑性剪切流褶皱和弱变形透镜体等等综合变形痕迹体现了强变形带的韧性剪切变形特征。而在石墨矿带中，石墨变粒岩已经被改造成构造片岩，普遍发育在其中的条带、条纹等定向构造是最明显的变形标志。石墨片岩中密集分布有多种构造叶理，如细密的长石条带（长英质脉）、多晶石英条带、顺片理发育的片状或鳞片状石墨集合体以及充填在其间的基体。

Vohitasara 石墨矿区内出露的岩浆岩主要为辉绿岩及含石榴石片麻状花岗岩。辉绿岩出露位置距矿区较近，岩石呈暗绿色，细粒为主，暗色矿物多为集合体，部分存在球状风化痕迹。片麻状花岗岩发育片麻理，通常含有特征矿物石榴子石，部分含有黑云母和以黑云母为主的暗色包裹体。

Vohitasara 石墨矿矿区内发现四条矿化带，走向近似北东南西向，倾角为40°~50°。矿化带延伸超过百米，部分在矿权范围外仍有延伸，厚度为1~2m。石墨片岩是矿化带中的主要矿石类型，石墨鳞片直径大部分为2~4mm，大且轻薄，属于鳞片状晶质石墨，品位约10%。区域内出露的围岩主要是含石墨片岩与含石墨片麻岩。Vohitasara 石墨矿区的矿石种类分为石墨片岩型、含石墨斜长片麻岩型和混合岩化石墨片岩型三类。

2.1.3.3　莫桑比克安格尼亚（Angónia）石墨矿

莫桑比克境内2/3面积为前寒武纪地层覆盖。前寒武纪地区可分成三大构造单元：（1）太古代和早中元古代地层出露在邻近津巴布韦边界，是津巴布韦绿岩带、津巴布韦花岗片麻岩克拉通地盾和巴鲁花岗岩类、片麻岩类和混合岩杂岩的延伸部分；（2）前寒武纪地层，可细分为两个带，一为依鲁米德带，另一为莫桑比克带。中元古代（1800~950Ma）的依鲁米德带位于莫桑比克的西北部。年轻的莫桑比克带（1100~850Ma）广泛分布在全国各地；（3）泛非构造带（800~410Ma），以卡丹（Katanguian）造山运动的岩石为代表，并有花岗岩和伟晶岩侵入。显生宙地层代表石炭纪—晚侏罗纪时期的裂谷作用，伴有沉积岩和广泛的火成岩活动。莫桑比克的石墨矿主要产在基底变质岩中，主要分布在 Cabo Delgado 省的 Ancuabe 地区以及太特（Tete）省的安格尼亚（Angónia）区，二者的地层均产于中元古代早莫桑比克期。前者为 Chiure 超群，主要岩性为斜长角闪片麻岩，同期含石墨；后者主要岩性为高级片麻岩和石墨片麻岩。石墨均为大鳞片晶质石墨，均产于片麻岩中。安格尼亚石墨矿位于莫桑比克北部，行政区划隶属太特省安格尼亚区。

大地构造位置属于南部非洲赞比亚构造省东南部，NW、SN 向有两组断裂，几乎没有褶皱构造，岩浆岩不发育，只对矿区东北部的矿层有影响。

石墨矿产于中元古界安格尼亚群，岩性为石墨黑云角闪斜长（二长）片麻岩、石墨斜长（二长）片麻岩、含石榴子石黑云角闪斜长片麻岩，为单斜地层，倾向均为北东向。

安格尼亚石墨矿初步认为属中大型矿床，从区域上看，矿区位于一个北西向的含矿带，分为4个含矿层，赋存34个石墨矿体。矿体均产于中元古界安格尼亚群。矿体产状与地层基本一致，总体走向为320°~340°，倾向 NE，倾角为30°~60°，矿体多为层状，部分为透镜状，厚度为3~18m，走向长几十米至1050m，斜深为40~120m。Ⅰ号矿体：延伸不够长，呈中间厚两边薄的透镜状矿体。Ⅱ-1号矿体：品位高，夹层较少，延伸不够长的透镜状矿体。Ⅱ-2号矿体：夹层较少，单层厚度大，石墨鳞片大且品位高，地表和深部产状变化较大的厚大透镜状矿体。Ⅲ-1号矿体：地表延伸短，品位变化大且夹层较多。Ⅲ-2号矿体：

夹层多，厚度变化大且品位变化大透镜状矿体。Ⅳ号矿体：延伸长，石墨鳞片大且品位高，矿体厚度大，夹层较多的厚大透镜状矿体。该区成矿背景良好，有望达到大型以上矿床。地表及深部见矿情况特征为：石墨鳞片为0.05~0.8cm，见矿层数为1~11层，厚度为2~30m，地表延伸几百米至1km，见矿斜深为6~125m，石墨品位3%~20%、石墨大致顺片麻理分布。

安格尼亚石墨矿为大鳞片晶质石墨矿，以片麻状及大鳞片矿石为主，主要矿石类型为石墨黑云角闪斜长（二长）片麻岩、石墨斜长（二长）片麻岩，次要矿石类型为含石墨石榴子石黑云角闪斜长片麻岩，矿石为鳞片柱粒状变晶结构。矿物成分：斜长石为45%，石英为20%~25%，角闪石为25%~30%，石墨为4%~8%，黑云母、褐铁矿少量，锆石、磷灰石、榍石微量。金属矿物以磁黄铁矿为主，次为黄铜矿。

安格尼亚石墨矿石墨精矿综合指标：产率5.18%，品位91.50%，回收率92.75%，该石墨矿区可选性较好，有很好的开发前景。

2.1.3.4 中国鸡西市柳毛石墨矿

柳毛石墨矿矿床工业类型为沉积变质鳞片状晶质石墨矿，矿石工业类型为晶质（或鳞片状）石墨，矿床规模为大型。矿山已开采的矿段内有两条主要矿体，矿体编号为Ⅶ、Ⅷ，矿体走向长度为700~900m，矿体倾角为30°~45°，矿体厚度为150~160m，赋存深度为16~20m，矿体属稳固矿岩，围岩稳固，矿床水文地质条件简单。

矿石自然类型包括钒榴石墨矿、矽线石墨矿、透辉石墨矿、石英石墨矿。

矿石结构为鳞片变晶结构，矿石构造主要为片状构造，其次为片麻状构造及块状构造。

矿石中主要矿物成分为石墨、石英、斜长石、云母、矽线石、透辉石、石榴石、方解石、金属硫化物和副矿物。石墨呈灰黑色至深灰色，鳞片状，低硬度，密度为2.24g/cm^3，有滑感，易污手。人工重砂回收的石墨，大于0.25mm的片径约占20%，一般片径为0.063~0.25mm，少数小于0.03mm。石墨多呈片状集合体断续分布在脉石矿物或其他矿物的颗粒之间，构成矿石片状构造或片麻状构造。石墨与其他矿物之间的界线多圆滑或平直，少数呈不规则状或相互穿插关系，如黄铁矿呈细脉状穿插石墨。

矿石化学成分中主要有用组分为C，一般含量为5.41%~15.9%，其他化学成分含量区间为：SiO_2 48.24%~50.56%、Al_2O_3 8.29%~11.99%、CaO 9.67%~16.36%、MgO 2.02%~4.12%、K_2O 1.4%~4.18%、Na_2O 0.14%~0.46%、TiO_2 0.4%~0.68%、V_2O_5 0.1%~1.27%、Fe_2O_3 4.14%~7.96%、S 0.33%~3.33%、烧失量10.69%~18.86%。

石墨矿石中有害组分主要是硫、磷，但基本没有超出工业要求。矿石中硫与磷的赋存矿物为金属硫化物及磷灰石。

2.1.3.5 中国内蒙古自治区扎鲁特旗石墨矿

扎鲁特旗石墨矿矿床类型为接触变质型矿床，矿区位于塔拉营子呈北东向展布的含（类）石墨盆地内，处于北东向断层及近南北向断层所控制的地堑内。

区内出露地层主要有二叠系上统林西组（P_2l）、侏罗系下统红旗组（J_1h）、侏罗系上统白音高老组（J_3b）和第四系（Q）。

二叠系上统西林组（P_2l）：其岩性组合分为上下两个岩性段。下段（P_2l^1）岩性主要为灰黑色斑点板岩、绢云母黑云母板岩、堇青石板岩夹变质砂岩。为本区含石墨地层的基底。林西组上段（P_2l^2）主要岩性为灰色、浅灰色变质砂岩夹粉砂岩板岩。

侏罗系下统红旗组（J_1h）区域上该组分为三个岩性段，矿区仅发育下含石墨煤岩段（J_1h^1），由黑~黑灰色粉砂岩、泥岩、炭质岩与石墨矿层组成。

侏罗系上统白音高组（J_3b）为褐灰色含角砾中、酸性熔岩、凝灰岩及安山岩、凝灰质砾岩、凝灰砂岩等。

第四系（Q）分布于丘陵山坡带及腾格勒郭勒河谷区。由冲~洪击砂砾石层及风积砂等组成。

地层总体走向呈北东向，倾向东南，单斜构造，倾角较缓，一般为 10°~20°，最大 25°。

矿区内未见大的侵入体，仅见小型酸性、酸碱性和中性脉岩发育，地表出露较少，主要分布在（类）石墨矿层上部或下部。岩性为正长斑岩为主，其次为闪长玢岩脉及流纹斑岩脉；主要分布于矿区煤系地层中，侵入时代主要为早白垩纪；以断层裂隙带为通道，顺岩层贯入充填，破坏了煤系地层，也使煤受烘烤变质形成（类）石墨矿床。

扎鲁特旗石墨（类石墨）矿为单一矿种，无共伴生矿产和其他有价元素。矿山累计查明资源储量（矿石量）804.05 万吨，平均品位 72.75%。

2.1.3.6 中国山东家西石墨矿

家西石墨矿矿床类型为区域变质型石墨矿，矿石类型为晶质石墨。矿区大地构造位置属华北板块（Ⅰ）胶辽古陆块（Ⅱ）胶东裂谷（Ⅲ）胶北陆缘活动带（Ⅳ）莱州-明村残存古裂谷（Ⅴ）之栖霞复背斜的南翼西段。区内广泛出露古元古代荆山群野头组和陡崖组变质地层。断裂构造有 NE 向和 NW 向两组。NE 向与地层走向一致，是控矿构造，多具压性特征。MW 向为成矿后构造，断距达 800m，对矿层起破坏作用。岩浆岩不发育，仅在矿区西部的水桃林片岩段发现少量的石英脉和伟晶岩脉。石墨矿产于荆山群陡崖组徐村段，其岩性为石墨黑云斜长片麻岩、石墨透闪透辉岩、混合质石墨黑云斜长片麻岩、斜长角闪岩、蛇纹透辉大理岩。石墨矿为晶质石墨矿石，以片麻状、鳞片浸染状矿石为主，极少数为块状、斑点状构造。

冢西石墨矿石墨为单一矿种，无共伴生矿产和其他有价元素。矿山累计查明石墨矿石量 850.1 万吨，矿物量 32.0 万吨，石墨平均品位为 3.76%。

2.1.3.7 中国湖南省鲁塘隐晶质石墨矿

湖南鲁塘石墨矿区位于郴州市西南约 40km 处，属于湘中南—粤北坳陷中生代石墨成矿带。位于耒阳—临武南北向构造带上，由上古生界组成的沙田—鲁塘复式向斜东翼，矿体赋存于上古生界上二叠统龙潭组地层中，主要是由于龙潭组原含煤地层在燕山期受到骑田岭岩体侵入带来的大量热能，在岩浆烘烤的作用下，在骑田岭岩体西侧外接触带宽约 900m 范围内的地层发生热接触变质，使得靠近骑田岭的原煤岩体变质成石墨，属于含煤碎屑岩接触变质型石墨矿床。含矿岩系总厚为 210m，矿体为 4 个，矿体总厚度为 3.72m，固定碳含量为 75%~80%，探明资源储量为 3585 万吨，为一大型隐晶质石墨矿床。该矿保有资源储量为 788.7 万吨，资源利用率 78%，开发利用程度高。

2.1.3.8 中国新疆维吾尔自治区奇台县黄羊山石墨矿

奇台县黄羊山石墨矿位于唐巴勒—卡拉麦里石墨成矿亚带，大地构造位于准噶尔板块谢米斯台—库兰卡兹中古生代复合岛弧带与唐巴勒—卡拉麦里古生代复合沟弧带结合部位，石墨矿床产于该区黄羊山碱性花岗岩体内，岩石类型为细粒—中粗粒石墨混染花岗岩及中细粒黑云角闪含石墨混染花岗岩。分①号矿体和②号矿体，①号矿体为隐伏矿体，埋深为 125~481m，长为 2.1km，宽为 250~730m，平均厚度为 310m。固定碳平均含量为 6.14%，石墨片径为 150μm（+100 目），平均在 10%左右。预测的晶质石墨矿物资源量 4704 万吨。②号矿体直接出露地表，整体呈一“马蹄形”，长为 1.1km，宽为 200~580m，平均宽为 380m，钻孔控制矿体平均厚度为 383.2m，固定碳平均含量 7.04%，石墨片径 150μm (+100 目)一般为 30%~35%，矿体空间形态为一近似直立的不规则的“半封闭筒状”。估算预测的晶质石墨矿物资源量为 2560 万吨。根据中科院地质与地球物理研究所对黄羊山晶质石墨矿碳同位素测定结果：δ13C 为−20.16‰~−17.51‰，为有机成因，推断石墨碳质来源于石炭纪含碳地层。黄羊山岩体侵位到石炭系姜巴斯套组含碳地层，在同化混染作用下碳质重结晶形成晶质石墨矿。野外少量残留的含碳地层残留体为岩浆同化混染的发生提供了佐证。经选矿实验，原矿固定碳含量为 6.15%，石墨片径 +0.15mm 占 23%。石墨精矿固定碳总回收率为 94.87%。

2.2　石墨资源现状

2.2.1　全球石墨资源概况

2.2.1.1　石墨资源的储量分布概况

石墨资源分布广泛，众多国家都已发现石墨矿产，但具有一定规模可供工业利用的矿床并不多，石墨矿产资源相对集中分布于少数国家中，已发现的大、中型石墨矿床集中分布于中国、印度、巴西、捷克、墨西哥等国。晶质石墨矿主要蕴藏在中国、斯里兰卡、马达加斯加、巴西、加拿大、俄罗斯等国，其中马达加斯加盛产大鳞片石墨，斯里兰卡盛产高品位的致密块状石墨；隐晶质石墨矿主要分布于土耳其、印度、韩国、朝鲜、墨西哥和奥地利等国。多数国家只产一种石墨，矿床规模以中、小型居多，只有中国等 5 个国家晶质和隐晶质石墨都有产出，大型矿床较多。

据美国地调局统计，全球石墨探明储量接近 3 亿吨，可回收的石墨矿产资源量估计超过 8 亿吨，按近年全球天然石墨年均产量 110 万吨计，全球石墨探明储量的静态保障年限可达到 270 年以上，如果没有新的石墨应用领域爆发式增长，全球天然石墨资源完全可以满足世界经济长期发展的需求。天然石墨在石墨应用领域所占的比重约为 35%，由石油焦人工合成的合成石墨占据着石墨市场的主要份额，不过人工合成石墨生产成本很高，从性能方面考虑，天然石墨矿产资源是可以用人工合成石墨替代的。

根据美国地调局 2020 年统计结果，2019 年全球石墨储量为 3 亿吨，主要分布在土耳其（9000 万吨）、中国（7300 万吨）、巴西（7200 万吨）、莫桑比克（2500 万吨）等国家，见表 2-3 和图 2-1。土耳其石墨储量为 9000 万吨，占全球储量的 30%，排在世界第一位，但土耳其的石墨储量以隐晶质石墨为主，数据可靠性也有待证实；其次是中国的 7300 万吨和巴西的 7200 万吨，分别占全球储量的 24.33% 和 24.00%，分别排在世界的第二位和第三位，这三个国家探明的石墨资源量占全球石墨探明储量的 78% 以上。此外，莫桑比克和坦桑尼亚石墨资源主要为大鳞片晶质石墨，占到全球比重达到 8.33% 和 6.00%，根据当地石墨成矿地质条件和勘查程度，未来仍具有扩大石墨资源储量的潜力。石墨是一个小矿种，美国地调局的统计数据有时也不够全面，但这一数据足以反映全球石墨资源高度分布不均的状况。

表 2-3 2019 年全球各国石墨储量和产量

国家	产量/万吨	产量分布/%	储量/万吨	储量分布/%
土耳其	0.2	0.18	9000	30.00
中国	70	63.64	7300	24.33
巴西	9.6	8.73	7200	24.00
莫桑比克	10	9.09	2500	8.33
印度	3.5	3.18	800	2.67
墨西哥	0.9	0.82	310	1.03
马达加斯加	4.7	4.27	160	0.53
坦桑尼亚	0.02	0.02	1800	6.00
加拿大	4	3.64	—	—
其他国家	7.08	6.43	930	3.11
全球总量	110		30000	

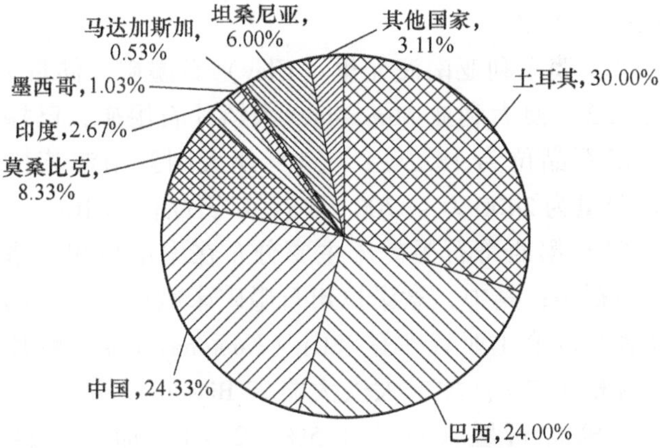

图 2-1 2019 年全球石墨资源储量分布

扫一扫查看彩图

2.2.1.2 全球主要石墨矿集中区

亚洲石墨矿集中区：(1) 印度奥瑞萨邦石墨矿，矿床赋存于寒武纪地层中，含博兰吉尔—桑巴普尔、普尔巴尼—长拉汉迪和登卡纳尔 3 个石墨矿带。(2) 朝鲜慈江道长江郡东方石墨矿，矿体赋存于云母片岩与绿泥片岩中；朝鲜咸境北道业亿石墨矿，矿床赋存于片麻岩中，微晶石墨矿石含碳 60%~85%。(3) 韩国 Chungnam 鳞片石墨矿（位于 KangWon），估算石墨资源量达 100 万~150 万吨。

韩国 KyongGi 微晶石墨矿（位于 LyungPak），估算石墨资源量 250 万~300 万吨，石墨矿石品位为 75%。（4）阿富汗维瑞斯（Various）鳞片石墨矿，估算石墨资源量达 100 万吨。（5）斯里兰卡波格拉脉状石墨矿，矿体呈脉状、透镜状和囊状赋存于片麻岩、石英岩和大理岩中，矿石平均品位为 75%，最高达 98%；斯里兰卡库卢格拉石墨矿，资源量达 50 万吨。（6）中国黑龙江萝北县云山石墨矿，矿石量储量 10.26 亿吨，矿石平均品位 10.2%；中国内蒙古自治区乌拉特中旗大乌淀石墨矿，探获资源储量 1775.58 万吨，矿体平均品位 4.37%。

欧洲石墨矿集中区：（1）乌克兰查瓦里耶鳞片石墨矿，矿石品位达 6%~7%；乌克兰波多果尔石墨矿，已发现矿体 20 个，石墨片径为 0.25~1mm。（2）捷克南捷克州鳞片石墨矿，矿体赋存于前寒武纪片麻岩、石英岩与碳酸岩中，矿石品位达 15%；捷克莫拉维亚地区微晶石墨矿，矿体赋存于沉积变质岩中，矿石品位>35%。（3）挪威特雷伦（Traelen）鳞片石墨矿，石墨储量达 36 万吨以上，矿石品位>28%。（4）奥地利凯萨斯堡致密晶质石墨矿，矿石品位为 40%~90%；奥地利特伦多夫—莫尔达夫石墨矿，晶质石墨与微晶石墨共存，矿石品位为 45%~50%。（5）德国博米安山丘帕绍石墨矿，已发现矿层 20 多个，石墨矿石品位为 10%~30%。（6）瑞典 Kringlegruvan 石墨矿，估算资源量为 700 万吨，矿石品位 9%，鳞片石墨含量为 10%~15%。

大洋洲石墨矿集中区：（1）澳大利亚南澳尤里（Uley）石墨矿，储量为 600 万吨，矿石平均品位为 8%；（2）澳大利亚 Munglinup 大鳞片石墨矿，已探明和推测的资源量为 140 万吨，矿石品位为 18.2%；（3）澳大利亚南澳苏格罗夫（Sugarloaf）鳞片石墨矿，资源量为 2400 万~3700 万吨，矿石品位达 10%~12%。

北美洲石墨矿集中区：（1）墨西哥石墨矿床主要分布在索诺拉州、格雷罗州与伊达尔戈州，全部为微晶石墨；其中，索诺拉州石墨矿床赋存于含煤的深灰红色石英岩之间。（2）加拿大哥伦比亚省库登奈山（KootenayMtns）鳞片石墨矿，资源量为 670 万吨，碳含量为 7%；加拿大安大略省 Bissett Creek 晶质石墨矿，资源量大于 8000 万吨，鳞片石墨含量达 1.5%~2.5%；加拿大科尔尼（Kearney）石墨矿，探明资源量为 4300 万吨，碳含量达 2.34%，推测资源量为 1230 万吨，碳含量为 2.42%；加拿大萨克斯彻温省深湾东（Deep Bay East）大型鳞片石墨矿，矿床个别矿段最高品位碳含量达 27.52%。（3）美国阿拉斯加州苏华德半岛石墨矿，矿石储量达 2 亿吨。

拉丁美洲石墨矿集中区：（1）巴西米纳斯吉拉斯州派德拉亚朱尔（Pedra Azul）石墨矿，储量达 2.5 亿吨，矿石品位为 20%~25%，为巴西最大的石墨矿床；（2）巴西奥门纳拉（Almenara）石墨矿，储量达 5700 万吨，碳含量为 4%~10%。

非洲石墨矿集中区：（1）马达加斯加塔马塔夫省石墨矿，矿体赋存于云母片麻岩中，矿石品位为4%~11%，该石墨矿床的1/3为细粒石墨，2/3为鳞片石墨。(2) 莫桑比克安库阿比石墨矿，资源量为560万吨，鳞片石墨含量6.3%。(3) 纳米比亚Swakopmund石墨矿，资源量达3600万吨，鳞片石墨含量4.3%。(4) 南非林波波（Limpopo）石墨矿，资源量为350万吨，鳞片石墨含量8.8%。

2.2.2 中国石墨资源概况

中国是石墨资源储量大国，石墨资源非常丰富，是少数几个石墨矿产种类齐全的国家之一，石墨资源也是我国的优势非金属矿种之一。中国石墨矿产资源分布广泛，全国25个省（市、自治区）均有产出。石墨资源分布呈现“分布广泛、东多西少、个别富集”的特征。晶质石墨主要分布于黑龙江、内蒙古、山西、四川、山东五省（自治区），保有储量占全国80%以上，黑龙江和内蒙古自治区晶质石墨储量最多。隐晶质石墨主要分布于内蒙古、湖南两省（自治区），保有储量占全国67%以上。其中，黑龙江、吉林、辽宁、内蒙古、山东、安徽、福建、广东及陕西这9个省（自治区）既有晶质石墨矿产出，也有隐晶质石墨矿产出。

根据自然资源部《全国矿产资源储量汇总表》统计，截至2018年年底，已探明的晶质石墨矿区有173处，累计查明石墨矿物量资源储量43740万吨，其中基础储量7715万吨，加上隐晶质石墨基础储量，与美国地质调查局统计结果基本一致。石墨资源储量和矿区均有增加，石墨矿区相较2015年增加30处，储量增加约1000万吨。我国晶质石墨矿区分布于20个省（自治区），其中黑龙江省晶质石墨查明资源储量23263.42万吨，约占全国总量的53%，主要分布在鸡西市、萝北县、密山市、林口县、勃利县和穆棱市。查明资源储量在1000万吨之上的省（自治区）还有：内蒙古9565.96万吨、河南2583.98万吨、四川2095.43万吨、山西1956.22万吨、山东1618.65万吨。

近年来晶质石墨查明资源储量统计见表2-4。

表2-4 近年来晶质石墨查明资源储量统计 单位：矿物万吨

年份	查明资源储量			累计查明资源储量	
	总计	基础储量		总计	其中：基础储量
		合计	储量		
2013	22024	4530	1906	23240	5313
2014	22256	4129	1808	23391	4721
2015	26382	5516	1009	27527	6109
2018	43740	7715	1004	36025	

全国各省（自治区）晶质石墨资源储量情况见表 2-5。

表 2-5　全国各省（自治区）晶质石墨资源储量情况　　单位：矿物万吨

地区	矿区数	基础储量		资源量	查明资源储量
		合计	储量		
全国	173	7715.56	1004.58	36025.02	43740.58
河北	7	7.05	—	38.66	45.71
山西	8	97.5	39.00	1858.72	1956.22
内蒙古	25	4326.93	157.60	5239.03	9565.96
辽宁	4	28.00	4.30	39.93	67.93
吉林	10	301.63	77.02	360.41	662.04
黑龙江	33	1940.27	353.40	21323.15	23263.42
安徽	1	—	—	17.10	17.10
福建	4	52.17	34.28	115.69	167.86
江西	3	—	—	338.30	338.30
山东	21	142.97	127.70	1475.68	1618.65
河南	16	318350	—	2265.48	2583.98
湖北	7	65.91	5.60	94.65	160.56
广东	1	17.10	—	18.40	35.50
海南	3	8.00	6.40	45.20	53.20
四川	5	274.40	199.28	1821.03	2095.43
云南	2	44.40	—	199.30	243.70
陕西	9	—	—	524.11	524.11
甘肃	4	67.13	—	35.38	102.51
青海	8	—	—	212.73	212.73
新疆	2	23.60	—	2.07	25.67

截至 2018 年年底，全国已探明的隐晶质石墨矿区 38 处，累计查明石墨矿物量资源储量 10041.51 万吨，其中基础储量 3428.19 万吨，隐晶质石墨在近几年资源储量规模大幅度增加，见表 2-6。全国隐晶质石墨主要分布在全国 10 个省（市、自治区），见表 2-7，其中，内蒙古自治区隐晶质石墨资源储量最多，查明资源储量约占全国的 57.22%；其余较多的省份（自治区）分别为吉林（约占

22.58%)、湖南（约占9.5%）等。

表 2-6　2018 年隐晶质石墨查明资源储量统计　　单位：万吨

年份	查明资源储量			累计查明资源储量	
	总计	基础储量		总计	其中：基础储量
		合计	储量		
2013	3548	818	539	6677	3799
2014	3554	810	532	6703	3800
2015	3548	807	532	6717	3805
2018	10041.51	3428.19	517.5	10041.51	

表 2-7　全国各省（市、自治区）隐晶质石墨资源储量情况　单位：矿物万吨

地区	矿区数	基础储量		资源量	查明资源储量
		合计	储量		
全国	38	3428.19	517.05	6613.32	10041.51
北京	2	—	—	10.40	10.40
内蒙古	4	1913.04	—	3832.45	5745.49
辽宁	1	0.15	—	0.37	0.52
吉林	6	946.84	104.79	1320.86	2267.70
安徽	1	0.40	—	8.80	9.20
福建	12	82.53	41.00	246.86	329.39
山东	1	—	—	155.16	155.16
湖南	5	325.23	251.11	624.55	949.78
广东	4	—	—	383.85	383.85
陕西	2	160.00	120.15	30.02	190.02

近年来，石墨勘查成果更加显著，多处石墨矿床被发现查明，进一步提升了我国石墨资源的供应保障能力，自 2013 年来新增资源量主要有：四川巴中南江尖山石墨矿提交石墨矿石量 5035 万吨（石墨矿物量 397.2 万吨），为秦岭成矿带迄今为止发现的最大中、细粒晶质鳞片状石墨矿床（经过选冶，可获得含固定碳 99.13%的高纯精矿）；内蒙古自治区乌拉特中旗大乌淀（晶质石墨矿 1535.5 万吨，固定碳含量 4.37%）、查汉木胡鲁［石墨片度基本都大于 150μm（+100 目），矿物量达 703 万吨，平均品位 5.45%］、高勒图（资源量 1580.88 万吨，固定碳含量 5%）、查干文都日（资源量 851.24 万吨，固定碳含量 5.58%）、哈达

图（资源量 252.45 万吨）、内蒙古自治区阿拉善左旗石驼山—新工地（资源量 712.39 万吨）、库存井沟（资源量 259.66 万吨）等大型及以上规模晶质石墨矿床也于近年来被发现；福建武夷山桃棋大鳞片晶质石墨矿，估算资源量 143 万吨；新疆维吾尔自治区伊吾吐尔库里晶质石墨矿，预测资源量 1298 万吨；新疆维吾尔自治区阿勒泰青河孔克热和达布逊晶质石墨矿，分别预测资源量 1393 万吨与 1455 万吨；黑龙江省密山市马来山石墨矿 816 万吨；黑龙江路北县 260 高地石墨矿 2204 万吨；黑龙江萝北县云山石墨矿 2118 万吨。

石墨资源在我国华北、东北、华东、华中、华南、西南、西北各区均有分布，开发主要集中在我国的东北地区、华东地区和华北地区，现在已经形成了黑龙江萝北、鸡西，山东平度，内蒙古自治区兴和四个晶质石墨开发基地和吉林磐石、湖南鲁塘等两个隐晶质石墨基地。

2.2.2.1　东北地区石墨资源分布概况

黑龙江省石墨矿产资源丰富、储量大且品位高，我国鳞片石墨产出近一半来自黑龙江省。黑龙江石墨产区主要集中在鸡西和鹤岗两个石墨带。其中鸡西市地区就有 24 个石墨矿床，有柳毛石墨矿、共荣土顶子石墨矿、石场石墨矿、永台山石墨矿、土顶子东山石墨矿、三道沟石墨矿、三道沟东段石墨矿、岭南石墨矿、土顶子和平石墨矿等。

整个鸡西市地区的矿石平均品位约为 7.97%，其中鸡西市柳毛石墨矿早在 1940 年投产，距今已开采 70 多年，其曾经是亚洲最大的石墨矿，矿区含大西沟、朗家沟及站前 3 个矿山，面积近 $47km^2$。矿床赋存于太古界麻山群西麻山组深变质岩系中，矿体呈复层状产出，产状与围岩一致。矿区内共有 56 个矿体，单矿体最长超过千米，厚为 15~17m。柳毛石墨矿矿石资源量超过 3.5 亿吨，矿石为鳞片状晶质石墨，平均品位为 9.7%，最高品位达到 26.34%。

鹤岗萝北的石墨资源主要集中于云山石墨矿区，其拥有亚洲最大的晶质石墨矿产资源，矿区面积为 $9km^2$，已探明的石墨矿物量有 6000 多万吨，共发现 25 条主要矿体，矿石品位较高，矿石平均品位为 10.2%，入选品位可达 17%。矿石可选性好，可利用物理选矿方法直接选出含碳量超过 98%的石墨精粉，其选矿模式在国内石墨行业中为首创，体现了低成本的生产优势。

黑龙江除了鸡西和萝北两个超大型石墨矿区外，还有穆棱市光义、穆棱市寨山、勃利县佛岭、双鸭山市羊鼻山及密山市马来山 6 处大型矿区，以及鸡东县长山、呼玛县门都里、勃利县双河、林口县碾子沟、林口县八道沟、林口县曲沟和铁力市神树小白河等中小型石墨矿区。

辽宁省已探明的石墨矿不多，主要有桓仁县大恩堡中型晶质石墨矿和帕岩满族自治县丰富晶质石墨矿区。

吉林省是我国主要的隐晶质石墨储藏区和微晶石墨主产区，储量仅次于湖南省。隐晶质石墨储量位居国内第二的磐石石墨矿始建于1929年，已有80多年的开采历史。该矿石墨品位较高，部分矿石可达94%以上，可直接生产利用。

吉林省除了拥有隐晶质石墨矿区，还有多个中小型晶质石墨矿床。通化县三半江晶质石墨矿达到了中型规模，小型晶质石墨矿主要集中在集安市，有双兴、横路西岔、小黑窝子—报马川等。

2.2.2.2 华北地区石墨资源分布概况

华北地区晶质石墨矿主要分布于内蒙古自治区及山西与河北省的北部，以内蒙古兴和县石墨矿为中心，向西有丰镇县南井、武川县庙沟、土默特左旗什报气和灯笼素4处中型晶质石墨矿，向北有固阳县五当召、阿拉善右旗档巴井两个中型矿和包头市克尔马沟小型矿，向南有大同市弘赐堡大型矿和六亩地、鸡窝洞中型晶质石墨矿以及天镇县白羊口小型矿，向东有河北省赤城县艾家沟中型晶质石墨矿以及怀安县蔓青沟和阳原县谷端庄两处小型晶质石墨矿。

内蒙古自治区晶质石墨矿多分布于华北地台内蒙古自治区台隆阴山断隆的中段，多为区域变质型矿床，矿体形态受构造控制。黄土夭石墨矿位于乌兰察布市兴和县店子乡境内，区内分布大小矿体共32个，矿体一般长为500~1000m，厚为20~30m,矿石以石墨斜长片麻岩为主。什报气石墨矿位于呼和浩特市上默特左旗兵洲亥乡什报气村北面的大青山南坡上，含有七个石墨矿体，石墨矿石以片麻岩型为主，平均含固定碳3.66%，精矿的固定碳品位达到85%以上。武川县庙沟石墨矿位于乌兰察布市武川县庙沟乡村南山上，含7个矿体，矿石类型以片麻岩型为主，平均固定碳为3.32%~5.23%，石墨的片度大，在150μm（+100目）以上者占60%~75%，矿石的选矿性能良好，回收率在97%以上，精矿含固定碳为89%~92%。灯笼素石墨矿位于呼和浩特市土默特左旗青山乡境内，石墨矿石类型以片麻岩型为主，固定碳含量最高为17.15%，平均品位为6.4%，石墨片度主要为270~180μm（-50~+80目）。阿拉善右旗巴井石墨矿位于阿拉善盟阿拉善右旗额日布盖苏木境内，石墨矿体呈层状，矿石以变粒岩型为主，矿石中固定碳含量为8.65%~11.23%，平均为9.82%，矿石易选。丰镇市南井石墨矿位于丰镇县城内，含四个主要矿体，以露天方式开采。除以上中型晶质石墨矿外，内蒙古自治区还有包头市克尔马沟、乌拉特中旗哈日楚鲁、阿拉善左旗闰地拉图等中小型石墨矿。

山西省晶质石墨矿主要集中在大同市。大同市新荣区白山-弘赐堡石墨矿带中的弘赐堡、六亩地、鸡窝涧、白山村、七里村和碓臼沟六个石墨矿区累计查明石墨矿物量为837万吨。弘赐堡大型晶质石墨矿处于内蒙古自治区断块南缘中部与吕梁-太行断块的云岗块坳北端之结合处，矿石以石墨黑云斜长片麻岩为主，石墨矿石储量为 350 万吨，矿体固定碳品位为 2.50%~9.42%，平均为 3.93%。原矿鳞片大易选，经浮选后可得到固定碳含量为 80%~95%的精矿。六亩地中型石墨矿位于中朝地台内蒙古地轴南部边缘，矿石以片麻岩为主，有 16 个主要矿体，矿石资源储量为 705 万吨，矿石品位不高，矿体平均品位为 3.02%~3.53%，个别地段品位可达 17%。

河北省石墨资源分布广泛，矿床规模较小，主要集中在赤城县的东水泉、艾家沟、雀儿沟、正北沟四个矿区和康保县的万隆店矿区。赤城县龙关一带石墨矿体赋存于太古界谷嘴子组岩性中，矿床含有 5 个矿体，矿体长为 177~1020m，厚度为 3.0~16.9m，矿石自然类型为片麻岩型，矿体平均品位为 4.53%。

2.2.2.3　华东地区石墨资源分布概况

华东地区的石墨矿资源主要集中在山东省，福建省和江西省也有产出，其他省市产出较少。

山东省是我国晶质石墨矿的重要蕴藏地，也是我国鳞片石墨的主产区。山东省的石墨矿产资源主要集中在青岛地区的平度市和莱西市，莱阳、文登和牟平一带也分布多个矿床。

平度市是世界著名优质石墨重点产区，石墨储量位居全国第二。目前已探明矿石资源量为 4 亿吨，矿物储量为 1381.5 万吨，保有矿物储量 701 万吨。平度市的石墨资源主要分布在张舍、刘戈庄、明村、矫戈庄、刘家寨、刘河甲、前卧牛、马戈庄、闫村、景村等处，以及黑鲤公司、黑龙西利矿、腾飞石墨矿和运盛矿业公司等。石墨矿石品位一般为 2.5%~5%，个别矿山达到 6%以上。平度市的张舍镇被誉为中国石墨第一镇，全镇已探明石墨矿石总储量约 1.2 亿吨，矿石品位 3%~7%。埋藏浅易开采，鳞片大质量好。刘戈庄石墨矿区为赋存于元古代荆山群陡崖组徐村段含石墨变质岩系地层的沉积变质矿床，矿床受地层层位控制，矿区有 4 个含矿带，11 个含矿层，赋存 29 个石墨矿体，以透闪透辉岩型石墨矿石为主要矿石类型，石墨矿石品位为 2.5%~6.5%，最高为 7.93%。莱西南墅石墨矿床是包括院后矿体、刘家庄矿体和岳石矿体在内的一个矿层带，已开采利用 60 余年，属于区域变质叠加热液交代双重成因的优质鳞片石墨矿床，石墨矿石类型有片麻岩型、透辉石岩型、混合岩型三种，矿区平均品位为 4.5%~5.5%。北墅石墨矿也有近 40 年的开采历史，该矿含有 11 个主要矿体，入选品位 3%，精矿品位 91.64%，目前处于停采状态。莱阳市还有大梁子口和山前介石墨矿，石墨矿石储量共计 327.39 万吨，矿石类型以黑云斜长片麻岩为主，品位为 2.7%~3.28%，鳞片大小多为 0.8~1.25mm。文登区臧格庄石墨矿为中型晶质石墨矿，含 8 个矿体，入选品位为 3.46%，精矿品位为 87%。牟平徐村中型晶质石墨矿，含 37 个矿体，入选品位为 2.8%，精矿品位为 85.86%。还有小型牟平新添堡、莱芜市莱城区独路、海阳县发城姜格庄和威海市小石岛石墨矿等可利用。

福建全省已发现矿床点18处，其中经地质勘查探明资源储量的产地3处，分布在建阳、漳平、华安三县。探明矿石储量为1017万吨，折合成石墨矿物量为63.1万吨。岭根墙中型晶质石墨矿，保有矿物储量为54万吨，含有28个矿体，入选品位为5.05%，精矿品位为86.6%。武夷山市桃棋矿区石墨矿含有17个晶质石墨矿体，石墨矿石资源量为105.2万吨，矿石品位为3.0%~5.0%，最高为8.46%，平均为3.08%，石墨矿片径270μm（50目）以上的占到了70.50%，入选品位固定碳为2.5%，精矿品位可达90%，回收率为92%，为易选矿石。福建老鹰山石墨矿矿石类型属隐晶质石墨矿，矿层由碳质泥岩或煤层受热液变质作用形成的，为热液接触变质层控矿床，矿区内石墨矿体共有3个矿层，矿石固定碳平均含量为80.09%，还发现了大田县大田煤矿赤水井田、大田县文江乡琼口、永安市后埔、永安市长坦、永安市下盖竹、安溪县清洋、华安县福田、漳平市可坑高明等小型隐晶质石墨矿。

江西省石墨矿资源主要集中在金溪县。金溪县峡山石墨矿为大型晶质石墨矿。该矿石资源量为2645万吨，矿物量达到270万吨，固定碳含量较高，有害杂质含量较低，并伴生具有工业价值的V_2O_5。矿石自然类型为钒白云母石墨片岩、云母石墨片岩、石英石墨片岩，矿石固定碳含量为3.01%~13.20%，平均品位为6.16%，石墨片径为0.06~1.3mm。

江西省弋阳县管坑石墨矿区地处北武夷山脉的弋阳县和铅山县交境地带，含有5个主要矿体，石墨矿物量可达124.78万吨，固定碳品位为3.62%~17.08%，平均品位为9.45%。定南县乐田小型石墨矿也可利用。

此外，华东地区的安徽省怀宁县横山小型晶质石墨矿，保有矿物储量为17万吨。

2.2.2.4 中南地区石墨资源分布概况

河南省石墨矿产资源丰富，主要为晶质石墨矿，资源储量位于全国第五位，目前已发现的石墨矿点近百处，其中大、中、小型矿床十余处，资源量可达两千多万吨。依据河南省石墨矿床的分布特征，大致可以将其分为三个石墨矿化带，即灵宝小秦岭石墨矿带、朱阳关-柳泉铺石墨矿带和鲁山石墨矿带。鲁山县背孜石墨矿床地处鲁山石墨矿带中心，矿石类型主要为片麻岩型石墨矿，矿石资源量为1535万吨，含70多个矿体，矿石品位为3%~15%，石墨矿石入选品位为4.6%，精矿品位达80.78%。石墨鳞片片径为0.01~1.725mm，大多数石墨鳞片片径为0.2~0.6mm。西峡横岭石墨矿位于朱阳关—柳泉铺石墨成矿带，矿石资源储量为2397万吨，含有两个主要矿体，矿体平均固定碳8.13%，但石墨鳞片较小，现已利用。豫西南石墨矿主要以钙质石墨片岩为主，片径主要集中在

0.15～0.31mm 的范围内，占到了 75%以上，固定碳的含量为 4.26%～5.13%，最高为 17.84%，平均品位为 4.70%。朱阳关—柳泉铺石墨成矿带还有小岔沟、干脚沟、二龙、独埠岭等中小型矿床。淅川县小陡岭石墨矿资源量达到 1947 万吨，但其开采选矿成本高，经济上不合理，现已停采。淅川县五里梁石墨矿矿石自然类型为石墨斜长片麻岩型，石墨鳞片片径一般为 0.3～0.7mm，最大 1.75mm，矿区内共发现 3 个石墨矿体，二号主矿体固定碳品味为 8.72%～16.25%，平均品位为 11.17%。还有灵宝石墨矿也已开采多年，其规模可达中型。

湖南省郴州市是我国微晶石墨最主要的产区，其隐晶质石墨的储量位居全国第一，保有矿物量为 949.78 万吨。郴州鲁塘石墨矿是我国储量最多的隐晶质石墨矿，矿区累计探明石墨资源储量 3164.82 万吨，截至 2007 年保有资源储量 989.58 万吨，矿石中有用组分富集均匀，有害物质少，矿石品位高达 75%～80%，可直接选矿利用。桂阳县荷叶隐晶质石墨矿保有储量为 242 万吨，新化县冷水江隐晶质石墨矿保有储量 377 万吨均已开采利用。

湖北省晶质石墨矿物资源储量 160.58 万吨，主要分布在宜昌市夷陵区，有三岔垭、谭家河、二郎庙、后山寺、东冲河等矿床。湖北三岔垭石墨矿矿石资源量达 3612 万吨，含 6 个主要矿体，固定碳含量为 9%～13%。矿石自然类型有石墨片岩富矿石，石墨含量一般达 20%～40%；还有石墨黑云斜长片麻岩贫矿石。石墨鳞片大于 2.5mm 的鳞片占 80%以上，其石墨鳞片大小及石墨形成的过程与区域变质作用和后期叠加混合岩化作用有关。另还有广水市芦花湾和兴山县东冲河小型矿点可供利用。

2.2.2.5　西南地区石墨资源分布概况

西南地区石墨矿资源主要分布于四川省、云南省和西藏自治区。

四川省石墨资源丰富，主要集中在攀枝花中坝石墨矿区，探明该矿区墨资源储量矿石量 2 亿多吨，其鳞片以细鳞片为主，资源量位居全国第三。南江坪河石墨矿区保有矿石资源量 522 万吨，保有矿物量 47 万吨，矿区具有 13 个矿体，矿石平均品位 13.5%，矿石分为两种自然类型，片岩型矿石石墨含量为 10%～60%，大理岩型矿石石墨含量为 5%～30%。矿石为细鳞片石墨与隐晶质石墨的混合类型。附近的南江向阳坡、坪河肖家湾等小型石墨矿床可进一步开展工作，加以利用。

云南省牟定戌街大型晶质石墨矿，矿石资源量达 1992 万吨，其矿石储量达到了 199.2 万吨，矿石平均品位 4.725%，矿石属微细鳞片浸染型晶质石墨矿，分为三种类型：石墨白云石英片岩、石墨白云斜长片岩和角砾碎斑状石墨矿石。南部的元阳棕皮寨细晶质石墨矿也达到了中型规模，矿石资源量为 444 万吨，含 3 个主要矿体，矿石自然类型为石墨石英片岩、石墨黑云石英片岩和石墨黑云斜长片麻岩三种类型，由于经济原因，目前已经停产。

西藏自治区东部靠近四川的左贡县大型石墨矿，保有晶质石墨矿物储量244万吨，矿区远景资源量大，但因开采和交通条件差，近期难以利用。

2.2.2.6 西北地区石墨资源分布概况

西北地区石墨资源主要分布在陕西省，甘肃省和新疆维吾尔自治区也有少量产出。

陕西省洋县铁河大型晶质石墨矿由大安沟矿段和明崖沟矿段组成，保有资源量共计2372万吨，其中大安沟段资源量约1534万吨，平均品位为4.68%，入选品位为5.6%，精矿品位为95.53%。西安市崇阳沟大型晶质石墨矿保有资源量为1514万吨，固定碳含量为7.67%，入选品位为8.2%，精矿品位为87.59%。潼关县东桐峪碾头岔含金石墨矿床附近共出露4个晶质石墨矿体，矿石资源量50余万吨，矿物量近3万吨，碳含量为4.16%~4.99%。丹凤县庾家河中型晶质石墨矿拥有224万吨资源量，大西沟碾子坪及蔡凹中型晶质石墨矿有223万吨资源量。除此之外，还有长安区大峪五里庙和扯袍峪、潼关县车峪、留坝县青桥河等小型晶质矿可供利用。

陕西省还有一处中型隐晶质石墨和多个小型隐晶质石墨矿。眉县桐峪石墨矿拥有1205万吨石墨资源量。

甘肃省有民勤县唐家鄂博山中型晶质石墨矿，矿石资源量为203万吨。

青海省石墨资源较少，有都兰县巴勒木特尔、诺木洪地区金水江、海西州都兰等小型晶质石墨矿。

新疆维吾尔自治区保有晶质石墨矿物储量24万吨，有奇台县苏吉泉中型晶质石墨矿、库西姆奇、下河、将军庙、尉犁县西山口、奇台县等矿点。苏吉泉晶质石墨矿床位于库普大断裂和清水—苏吉泉大断裂之间的一个北西向狭长构造带中，有20多个大小矿体，矿体产状地表较陡，深部逐渐变缓，矿体呈不规则透镜状或似层状产出，主矿体附近可见到一些小矿巢。主矿体长度从数百米到近千米，宽度从几十米到数百米，深度可达20m。矿石自然类型为含石墨混染花岗岩。石墨呈鳞片、叶片状结晶集合体。该矿拥有石墨资源量236万吨，矿石品位为2.5%~10%矿石可选性较好。球状构造也是苏吉泉石墨矿床的最大特征。

2.2.2.7 华南地区石墨资源分布概况

海南省琼海市伍园中型晶质石墨矿储量为64万吨，含37个矿体，属区域变质及热液充填矿床。琼海市烟塘小型石墨矿资源量为5200吨。乐东县俄文岭小型石墨矿资源量为470吨。

广东省吴川市梅蓬小型晶质石墨矿储量为17万吨。

3 石墨资源开发利用现状

3.1 石墨资源生产概况

3.1.1 全球概况

根据美国地调局 2020 年统计结果，2019 年世界天然石墨产量为 110 万吨，见表 2-3 和图 3-1。中国连续保持全球石墨产量第一大国的位置，生产石墨 70 万吨，占全球产量的 63%，虽然中国产量保持全球第一，但全球石墨产量占比在逐年降低，主要是由于中国环保政策日趋严重及莫桑比克、坦桑尼亚等国大鳞片晶质石墨产能增加；莫桑比克产能超过巴西，居全球第二，产能占为 10 万吨/a，约占全球总产量的 9%；巴西石墨产量为 9. 6 万吨/a，约占全球总产量的 8. 73%；此外印度 2019 年生产石墨 3. 5 万吨，约占全球产量的 3%，这四个国家的石墨产量占世界总产量的 80%以上。根据中国地质调查局石墨资源调查报告统计，中国的鳞片石墨产品产量占到中国天然石墨产量的 70%以上。虽然中国鳞片石墨产量占比较大，但优质的 75μm（+200 目）以上优质大鳞片石墨产量较少。印度、巴西的石墨产品包括鳞片石墨和隐晶质石墨，土耳其以隐晶质石墨为主，加拿大以鳞片石墨为主，全球鳞片石墨的产量估计超过天然石墨产量的 60%以上。

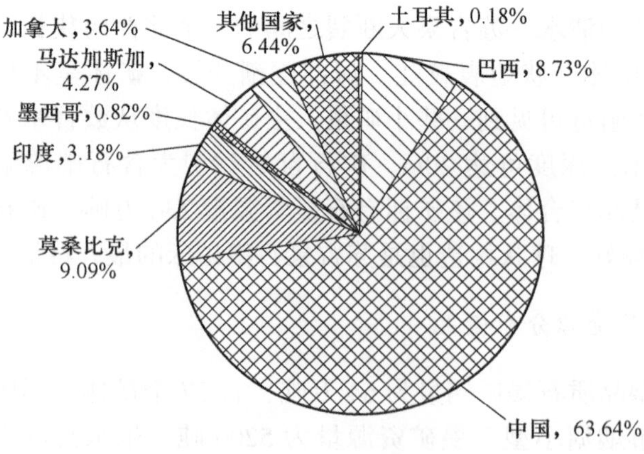

图 3-1 2019 年全球各国石墨产量份额

扫一扫查看彩图

2011 年开始，全球掀起石墨烯热，以特斯拉、比亚迪等电动汽车为代表的新能源汽车产业的快速发展，随着电动汽车产业的高速发展，锂动力电池对石墨材料的需求不断增长，鳞片石墨价格稳定上涨，这也激发了全球天然石墨矿产勘探开发热情，虽然 2017 年、2018 年中国石墨矿产产量有所下降，但由于津巴布韦、莫桑比克、坦桑尼亚、巴基斯坦等国家一系列新上项目不断投产，弥补了由于中国、印度等国的减产所导致的空缺，因此在过去 10 年全球石墨产量相对稳定，除 2017 年、2018 年产量低与 100 万吨外，其余基本维持在 110 万吨左右，见表 3-1。

表 3-1 2010~2019 年世界各国石墨产量统计 单位：t

国家	2010 年	2011 年	2012 年	2013 年	2014 年	2015 年	2016 年	2017 年	2018 年	2019 年
巴西	76000	73000	75000	95000	80000	80000	80000	90000	95000	96000
加拿大	25000	25000	26000	20000	30000	30000	21000	40000	40000	40000
中国	800000	800000	750000	750000	780000	780000	780000	625000	630000	700000
印度	130000	150000	150000	170000	170000	170000	170000	35000	35000	35000
朝鲜	30000	30000	30000	30000	30000	30000	30000	5500	6000	6000
马达加斯加	5000	4000	5000	4000	5000	5000	8000	9000	9000	47000
墨西哥	5000	7000	8000	7000	8000	22000	22000	9000	9000	9000
挪威	2000	2000	7000	2000	2000	8000	8000	15500	16000	16000
罗马尼亚	/	20000	7000	/	/	/	/	/	/	/
俄罗斯	/	14000	14000	14000	14000	15000	15000	17000	17000	20000
斯里兰卡	11000	4000	4000	4000	4000	4000	4000	3500	4000	4000
土耳其		10000	10000	5000	30000	32000	32000	2300	2000	2000
乌克兰	6000	6000	6000	6000	6000	5000	5000	20000	20000	20000
津巴布韦	/	/	/	4000	6000	7000	7000	1580	2000	2000
莫桑比克	/	/	/	/	/	/	/	300	20000	100000
坦桑尼亚	/	/	/	/	/	/	/	/	/	150

续表3-1

国家	2010 年	2011 年	2012 年	2013 年	2014 年	2015 年	2016 年	2017 年	2018 年	2019 年
巴基斯坦	/	/	/	/	/	/	/	14000	14000	14000
其他	3000	7000	7000	1000	1000	2000	6000	9320	11000	1000
总量	1100000	1150000	1100000	1110000	1170000	1190000	1200000	897000	930000	1100000

资料来源：美国地质调查局，Mineral Commodity Summaries。

3.1.2　中国概况

中国为世界第一大石墨生产国与消费国，石墨产量达到全球总产量的 60%以上，已形成黑龙江省萝北、鸡西，内蒙古自治区兴和，山东省平度，吉林省磐石和湖南省郴州市等 6 大石墨生产加工基地，主要生产与出口低附加值产品。

根据自然资源部矿产资统计年报，目前我国在开采的大型石墨矿区主要是：内蒙古自治区兴和县黄土夭石石墨矿区、黑龙江省鸡西市柳毛石墨矿区、黑龙江省鸡西市恒山石墨矿区、黑龙江省萝北县云山石墨矿区、山东省平度市张舍石墨矿区、四川省攀枝花中坝石墨矿。黑龙江省已形成鸡西、鹤岗两大石墨产业生产加工基地，全省石墨采选及加工企业 96 户，其中规模以上企业 41 户，全省石墨矿年开采能力达到 1100 万吨；石墨精粉年生产能力达到 110 万吨，占全国 2/3 以上。鹤岗萝北石墨产业园区 2018 年生产出球化石墨 11 万吨。2019 年 1 月至 6 月，鸡西市石墨精矿粉和制品产量 19.97 万吨，同比增长 11.4%。山东省石墨开发企业 13 个，与 2014 年相比减少了两个，其中大型矿山两处（开采），中型矿山 4 处（均停产状态），小型矿山 7 处（3 处生产），石墨矿年产精矿量约 15 万吨。内蒙古自治区兴和县是全国三大石墨生产基地之一，2009 年引进内蒙古自治区日新集团，将矿区原有 9 家石墨开采企业整合为 1 家，建设了瑞盛石墨应用产业园，对石墨资源进行综合开发利用。河北省赤城石墨产业基地共有矿山 4 个，开采两处，停采两处，未利用 4 处，年产量 0.5 万吨。四川省攀枝花中坝和河南省南阳石墨产区已初具规模。

晶质石墨可规划利用晶质石墨矿区 69 处，查明资源储量 12203 万吨，占总量的 46.3%。其中，黑龙江省规划利用 9 处，拥有资源量 3829 万吨；山西省有 6 个矿区可供开发利用，拥有资源储量 1849 万吨；内蒙古自治区可规划利用石墨矿区 12 处，资源储量 4669 万吨。暂难利用晶质石墨矿区 22 处，难利用资源储量 2954 万吨，占总量的 11.2%；难利用矿区分布在河南省、福建省、海南省、陕西省等。

我国晶质石墨开发利用条件占比如图 3-2 所示。

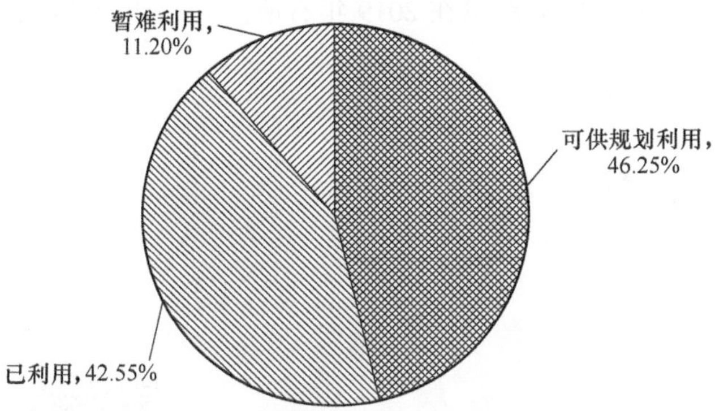

图 3-2 我国晶质石墨开发利用条件占比

扫一扫查看彩图

隐晶质石墨已利用矿区 17 处，已开发利用矿区主要分布在吉林省、湖南省、广东省和陕西省。其中，湖南省郴州市是我国隐晶质石墨主要产区，年产石墨精粉 10 万吨，产量居全国第一；吉林省磐石市是我国隐晶质石墨重要产区，石墨矿山共有 8 处，其中开采 5 处，产量仅次于郴州市，其石墨品位较高，可直接生产利用。

隐晶质石墨可供规划利用矿区 3 处，查明资源储量 1413 万吨，全部分布在内蒙古自治区乌拉特中旗。暂难利用矿区有 12 处，查明资源储量 162 万吨，分布在吉林省、辽宁省、安徽省和福建省等。

我国非晶质石墨开发利用条件占比如图 3-3 所示。

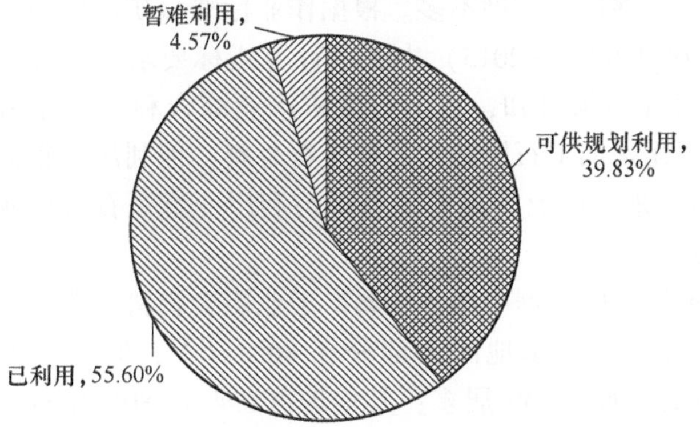

图 3-3 我国非晶质石墨开发利用条件占比

扫一扫查看彩图

在 2015 年之前，中国由于长期高强度开采，石墨资源过度消耗，且国内石墨采选矿企多以中小型为主，技术设备落后，采富弃贫问题突出，资源浪费情况严重，最近几年，中国政府执行了更加严格的环境保护政策，关闭了和停产了一批不符合环境和安全标准的石墨矿山，石墨矿产产量在 2017 年、2018 年有所下降，但随着转型升级和整合，石墨资源产量在2019年有所回升，如图3-4所示。

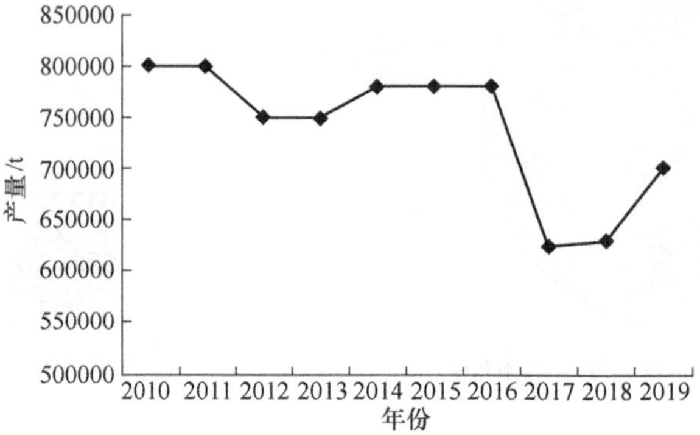

图3-4 2010~2019年中国石墨产量变化

扫一扫查看彩图

中国地质科学院郑州矿产综合利用研究所承担的《22种重要矿产资源“三率”动态分析评价》（2016—2018）对石墨在内的22种重要矿产资源开发利用状况及相关指标进行了系统评价。2015年，我国共有石墨矿总设计采矿生产能力为1852.19万吨，总设计选矿生产能力为919.27万吨，石墨矿平均开采回采率为94.42%。当年正常生产矿山33座，平均开采回采率为94.42%。在产矿山共有16座选矿厂，实际入选矿石为114.05万吨。平均精矿品位为94.30%，平均选矿回收率为89.39%。石墨平均资源综合利用率为76.93%。我国石墨矿床一般为单一矿床，矿体埋藏浅、共伴生矿种不多。根据作业标准《矿产资源综合利用技术及其计算方法》（DZ/T 0272—2015）中各项计算指标要求，综合多年统计的综合利用率状况分析研究结果可知，我国石墨矿产业综合利用率在80%左右，石墨尾矿利用的主要用途是加工石墨砖制品和废石骨料，但利用率很低，平均尾矿利用率只有5%左右。采选产业中尾矿的处理与利用一直是石墨行业尚未得到很好解决的一个关键问题。

各地区石墨利用指标不尽相同，据中国非金属矿工业协会资料，选矿回收率黑龙江地区大部分在80%以上；山东地区大部分在80%以上，但也有个别为50%~60%；内蒙古自治区为70%~80%居多；其他地区普遍在80%左右。根据我国典型晶质石墨产区采选技术指标，经计算得出鳞片片径>0.15mm，黑龙江省鸡西市产率为12%左右，但其他地区以细小鳞片为主，总体上产率为10%左右；四川省为4.4%左右；山东省为12%左右；内蒙古自治区为20%左右；山西省为25%左右。根据各地区查明的资源储量和大鳞片产率计算得到的全国大鳞片平均产率约为14%。

我国主要晶质石墨矿床鳞片特征及大鳞片（>0.15mm）产率见表3-2。

表 3-2 我国主要晶质石墨矿床鳞片特征及大鳞片（>0.15mm）产率

地区	典型矿床	固定碳含量（质量分数）/%	片径分布	查明资源储量/矿物万吨	大鳞片平均分布率/%
黑龙江省	萝北云山石墨矿	9.87	0.045~0.15mm，56%~72% <0.045mm，28%~44%	12884.78	10
	萝北某石墨矿	13.27	>0.15mm，16.08%		
	鸡西柳毛石墨矿	9.7	0.3~1.0mm 居多		
	鸡西东沟石墨矿	6.33	0.15mm，43.70%~78.09%		
	牡丹江穆棱光义石墨矿	16.26	0.2~0.6mm 居多		
内蒙古自治区	兴和瑞盛石墨矿	3.0~5.0	>0.3mm，30% 0.15~0.3mm，25%	8202.6	20
	阿拉善左旗查汗木胡鲁石墨矿	5.45	>0.15mm，几乎 100%		
	包头达茂旗查干文都日区石墨矿	5.61	>0.02mm，5.66% <0.02mm，94.34%		
四川省	攀枝花中坝石墨矿	6.21	>0.075mm，14.2%~38.15% <0.075mm，42.46%~73.8%	2095.43	4.4
	巴中市南江县尖山石墨矿	7.89	>0.3mm，5.84% 0.01~0.3mm，75.59%		
	巴中市南江县庙坪石墨矿	5.12	<0.01mm，18.57%		
	巴中市南江县坪河石墨矿	13.5	0.05~0.5mm 居多		
	阿坝州某晶质石墨矿	5.0~10.0 10.0	0.2~0.5mm 0.01~0.1mm 居多		
山西省	大同天镇县白羊口石墨矿	3.49	>0.15mm，63.37%	1956.22	25
	大同新荣区七里村石墨矿	3.7	>0.15mm，产率 38.52%		
	大同新荣区白山—弘赐堡石墨矿	3.93	>0.15mm，96%		
山东省	莱西南墅石墨矿	5.18	0.1~0.4mm 居多	1619.11	12
	平度市刘戈庄石墨矿	3.34	<0.5mm，95%		
	平度阎鑫石墨矿	3.5	>0.30mm，8%~12%		

3.2 全球主要石墨矿业公司

因石墨应用领域广泛，世界生产石墨的矿山企业众多，但全球生产石墨矿产的公司相对集中，主要集中在中国、印度、巴西等国，全球多数鳞片石墨生产公司生产规模都不大，全球石墨生产公司主要有中国奥宇石墨集团、巴西 National de Grafit、美国 Fortune Gaphite Producers 和加拿大 Timcal 等公司。此外，还有挪威 Skaland Graphiteas、乌克兰 Zavalievsky Grafitovy Kombinat、印度 Tami Nadu Minerals Ltd 等都是世界著名的石墨公司，世界各国生产石墨的重要企业见表 3-3。目前，中国的柳毛石墨资源有限公司和奥宇石墨集团是全球鳞片石墨产能最大的企业，中国的扎鲁特旗兴塔矿业有限公司、南方石墨有限公司等公司是全球隐晶质石墨产能最大的企业，由于矿山环境治理、矿产资源整合等因素的影响，中国的石墨矿业发展也处在公司并购、资源整合的变化时期，各公司近年的资源产量等变动较大。

各国的石墨矿业公司的主要产品为各种规格的鳞片石墨精矿或者各种品位规格的隐晶质石墨原矿及隐晶质石墨精矿和压块的制品等。我国的奥宇石墨集团拥有完整的节能、环保、新材料和新能源不可缺少的全产业链技术，郴州市恒昌石墨有限公司拥有世界闻名的优质微晶石墨生产基地——鲁塘，生产的微晶石墨在全世界都是极为罕见，可用于高新技术和尖端科学领域。巴西 National de Grafit 公司为世界最大石墨生产者之一，提供着巴西所有的天然石墨。美国 Asbury Carbon 是美国最大的天然石墨加工者与出口者。加拿大是北美唯一有石墨开采活动的国家，Endustrial Mineral Scanadainc 为北美最大鳞片结晶石墨生产者。近年来，非洲国家也出现了许多石墨生产企业，对全球石墨资源贸易关系产生重要影响。

我国石墨矿产开发利用在初级选矿产品的生产技术方面，在采矿技术和选矿技术与国外技术先进国家相比差距不大，但是在石墨的高附加值产品开发方面，我国石墨行业与先进国家差距巨大。石墨的高附加值已成为国外石墨生产发展的内生动力，如加拿大 Northern Graphite 矿山研究出的球形石墨生产技术，不但具有环保节能的优势，还可使产率提高到 70%，远高于中国 30%的指标；加拿大的 Focus Graphite 公司用 Lac Knife 矿区原料进行高纯石墨提取工艺和球形石墨生产技术的开发研究，取得了多项专利，可以在较低温度下实现高纯石墨生产，并计划利用更环保、更经济的石墨提纯技术建立球形石墨生产厂，国外典型矿山石墨生产指标见表 3-4。

表 3-3 世界各国生产石墨的重要企业

国家	公司名称	矿物类型	厂址、储量及碳含量（质量分数）	产能/万吨·a^{-1}
中国	鸡西柳毛石墨资源公司	鳞片石墨	鸡西市，2110 万吨，10.3%	8

续表 3-3

国家	公司名称	矿物类型	厂址、储量及碳含量（质量分数）	产能/万吨·a^{-1}
中国	黑龙江奥宇石墨集团	鳞片石墨	黑龙江省，142.8 万吨，12.7%	10
中国	南方石墨有限公司	隐晶质	湖南省，1759 万吨，80%	51
中国	扎鲁特旗金辉矿业有限公司	隐晶质	内蒙古自治区扎鲁特旗，754 万吨，72.75%	30
中国	扎鲁特旗兴塔矿业有限公司	隐晶质	内蒙古自治区扎鲁特旗，418.6 万吨，76.91%	15
巴西	Nationalede Grafit	鳞片石墨	米纳斯吉拉斯	7
巴西	Grafita MGLtd.	鳞片石墨	米纳斯吉拉斯	4
美国	Fortune Gaphite Producers	无定形石墨	加拿大，C95%	27
土耳其	Oysu Graphite Mining Co	隐晶质	土耳其，20%	5.5
加拿大	Timcal	鳞片石墨	伊勒湖，碳储量 94%~99%	2
加拿大	Endustrial Mineral Scanadainc.	鳞片石墨	安大略的比塞特克里克，C94.7%	15
加拿大	Worldwide Graphite Producersltd	鳞片石墨	加拿大，5500 万吨	—
加拿大	Quinto Mining	鳞片石墨	加拿大，Cg15%~40%	—
加拿大	Lomiko Metals Lns	鳞片石墨	La loutre80%；Quatre Miles 10%	—
德国	Graphite Kropfmuhi	所有类型	德国、中国、斯里兰卡、英国、津巴布韦	3
澳大利亚	EagleBay Resources	鳞片石墨	澳大利亚，储量 600 万吨，C7.4%/Cg13.7%	—
奥地利	Grafitbergbau Kaiserberg	所有类型	恺撒斯贝格，C85%~99.5%	3
捷克	Koh-i-Noor Grafit	鳞片石墨	捷克、内托利采，C65%~98%	—
瑞典	Mirab Mineral Resureab	鳞片石墨	瑞典，700 余万吨，10%/Cg11.6%	1.3
挪威	Skaland Graphiteas	鳞片石墨	挪威，C85%~99%	1.2
朝鲜	Myeongji Mining	鳞片石墨	朝鲜	7
印度	Tirupati	鳞片石墨	印度，373.3 万吨，11%	2

表 3-4 国外典型石墨矿山生产指标

矿山	所属公司	储量/万吨	品位/%	产量/万吨·a^{-1}	入选品位/%	选矿回收率/%	采矿方法	回采率/%	选矿工艺
Tamilnadu 印度	Tamilnadu Minerals Ltd	30	14.5	0.8 含 C97%	14.5	89	露采	—	浮选
Lac Knife 加拿大	Focus Graphite	493.8	15.76	4.7 含 C92%	15.76	91.3（设计）	露采	95	阶段磨矿—浮选
BissettCreek 加拿大	Northern Graphite	1897.7	1.89	1.6 含 C95%	1.89	93.5（设计）	露采	90	阶段磨矿—浮选

续表 3-4

矿山	所属公司	储量/万吨	品位/%	产量/万吨·a^{-1}	入选品位/%	选矿回收率/%	采矿方法	回采率/%	选矿工艺
Epanko 坦桑尼亚	Kibaran Resources Ltd	1080	9.6	4 含 C94%	9.6	96（设计）	露采	95	浮选
Geumam 韩国	Lamboo	20	10	4.8 含 C88.7%	10	79.5	露采	—	浮选
Kearney 加拿大	Ontario Graphite	110.2	2.14	1.2 含 C90%	2.14	88	露采	90	浮选
Lac Guéret 加拿大	Mason Graphite	155	20.4	5 含 C93.7%	27.4	96.6（设计）	露采	98	浮选
Woxna 瑞典	Flinders Resources Limited	30	10.7	1.66 含 C92%	10.3	96（设计）	露采	97.5	浮选

3.3 石墨加工技术现状及发展趋势概述

3.3.1 石墨选矿技术概述

晶质石墨具有特别的物理化学性能，其纯度越高性能越好，使用价值越高，应用范围越广，特别是大鳞片石墨，价值尤为突出。在选矿产业链中，使用科学的选矿方法，在选矿过程中最大限度地保护石墨晶体不被破坏，提高“三率”即开采回采率、选矿回收率和综合利用率，是当前和今后晶质石墨选矿重点突破与科技创新的主攻方向。致密结晶状石墨由于其本身原矿固定碳含量高，且此类矿床数量相对较少，一般情况下，使用人工或机械对原矿进行简单外表处理后，即可直接进入加工利用环节，而不需使用浮选法等选矿工艺。隐晶质石墨由于其可浮性能差，石墨分布的颗粒较细，使用传统的浮选方式很困难，重点要寻求最优工艺来解决“三率”的提高问题，如近几年一些石墨采选企业尝试推进“疏水絮凝浮选矿法”“选择性絮凝浮选矿法”等。鳞片石墨的选矿方法是石墨矿选矿产业的重点研究对象，一些选矿企业都在不断改进浮选工艺，特别是在阶段磨矿、阶段选别工艺流程、设备更新升级、药剂配方、大鳞片矿体保护、磨矿工艺引入智能化等方面都有了重要进展。在此基础上，形成了一些新型的、效率更高、生产组织更科学的工艺流程与方法，如超声强化浮选技术、智能快速浮选技术、分类分级多层级多方位浮选技术、无捕收剂浮选技术、剪切絮凝浮选技术等。可以预见，未来在人工智能和现代科技日益发展的环境中，还将有更加先进的石墨选矿技术出现，不断改进和提高石墨选矿产业的现代化水平。

3.3.1.1 晶质石墨选矿技术

在晶质石墨的3种选矿方式——浮选法、重选法、电选法中，使用最多的是浮选法。特别是对于大量的鳞片石墨，通过浮选后，一般能生产出固定碳含量为90%~97%的石墨精粉。在浮选的基础上，若再采用相适应的提纯方式，如高温酸浸法、氯化焙烧法、氢氟酸法等进行固定碳含量提纯，其石墨精粉的固定碳含量还可以提高一些。每种选矿方法的选矿原理、药剂的配比、应用的方式、使用特点等都不一样，各有优势，也相互关联。浮选法从晶质石墨天然的可浮性入手进行程序设计，配比石英、长石、云母、黏土等硅酸盐矿物，该方法具有适应性广的特点，精矿粉可直接进行提纯技术处理。重选法的选矿原理是依靠矿物密度差异，配比石榴石、黄铁矿、金红石、透闪石等较大密度的相关矿物质，在选矿生产流程中有时与浮选法联合使用或交织使用。在晶质石墨选矿产业中，重选法应用较少。电选法的选矿原理是利用晶质石墨特有的导电特性，配比云母石、长石、石英等导电性能不是很强的矿物质，选矿效率低、成本较高，不适合矿山现场大规模选矿和精矿选矿阶段，主要是用于石墨的初选阶段。

综上所述，浮选法是晶质石墨的主要选矿方法，是选矿企业普遍使用的方法。在传统工艺的基础上，选矿企业不断对浮选法进行改进与更新升级，根据一些专业资料对浮选法的介绍及和相关方法的分析研究，摘要和简述如下。

A 浮选机械

引入人工智能技术后，新一代浮选柱、充填式浮选机的开发和推广使用，很大程度上改变了传统浮选机械对晶质鳞片石墨浮选效率低下、工艺流程繁杂落后、人工成本高的状况，提高了精粉固定碳含量、简化了工艺流程、降低了生产成本、减少了相应精选次数。目前，新式浮选机械正在推广且持续不断改进升级，未来几年更先进、更适应的浮选机械将会逐步应用于石墨选矿企业。

B 浮选药剂

调整剂石灰、捕收剂煤油、起泡剂2号油是晶质石墨浮选法中常用的3种传统的主要药剂。调整剂根据其功能与作用分为矿浆pH调整剂、矿装分散剂、D抑制剂、表面活性剂等。矿浆pH调整剂主要有石灰、碳酸钠、氢氧化钠等；矿浆分散剂有水玻璃、六偏磷酸钠、羧甲基纤维素、聚丙烯酸钠等；抑制剂有水玻璃、酸性水玻璃：表面活性剂主要有PF-100、十二烷基硫酸钠和石油磺酸钠。起泡剂主要有2号油、4号油、甲酚酸、樟脑油等。为提高精矿回收率，一些学者专家不断加强对起泡剂的研究与开发。近几年新型起泡剂不断出现，如145混合醇、仲辛醇、杂醇等，应用效果较好，资源回收率和利用率不断得到提高。早些年，大庆油田开发出一种副产品混合烃，是一种具有高效的起泡性和捕收性的复合型新型浮选药剂，很大程度上解决了石墨精粉固定碳含量提升与产品回收率提高的问题，大大提高了浮选法工艺水平和效率。传统捕收剂的替代品也不断出现在煤油、重油、烃类油、液体石蜡等产品方面。一批企业和学者专家不断研发了新型的捕收剂新产品，如 MF、MB25、MB158 等，这些产品具有乳化和分散作用，能增强石墨的疏水性、乳化、分散功能，显著提高晶质石墨的固定碳含量和精矿回收率。

C　鳞片石墨在选矿中的保护

筒棒介质在石墨磨矿流程中具有非常好的保护鳞片作用，从磨矿着手，用不同形状、不同作用的筒棒介质在选矿中进行工艺流程的研究表明，其对鳞片石墨的保护效果相对其他介质明显。另外，再磨设备对石墨晶体保护的作用和效果也较好，采用台式振动磨作为粗精矿的再磨设备，再磨介质为钢球质量：柱质量=1∶2 时，再磨效果好，对晶质石墨鳞片的保护效果好。实际工作中还发现，将浮选法和重选法在一些特定环境和特殊鳞片石墨矿选矿中联合使用，保护效果和选矿回收率均较好。

D　其他浮选技术

随着原矿资源的减少及矿山环境的变化，沿用数十年的传统浮选技术，越来越显现出了局限性，已不能较好适应现代选矿产业要求。一些企业和学者专家不断研究新的浮选技术，例如：采用“分段磨矿、混目粗糙，超声强化、分级分层浮选”的改进技术，形成了超声强化浮选技术、分级分层浮选技术等一些新型选矿技术，对提升保护鳞片效果、提高精矿精粉质量、减少再磨和精选次数、提高回收率和综合利用率都有明显的作用。如剪切絮凝浮选技术的应用，使固定碳含量由 90%快速提高到 95%以上、回收率在 80%以上。

3.3.1.2　隐晶质石墨选矿技术

常用的选矿提纯技术有物理法，针对固定碳含量为 60%～80%可浮性较差的隐晶质石墨，目前的选矿技术流程一般是经过人工手法、破碎、磨矿处理而形成精粉，固定碳特别低的再进入化学提纯。近些年，通过工艺改进，如使用疏水絮凝选矿技术，只需次选矿即能把固定碳提高到 90%以上，且工艺相对简单、成本较低，是隐品质石强选矿的一种有效技术。

A　选择性絮凝法

选择性絮凝方法的基本原理是在含有两种或两种以上组分的悬浮液中，加入高分子絮凝剂，使絮凝剂选择性地吸附悬浮液中的某种组分，并通过桥链作用产生絮凝沉淀，从而达到组分分离的目的。

B　浮选法

该方法是目前隐晶质石墨提纯的常用方法之一，主要是利用天然石墨颗粒的可浮性对其提纯。影响浮选效果的主要因素主要有原矿细磨、捕收剂类型、抑制剂类型、pH 调整剂类型、起泡剂类型等。

C 高温煅烧法

高温法是利用石墨耐高温（升华点 4500℃）以及高温下天然石墨中灰分大都能气化逸出的性质来提纯石墨，理论上只要将石墨加热到 2700℃以上就可以利用杂质沸点低的性质，使它们率先气化而脱除。此法虽然可以得到用于半导体、高纯石墨制品和光谱电极等工业领域的高纯度石墨（含碳量>99.99%），但此代价昂贵，投资大，消耗能源多，且对电炉加热技术要求极为严格，因此高温法的应用范围较其他方法要小一些。

3.3.2 石墨新材料技术概述

3.3.2.1 球形石墨加工技术

2017 年我国石墨负极材料产量约 14.9 万吨，其中天然石墨负极材料约 3.7 万吨。石墨矿石、鳞片石墨、球形石墨为生产天然石墨负极材料的主要原材料，三者呈上下游原材料关系，即石墨矿石→鳞片石墨→球形石墨。

天然石墨负极材料加工流程如图 3-5 所示。

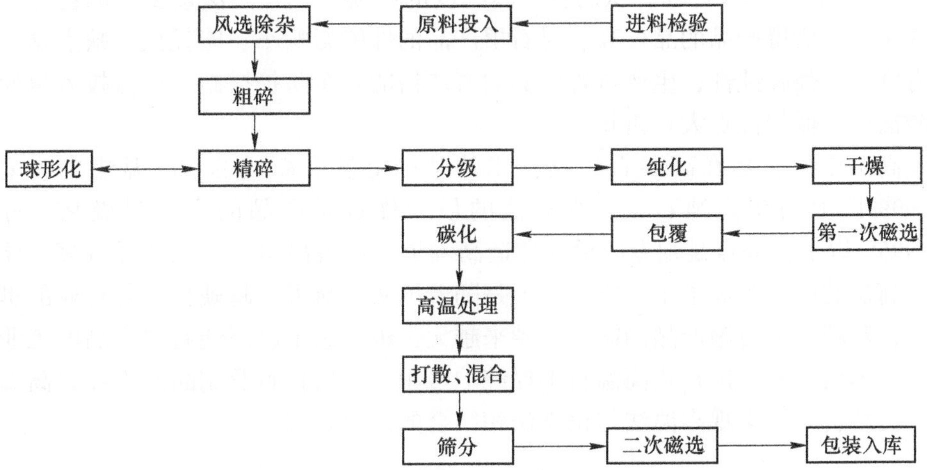

图 3-5 天然石墨负极材料加工流程

球形石墨是以优质高碳天然鳞片石墨为原料、对石墨表面进行改性处理，生产的不同细度，形似椭圆球形的石墨产品。球形石墨加工机理：首先把天然鳞片石墨粉粉碎成适宜的粒度，然后再进行去棱角化的加工处理，使之最终形成椭球形或类球形的外形，同时利用分级装置将球形颗粒与去棱角化过程中剥离下来的细粉分离开来，便可得到正态分布的球形石墨。球形石墨规格包含 D_{50} 从 10～

30μm。球形化设备国内主要为气流涡旋粉碎机，通过不同直径的设备串联配置，球形石墨的产出率一般在30%左右。2016年，加拿大Northern Graphite公司开发的新技术可使球形石墨的产出率高达70%，这将极大降低生产和加工成本。

3.3.2.2　石墨提纯技术

石墨浮选精矿的提纯目前主要有碱酸法、氢氟酸法和高温法。碱酸法是利用石墨中的杂质（硅酸盐等）在500℃以上的高温下与氢氧化钠起反应，一部分生成溶于水的反应产物，被水浸出除去，另一些杂质，如铁的氧化物等，在碱熔后用盐酸中和，生成溶于水的氯化铁等，通过洗涤而除去。该方法可以将品位大于82%的石墨精矿提高到98%以上。碱酸法可获得固定碳含量99%以上的石墨产品。目前，碱酸法在工业上应用较广，具有一次性投资少、产品品位较高、工艺适应性强等特点。碱酸法是现今在我国应用最广泛的方法。碱酸法的缺点在于需要高温煅烧、能量消耗大、反应时间长、设备腐蚀严重、石墨流失量大以及废水污染严重。

当所处理的石墨中云母含量较高时，采用碱酸法效果不会太佳，这时可采用氢氟酸法。氢氟酸法是石墨中的主要杂质硅酸盐类，与氢氟酸发生反应生成氟硅酸（或盐），随溶液排除，从而获得高纯度的石墨。氢氟酸法最主要的优点是除杂效率高、所得产品的品位高、对石墨产品的性能影响小、能耗低。缺点是氟氢酸有剧毒和强腐蚀性，生产过程中必须有严格的安全防护措施，环保投入也使氢氟酸法成本低的优点大打折扣。

高温提纯法是在高温石墨化技术的基础上发展而成的，高温法能够生产99.99%以上的超高纯石墨。高温法的最大优点是产品的含碳量极高，可达99.995%以上，缺点是须专门设计建造高温炉，设备昂贵，一次性投资多，能耗大，高额的电费增加了生产成本。但是随着国防、航天、超硬材料等行业的迅速发展，对超高纯石墨产品的需求量越来越大，也促进了超高纯石墨产品的工业化生产。国内开发的推舟式高温石墨提纯炉可用于石墨粉料及制品的连续式高温石墨化提纯，并可实现高温法与化学法相结合的提纯处理。

3.3.2.3　柔性石墨加工技术

柔性石墨是鳞片石墨的一种深加工产品，它是利用鳞片石墨能形成层间化合物的特性，将鳞片石墨经特定的化学处理，使之形成某种层间化合物，再经高温热处理，使层间化合物分解，同时，石墨沿 *C* 轴方向迅速膨胀，形成一种具有优良柔性的物质，即膨胀石墨（或柔性石墨），将膨胀石墨添加或不加黏结剂压制成的各种形体即为柔性石墨材料。

20世纪80年代中期之后，随着科学研究的深入和产品质量的改善，柔性石墨的应用有了突破。首先，在密封方面有了提高，能够在压力交变和温度交变较大的情况下正常工作，即可用作动密封，此时，它不仅防泄漏，而且还以自身的润滑性保护轴和阀杆等免遭磨损，起到延长设备使用寿命的功效。由于柔性石墨对各种液体、气体均不渗透，能够达到完全密封，因而它在汽车、造船等行业特别受欢迎。其次，柔性石墨还被制成各种保护膜，广泛运用于钢锭浇铸技术。最后，有些厂家在冶炼稀有金属时使用柔性石墨作保护材料，也取得了初步成功。此外，柔性石墨还被用作原子核装置的抗辐射内衬材料，高温炉中杂质扩散挡栅材料和热屏蔽材料，高温石墨组件的电气触点或加热元件，坩埚内衬以及改进型整流电刷和可变阻器的电刷等。

虽然我国柔性石墨研究开发进展较快，但是和日本、德国、美国相比还是存在较大差距。比如国内柔性石墨制品的抗拉强度比国外同类产品低近20%，而摩擦系数则要比国外产品高20%。我国柔性石墨产品品种单一，而西方一些发达国家和日本根据不同的使用条件，研制了抗氧化型、防腐型等1600多种柔性石墨制品，几乎达到了应有尽有的程度。

3.3.2.4 球形石墨生产工艺

球形石墨是制备锂离子电池负极材料的原料，也可用于燃料电池极板和电刷的生产。球形石墨的原料一般采用规格为-150μm（-100目）含碳大于95%的鳞片石墨精矿，通过气流涡旋粉碎机进行粉碎、分级、整形成为粒径为15~30μm，形状为椭球形不同粒径规格的石墨微粉，再经过磁选、化学提纯工艺去除杂质元素得到符合标准的球化天然石墨产品，球形石墨生产基本工艺流程如图3-6所示。

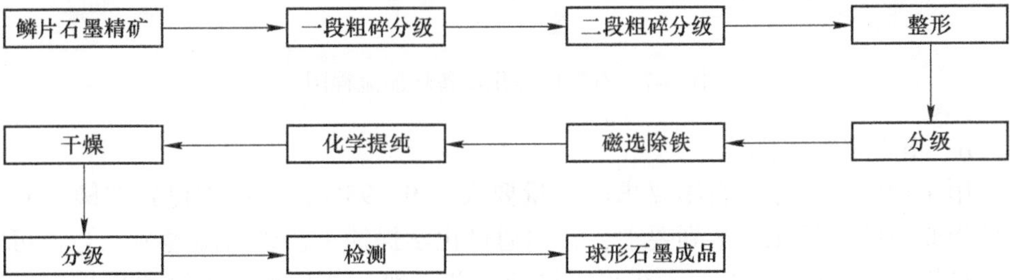

图3-6 球形石墨生产工艺流程

A 天然鳞片石墨球形化技术及发展趋势

用于球形化的石墨原料，一般采用-150μm（-100目）碳含量大于95%的鳞片石墨精矿，一方面，采用大鳞片原料，原料成本高；鳞片太细影响球形石墨产出率，副产品太多，同样会增加原料成本，同样碳含量高的原料成本高，碳含量太低的石墨原料球形化后的提纯会花费更高成本，实践表明，采用－150μm（－100目）粒度碳含量95%左右的鳞片石墨原料来生产球形石墨比较合适。

鳞片石墨球形化工艺中使用比较多的是气流涡旋粉碎机，鳞片石墨原料通过给料机，进入负压生产线管道。它们依次通过不同规格的涡旋粉碎机球磨机、连续粉碎分级和球形化。三种不同规格的涡旋粉碎机通常采用串联的形式，高速涡旋粉碎机主要用于粉碎，低速涡旋粉碎机主要用于去棱角，整形使其球形化。

在每一组设备的末端，有脉冲除尘器，用于产品的回收、分类和分级。整形也可以采用振动磨，振动磨可以通过调节振幅、频率、介质等对石墨颗粒进行边缘修整，使石墨边角得以圆整，石墨粒径损失小，球形化效率高。

石墨球形化工艺正向自动化智能化高效节能方向发展，目前球形化粉碎设备从加料、到粉碎、整形、粒度在线检测等工序均可通过可视化的PLC自动控制系统接入中央控制室，实时监控保障生产，分级和整形设备效率提升也大大提高了球形化产品产率，目前好的设备匹配和自动控制已将石墨球形化成球率早期的40%提升到目前的60%~70%。石墨球形化设备功能流程图和设备现场图如图3-7和图3-8所示。

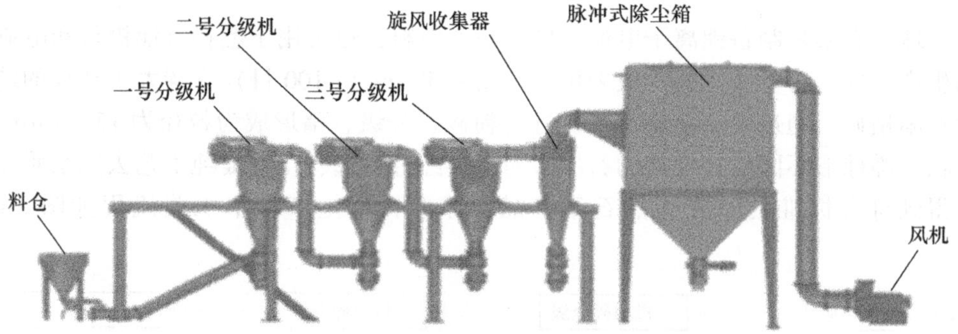

图3-7　石墨球形化设备功能流程图

B　石墨提纯工艺

用于锂电池的球形石墨要求碳含量要大于99.95%，由选矿得到的鳞片石墨精矿为原料碳含量无法达到要求，必须通过化学提纯工艺或高温提纯工艺才可将碳含量提升到99.95%以上。在我国提纯工艺一般放在球形化工序之后进行，因为球形化率一般在70%以下，这样可以减少提纯工序处理量，节约成本。

石墨提纯方法主要包括化学提纯法和物理提纯法，化学提纯法又分为碱酸法、氢氟酸法和氯化焙烧法，物理提纯法一般指高温提纯法。

碱酸法包括两个反应过程：碱熔过程和酸浸过程，碱熔过程可除去石墨中的酸性杂质，特别是含硅的杂质（如硅酸盐、硅铝酸盐、石英等）；酸浸过程可除去石墨中的金属氧化物杂质，经过碱熔和酸浸相结合对石墨提纯有较好的效果。

图 3-8 石墨球形化设备现场图

碱酸法曾是我国石墨提纯工业生产中应用较为广泛的方法，具有产品品位较高、适应性强、设备简单、通用性强的优点。碱酸法缺点是需要高温煅烧，能耗大，工艺流程长，设备腐蚀严重，石墨产品质量不稳定，需要处理大量的酸碱废水。

氯化焙烧法是指将石墨在高温和特定气氛下焙烧，并通入氯气，使石墨中杂质进行氯化反应，生成气相或凝聚物的氯化物及络合物（熔沸点较低）逸出，从而达到提纯目的的方法。氯化焙烧法的优点是提纯效率高、回收率高、节能、成本较低。但因氯气有毒，腐蚀性强，对设备操作要求较高，需要严格密封，含氯焙烧尾气须妥善处理，所以在一定程度上限制了其应用。

高温法是球形石墨提纯的重要方法，石墨的熔点为（3850±50）℃，是自然界熔沸点最高的物质之一，远远高于硅酸盐等杂质的沸点，利用它们的熔沸点差异，将石墨置于石墨化的石墨坩埚中，在一定的气氛下，利用特定设备将石墨加热到2700℃，即可使杂质气化从石墨中逸出，达到提纯的效果。该技术可以将石墨提纯到99.99%以上。高温提纯设备一般使用专门的高温炉，设备昂贵，一次性投资多，能耗高，吨产品电耗高达16000~20000kW · h，并且生产周期长，生产规模小无法大规模量产。目前我国一些机构正在研究连续式石墨提纯炉，目标是大幅度降低电耗，吨产品电耗降到6000kW · h左右，并实现连续生产，实现规模化量产。鉴于技术经济原因，目前在我国，高温提纯法不是主要的石墨提纯方法。

氢氟酸法利用石墨具有良好的耐酸性，特别是耐氢氟酸的性能，氢氟酸几乎可以与石墨中的所有杂质发生反应，因此氢氟酸可以有效提纯石墨。氢氟酸法提纯石墨具有工艺流程简单、产品品位高、成本相对较低、对石墨产品性能影响小的优点。缺点是氢氟酸有剧毒，因此在使用过程中必须具有安全保护措施，对产生的废水必须经过完善的处理方能向外排放，否则将会对环境造成严重污染。在我国球形石墨氢氟酸法提纯法由于成本低、能耗低、产能大，产品质量稳定而成为主流方法，近年在我国在酸法提纯工艺产生方面取得了一些技术进步，使得酸法提纯工艺工人操作环境改善，废水废气得到处理，改善了环境，达到了环保要求。酸法提纯工艺如图 3-9 所示。

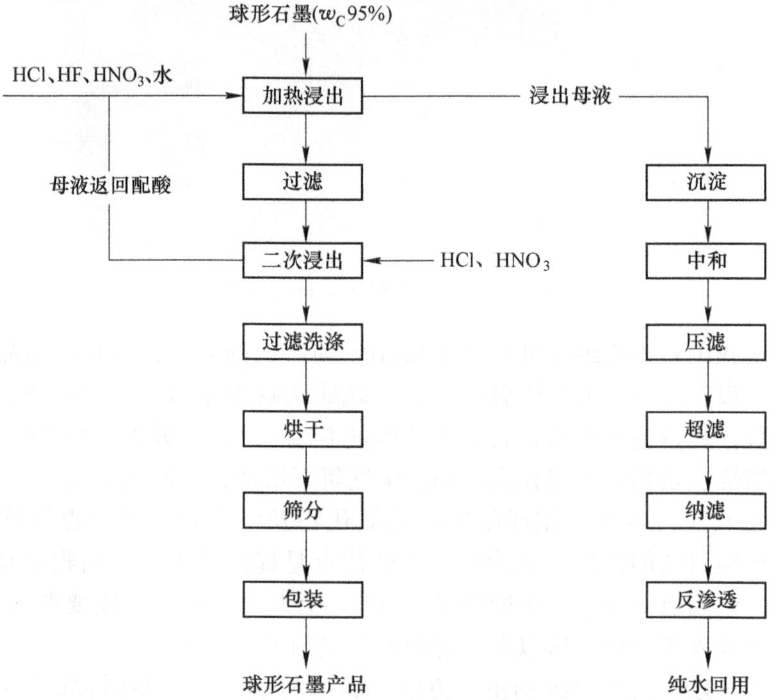

图 3-9　球形石墨酸法提纯工艺

酸法提纯工艺通常根据石墨原料性质按一定比例配制 HF、HCl、HNO_3 的混合酸溶液，加入盛有球形石墨原料浆的耐酸反应釜中，加热搅拌反应，反应温度通常控制为 60~80℃。在这一反应过程中，氢氟酸与石英、硅酸盐矿物等杂质矿物中的硅、铝发生溶解反应，盐酸、硝酸、氢氟酸共同与杂质矿物中的碱金属、碱土金属、铁等发生溶解反应，具体见下段主要化学反应，石墨不参与反应留在固体中，溶解于浸出液中的杂质通过过滤洗涤与石墨分离。调整混酸成分重复这样的提纯过程就可以得到符合球形石墨产品杂质含量要求的球形石墨产品。酸法提纯石墨主要化学反应（以 HF 为例）：

$$SiO_2 + 4HF = SiF_4 + 2H_2O$$

$$SiO_2 + 6HF = H_2SiF_6 + 2H_2O$$

$$Na_2O + 2HF(HCl, HNO_3) = 2NaF(NaCl, NaNO_3) + 2H_2O$$

$$K_2O + 2HF(HCl, HNO_3) = 2KF(KCl, KNO_3) + 2H_2O$$
$$Al_2O_3 + 6HF(HCl, HNO_3) = 2AlF_3[AlCl_3, Al(NO_3)_3] + 3H_2O$$
$$MgO + 2HF(HCl, HNO_3) = MgF_2\downarrow[MgCl_2, Mg(NO_3)_2] + H_2O$$
$$CaO + 2HF(HCl, HNO_3) = CaF_2\downarrow[CaCl_2, Ca(NO_3)_2] + H_2O$$
$$Fe_2O_3 + 6HF(HCl, HNO_3) = FeF_3\downarrow[FeCl_3, Fe(NO_3)_3] + 3H_2O$$
$$H_2SiF_6 + MgF_2 = MgSiF_6 + 2HF$$
$$H_2SiF_6 + CaF_2 = CaSiF_6 + 2HF$$
$$3H_2SiF_6 + 2FeF_2 = Fe(SiF_6)_3 + 6HF$$

酸法提纯工艺会产生酸性废水和废气，产生环境问题。我国石墨行业非常重视环境保护，在化学提纯生产过程中相应工序采用负压操作，回收酸性废气进行处理，对含氟酸性废水采用沉淀中和、超滤、纳滤、反渗透等先进工艺进行处理，回收利用。此外，山东等地已推广开展膜分离技术将酸性废水中的废酸分离出来，返回利用。

C 我国球形石墨标准

工业和信息化部 2016 年发布了球化天然石墨行业标准 JC/T 2315-2016，标准将球化天然石墨按振实密度划分为三个类别，按粒度分布分为六个型号，理化性能符合表 3-5~表 3-7 的要求，外观要求产品色泽为银灰色或黑灰色，金属光泽，在显微镜下观察为球形或类球形颗粒。

球化天然石墨分级见有 3-5。

表 3-5 球化天然石墨分级

项目	类别		
	Ⅰ	Ⅱ	Ⅲ
振实密度/$g \cdot mL^{-1}$	≥1.06	1.00~1.06	<1.00

球化天然石墨型号见表 3-6。

表 3-6 球化天然石墨型号

粒度分布	型号					
	15	16	18	20	24	29
D10/μm	10.0±2.0	11.0±2.0	1.0±2.0	13.0±2.0	16±2.0	19±2.0
D50/μm	15±1.0	16±1.0	18±1.0	20±1.0	24±1.0	29±1.0
D90/μm	22±3.0	±3.0	±3.0	±3.0	±3.0	±3.0
D_{max}/μm	≤50	≤60	≤60	≤70	≤70	≤100

球化天然石墨的理化性能要求见表 3-7。

表 3-7　球化天然石墨的理化性能要求

指　标	要　求
振实密度/$g \cdot mL^{-1}$	应符合表 3-5 要求
粒度分布	应符合表 3-6 要求
固定碳含量/%	99.95
灰分	≤0.05
水分	≤0.1
pH	6.0±1
Fe 含量（质量分数）/$mg \cdot kg^{-1}$	≤30
Ca 含量（质量分数）/$mg \cdot kg^{-1}$	≤20
Al 含量（质量分数）/$mg \cdot kg^{-1}$	10
Zn 含量（质量分数）/$mg \cdot kg^{-1}$	0.5
Ti 含量（质量分数）/$mg \cdot kg^{-1}$	0.2
Na 含量（质量分数）/$mg \cdot kg^{-1}$	0.05
Cu 含量（质量分数）/$mg \cdot kg^{-1}$	2
Co 含量（质量分数）/$mg \cdot kg^{-1}$	10
Mo 含量（质量分数）/$mg \cdot kg^{-1}$	2
Ni 含量（质量分数）/$mg \cdot kg^{-1}$	0.2
Si 含量（质量分数）/$mg \cdot kg^{-1}$	5
Cl 含量（质量分数）/$mg \cdot kg^{-1}$	10
F 含量（质量分数）/$mg \cdot kg^{-1}$	10
S 含量（质量分数）/$mg \cdot kg^{-1}$	10

3.3.3　中国石墨加工技术现状总结

我国在鳞片石墨选矿技术方面积累了丰富的经验，选矿工艺通常采用多段磨矿多段选别工艺来保护石墨鳞片，提高石墨精矿品位，常见的石墨选矿工艺如图3-10 所示。

3.3.3.1　*石墨矿石原料*

我国石墨普遍埋藏不深，矿层厚度较大，多选择露天开采，开采一般采用挖掘机采矿，公路运输。石墨矿石的碳含量一般为 5%～15%，矿石中主要矿物成分为石墨、石英、斜长石、云母、金属硫化物等矿物，其他主要化学成分一般为 SiO_2 50%～55%、Al_2O_3 9%～11.%、CaO 4%～5%、MgO 2%～3%、K_2O 2%～3%、

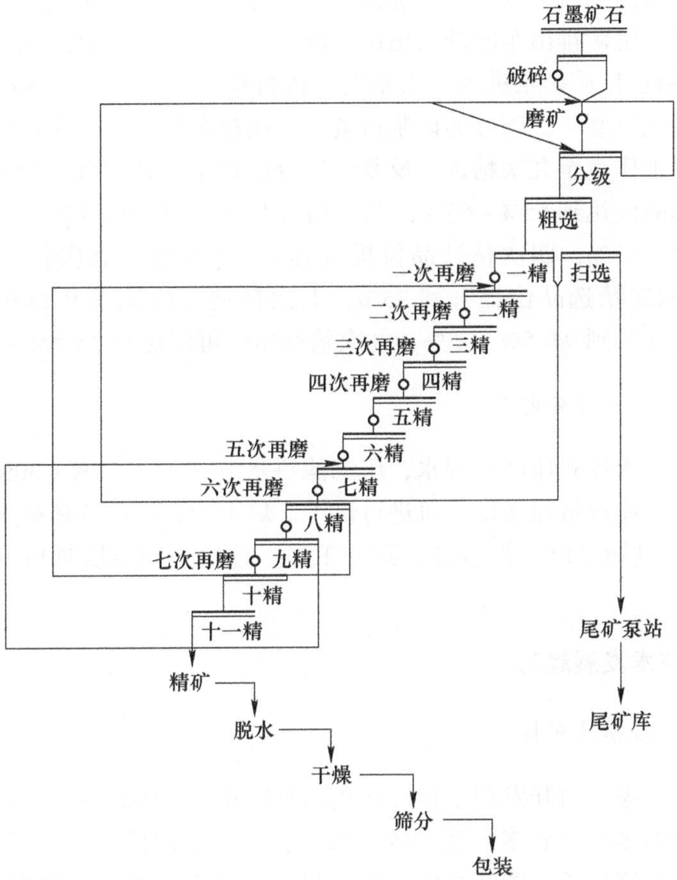

图 3-10　鳞片石墨选矿工艺流程

Fe_2O_3 6%～10%，还有少量 Na_2O、TiO_2、S、P 等，不同产地的石墨矿化学成分有所不同。

3.3.3.2　破碎磨矿

挖掘机采出的石墨原矿一般粒径为 0.2～0.8m，在选矿厂通过大型给矿设备给入颚式破碎机粗碎，再通过圆锥细碎到 10～20mm，进入粗磨磨机。粗磨球磨机把矿石磨到-150μm（-100 目）达到 90%，磨矿矿浆浓度一般为 70%～80%，磨好的矿浆通过分级机分级后进入搅拌桶开始浮选作业。

3.3.3.3　浮选

矿浆在搅拌槽中经过机械搅拌，按工艺要求加入捕收剂（柴油）和浮选油（二号选油），利用石墨鳞片的疏水性，脉石亲水性的物理性质，来分选鳞片石墨。矿浆经过加药剂后进入粗选浮选机，中矿进入扫选浮选机再次浮选，扫选精矿返回初选槽、尾矿排出车间进入尾矿坝沉淀。粗选精矿选出品位一般碳含量为38%~50%。粗选精矿矿浆进入一次精选槽进行精选，选出的泡沫精矿通过泡沫泵达到再磨砂磨机磨矿，磨好的矿浆再进入二次精选槽进入二次精选浮选。二次精选重复上述工作直至九次精选，反复清洗分离直至达到95%~96%产品品位。

一次精选品位达到55%~65%，二次精选品提升到70%~75%，三次精选品位提升到80%~83%，四次精选品位提升到85%~88%，五次精选品位提升到90%~92%，六次精选品位提升到93%，七次精选品位能提升到93.5%~94%，八次精选品位提升到94.5%~95%，九次精选品位可以达到95.5%~96%。

3.3.3.4 干燥筛分包装

浮选精矿泵入板式压滤机脱水，压滤滤饼水分一般为20%~30%，脱水后的精矿滤饼通过运输机械输送烘干机进行烘干，烘干的石墨浮选精矿产品水分小于0.5%，然后通过筛分设备管道进入筛分工序，分出不同粒度规格的产品用包装机包装为成品。

3.3.4 石墨技术发展趋势

3.3.4.1 石墨选矿技术

对比国外石墨矿山开发利用指标和我国石墨开发利用技术，我国石墨矿选矿主要采用传统的多段磨矿多段选别的浮选工艺，工艺成熟可靠，产品质量稳定，但也存在着选矿流程长、能耗高的问题。目前我国石墨选矿技术向着缩短流程、提高效率、节能、环保方向发展。选矿工艺技术发展方向有：

A 优化碎磨工艺，降低磨矿给料粒度

引入高压辊磨机等新型碎矿设备，充分利用鳞片石墨矿主要以片麻岩型变质岩矿物产出的特点，依靠不同物料料层和矿物之间的准静压挤压粉碎，使石墨矿物在破碎时更容易解离。高压辊磨可以替代传统工艺中的中碎和细碎设备，提高破碎效率，排料粒度可以控制在5mm以下，缩短了工艺流程。降低了磨矿负荷，保护了鳞片，显著降低生产能耗。

B 分质分选

在传统的石墨工艺流程中，球磨机磨好的矿浆经过第一段浮选粗选后得到石墨粗精矿，粗精矿进行多段再磨再选，此时粗精矿中的大鳞片石墨与细粒石墨混在一起进入再磨机，为了提高细粒石墨的解离度，以便获得更高的精矿品位，大鳞片石墨就被过度磨矿，导致大鳞片损失。

采用分质分选工艺将粗精矿根据鳞片大小和碳含量不同进行分级后进入再磨

再选工序，可以针对不同原料性质选择性合理的磨矿设备、介质和工艺参数，提高磨矿效率，保护鳞片，减少再磨再选次数，缩短流程，并保护鳞片。

C 再磨工艺优化

粗精矿再磨时，目前普遍采用砂磨机或球磨机，磨矿效率不够高，通过再磨工艺优化，针对分级后的不同类型粗精矿，选用先进的搅拌剥片磨矿设备，并优化介质类型、球料比、搅拌转速等工艺参数进行控制优化。实现矿物的有效解离，保护石墨鳞片，提高生产效率高，减少磨矿段数，缩短精选流程成为发展趋势。

D 浮选柱精选工艺

浮选柱是一种将压缩空气透过多孔介质产生细小气泡对矿浆进行充气搅拌的充气式柱形浮选设备，具有结构简单、无传动部件、节能、选矿比大、易于实现自动化控制和大型化的特点，非常适宜细粒物料的浮选，在浮选作业中，上部较厚的泡沫层以及冲洗水的喷淋作用，使得精矿的品位大大提高，国内萝北地区采用浮选柱代替常规浮选机用于石墨精矿再选，一次柱浮选可代替 4~5 次常规浮选机的精选，是实现石墨短流程浮选、提高石墨选矿精矿品位的关键设备。

E 鳞片石墨研究方向

鳞片晶质石墨选矿中未来的重点是如何加强对大鳞片的保护效果。在大鳞片石墨浮选过程中，要重点分析研究矿石中不同矿物、不同粒度、不同解离度的晶质石墨的可浮性和浮游移动速度的差异化。加快分流分速浮选、减少磨矿次数和提升大鳞片石墨的保护效率，是矿山企业选矿厂、研究机构和选矿装备开发制造者及一些相关专家、学者未来要认真解决的问题。

F 隐晶质石墨研究方向

隐晶质石墨的选矿方法及中矿处理技术是一个难度较大的课题，当前主流浮选法对固定碳较低的隐晶质石墨尚不能适应。在当代信息技术和人工智能装备快速发展的形势下，如何解决好隐晶质石墨选矿技术，继续优化各提纯工艺，采用多种提纯工艺联合使用的方式，降低提纯成本和能耗，减少废水、废渣的产出，是一个石墨选矿产业共同关注的难题。

此外，随着我国社会和经济发展模式的转变，绿色提纯技术的发明与创新是天然隐晶质石墨除杂提纯工艺的发展方向，同时要加大对酸洗液等副产品的开发与利用（如对酸洗液再次利用制得聚合氯化铝铁和无定形二氧化硅），确保在整个提纯过程中不产生环境污染或环境污染最小化，同时达到节约资源和能源，提高资源利用率的要求。

3.3.4.2 石墨深加工

目前，我国石墨深加工方面发展已经取得了较长足进步，我国鳞片石墨的深加工技术发展已经有一定基础，科技部“八五”至“十一五”国家科技攻关、支撑计划在非金属矿、西部开发项目中分别列入课题，在深加工技术进步上取得明显成果。现在，国内已经有一批效益良好的（鳞片）石墨深加工企业，规模最大的柔性石墨企业主要分布在江浙地区，负极材料等电池材料企业主要分布在深圳等珠三角、长三角地区。这些企业原来与矿产资源企业只是原料的供需关系，现在也与资源企业开展了合作，如宁波的柔性石墨专业厂商信远公司、深圳的负极材料专业厂商贝特瑞公司都与黑龙江企业合作参加了“十二五”科技支撑项目。鳞片石墨的深加工企业在山东有很多家，在内蒙古自治区、湖北省、河南省、福建省等也有一些企业。我国原来微晶石墨的深加工技术基本空白。近来研究发现，由于微晶石墨的晶体微小（$\leqslant 1\mu m$），每个石墨颗粒中有很多微晶无序堆积，使得颗粒表现出各向同性。这使得它成为锂离子电池（特别是动力电池）负极材料和各向同性石墨的极好原料，在新能源、核能、军工等高新技术领域有重要应用价值。清华大学在这方面进行了原创性的科技研究与开发，正在与相关企业合作建设微晶石墨提纯、深加工产品的生产线。

未来在深加工方面，技术更加向“高精尖”方向延伸，石墨烯制取和应用技术、天然石墨高导热材料、柔性石墨产品的系列化研究、膨胀石墨环保材料的产业化以及石墨储能材料的研究等是石墨深加工技术发展的主要趋势。目前我国各个产区都进行了规划：兴和深加工工业园区已经基本建成，部分产品已经投产；2010 年前只有采选初级产品的黑龙江，不少深加工项目在上马。国家也加大了对石墨产业的关注和投入，科技部“十二五”科技支撑项目“高纯石墨材料技术开发及其典型应用”以黑龙江的企业、科研院校为主，已经开始实施；工信部发布了产业准入条件，其他部委的项目和措施也在进展中。2015 年 11 月 30 日，工信部、国家发改委、科技部联合印发了《关于加快石墨烯产业创新发展的若干意见》，2020 年形成完善的石墨烯产业体系，实现石墨烯材料标准化、系列化和低成本化，培育壮大石墨烯产业，把石墨烯产业打造成先导产业。同时提出了“四个推进”，即推进产业发展关键技术创新，推进首批次产业化应用示范，推进产业绿色、循环、低碳发展，推进拓展应用领域。

3.4 国内典型石墨矿山开发利用

3.4.1 内蒙古自治区阿拉善左旗某石墨矿

3.4.1.1 矿山基本情况

内蒙古自治区阿拉善左旗某石墨矿矿区位于狼山山系西部地区，山体呈东西向展布，北高南低，北部为中低山区，南部为低山丘陵区，海拔高程最高为

1530m，最低为1135m，最大相对高差395m。沟谷较发育，多呈树枝状“V”字形冲沟。

矿区矿石为石墨透辉斜长片麻岩，为鳞片粒状变晶结构，片麻状构造。矿石主要由石墨（碳质物）、黄铁矿、辉石、石榴石、石英、长石、黑云母、红柱石、矽线石及少量碳酸盐矿物组成矿。

矿区晶质石墨矿探明的经济基础储量、控制的经济基础储量和推断的内蕴经济资源量（121b+122b+333）矿石量总计12893.10万吨，矿物量702.91万吨，固定碳平均品位5.45%。

3.4.1.2 矿床地质特征

A 矿区地质特征

矿区内出露地层较简单，主要为中太古界乌拉山岩群的中—深变质岩系，大面积分布于整个矿区，根据矿区岩性组合特征将该套地层定为片麻岩段和大理岩段，地层走向总体与区域构造线一致，地层产状变化较大，地层走向由南西向转北西向展布（145°~245°），倾向以北西为主（235°~335°），局部为北西，倾角为17°~45°。片麻岩段地层出露厚大于159.37m，石墨矿体赋存于此岩性段内，该岩段地层岩性以黑云斜长片麻岩为主、其次为含石墨辉石斜长片麻岩，含石墨黑云二长片麻岩，石墨石榴斜长片麻岩，含石墨黑云斜长片麻岩，含石榴石墨黑云斜长片麻岩等。大理岩岩段厚大于347.63m，新生界古近系渐新统清水营组（E）及新近系苦泉组（N）地层主要分布区域西部及南部；第四系上更新统（Qp^3）主要分布矿区西北部；全新统（Qh）洪积、冲积砂砾石及风成砂分布区域低洼处。第四系洪积层、洪冲积层（Qh^{apl}）零星分布在山间沟谷及低洼处。

B 矿区构造

矿区构造较简单，位于一复式背斜的两翼。两翼沿走向连续发生次一级的挠曲，组成3个明显的褶曲，所以地层产状变化较大，地层由北西向转北东向展布（325°~65°），倾向以北西为主（235°~335°），倾角为17°~45°。褶曲是矿区的主要构造形迹，褶曲轴向近于东西连续展布，两翼地层基本对称，构造形态较完整。断裂不发育，仅见一条规模较大的逆断层，出露长0.75km，走向北西245°，倾向北东，倾角65°。

C 矿床特征

该矿床为一区域变质型石墨矿床，矿体赋存于乌拉山岩群片麻岩段中：赋矿岩性主要为含石墨透辉斜长片麻岩，矿体地表出露较好，规模较大，顶底板围岩主要为蛇纹石化大理岩，矿体与围岩界线较明显，围岩蚀变比较普遍，以碳酸盐化，黄铁矿化为主。全区共圈定石墨矿体11条，矿体呈厚层状、似层状及透镜状产出，倾向为230°~335°，倾角为17°~45°。控制石墨矿体长为85~1580m，矿体厚为2.28~66.49m，平均为16.02m，局部有夹层，变化系数为67.86%（属较稳定类型）；含固定碳（C）为3.00%~18.87%，平均品位为5.45%。其含量分布均匀，变化系数为37.05%（属稳定类型）；钻探控制矿体最大垂深为563m、最大延深为820m。

3.4.1.3 矿山开采

A 矿床开采技术条件

矿区地处阿拉善高原低山丘陵区，地势北西高，南东低。矿区海拔高程最高为+1585m，最低为+1387m，最大相对高差为198m。当地侵蚀基准面为+1100m。鉴于矿体倾角较缓，为17°~45°，埋藏较深的矿体因底盘宽度不足，采剥比达6.8m^3/m^3以上，远超过工业指标4.0m^3/m^3的要求，致使深部矿体无法通过露天开采采出，深部矿体适宜采用地下开采方式。经过圈定境界后，确定+1201m标高以上矿体适宜采用山坡—凹陷露天开采方式，+1201m标高以下矿体适宜采用地下开采方式。

石墨矿体赋存于乌拉山岩群片麻岩段中：赋矿岩性主要为含石墨透辉斜长片麻岩，矿体地表出露较好，规模较大，顶底板围岩主要为蛇纹石化大理岩，矿体与围岩界线较明显，围岩蚀变比较普遍，以碳酸盐化，黄铁矿化为主。全区共圈定石墨矿体11条，石墨矿体呈厚层状、似层状及透镜状产出，倾向为230°~335°，倾角为17°~45°。控制石墨矿体长为85~1580m，矿体真厚为2.28~66.49m，平均为16.02m，局部有夹层，变化系数为67.86%（属较稳定类型）。

矿体顶底板岩性主要为大理岩，岩石属半坚硬的—坚硬的，矿体岩性主要为含片麻岩，岩石属软弱的—半坚硬的。该矿山地形地貌条件简单，地形有利于自然排水，地层岩性单一、地质构造简单，岩体结构以块状构造为主，岩石强度较高，稳定性较好。

B 开采方式

矿体大部分出露地表，结合矿区矿体赋存条件、开采技术条件和经济合理剥采比，+1201m以上矿体适宜采用山坡—凹陷露天开采方式。

鉴于矿体倾角较缓，为17°~45°，埋藏较深的矿体因底盘宽度不足，采剥比达6.8m^3/m^3以上，远超过工业指标4.0m^3/m^3的要求，致使+1201m以下深部矿体无法通过露天开采采出，+1201m以下深部矿体适宜采用地下开采方式。

C 采剥方法

采矿场自上而下按15m高的台阶逐层开采。

开采工作面沿矿体走向布置，并挖掘开段沟，垂直矿体走向推进。工作面尽量平行矿层布置，这样能进行矿石与废石的分采，可最大化地实现降低夹石混入率的目标。每个开采水平即将结束前，应进行新水平的准备，以保证开采水平的正常接替。

设计采用中深孔爆破，爆破后的矿石由挖掘机、装载机等装入汽车，运至选矿厂。

采矿工序分为：穿孔→爆破→二次破碎→装载→运输。

穿孔作业：本矿山一期采用阿特拉斯 D45SH 型潜孔钻机两台，二期新增同类设备两台。

爆破作业：采用中深孔松动爆破，非电雷管延时起爆，采用 2 号岩石炸药爆破。

二次破碎：一期采用两台 PC300 挖掘机配 HB2500 破碎锤进行二次破碎，将块石最大尺寸控制在 700mm 以内。二期新增两台进行二次破碎，将块石最大尺寸控制在 700mm 以内。

装载作业：一期采用 4 台 PC650LCCSE-8R 挖掘机和两台 ZL50 装载机进行矿岩石的装载工作。二期新增 5 台 PC650LCCSE-8R 挖掘机及两台 ZL50 装载机进行矿岩石的装载工作。

辅助作业：一期、二期均利用 1 台 PC360-7 挖掘机进行辅助作业，主要为工作场地平整、工作面爆堆清理、边坡的清理、辅助装矿等。

3.4.1.4 选矿情况

A 选矿厂概况

厂址位于阿拉善左旗敖伦布拉格产业园区西北部，距产业园区约 4km。

选矿厂设计为 167 万吨/a 矿石处理量，矿石入选品位 $w_C = 5.19\%$，平均精矿品位 $w_C = 92\%$，石墨的选矿方法有浮选、电选、重选等，目前应用最广泛的是浮选法。具体的选矿流程包括破碎—磨矿—浮选—再磨—脱水—干燥—筛分等作业。

本项目原矿入料粒度为 700mm，采用三段一闭路破碎流程，破碎后的入磨粒度为 18~20mm。粗磨采用湿式磨矿，与螺旋分级机组成闭路磨矿工艺，磨矿细度为-150μm（-100 目）占 55%~60%。由于本地区石墨资源鳞片较大，在石墨项目中，为了尽可能地保护大鳞片石墨，设计采用粗磨加快速浮选、分级闭路工艺。

B 选矿厂主要产品

中碳石墨 270μm（+50 目）（90%）： 2.5 万吨/a

中碳石墨（270~180μm）（50~80 目）（90%）： 2.1 万吨/a

中碳石墨（180~150μm）（80~100 目）（90%）： 0.3 万吨/a

高碳石墨-150μm（-100 目）（95%）： 0.8 万吨/a

高碳石墨-150μm（-100 目）（99.5%）： 2.2 万吨/a

C　选矿工艺流程

原矿矿石从矿山运至选厂原矿堆场，经装载机给入粗碎车间受矿仓，经板式给料机送至 C125 颚式破碎机进行破碎，破碎后物料经皮带输送机运至中细碎车间，由振动给料机给入 GP300S 中碎圆锥破碎机，破碎后物料经皮带输送机给入 YK3052 振动筛进行筛分，筛上物料经皮带输送机返回中细碎车间，由振动给料机给入 HP800 细碎圆锥破碎机，破碎后物料和中碎破碎后物料一起进入同一条皮带输送机，再送至 YK3052 振动筛组成闭路循环，YK3052 振动筛筛下物料为合格粒度的物料进入粉矿仓储存。

粉矿仓内物料经振动给料机、皮带输送机给入 $\phi3600\times4500$ 格子型球磨机进行粗磨，球磨机与 XCFII-10 快速浮选机、$\phi75$ 水力旋流器组成磨矿分级闭路循环，旋流器底流返回球磨机继续磨矿，旋流器溢流进入 BCF4×4 搅拌桶进行搅拌，搅拌均匀后的矿浆依次进入一次粗选、一次扫选、十次精选、八次再磨、两段筛分的再磨再选工艺流程，共获得三个粒级的石墨精矿；同时，精选一至精选七的精选尾矿汇合成中矿，经过脱水后与扫选精矿一起返回粗选，精选八至精选十的精选尾矿汇合成中矿，经过脱水返回精选一。

浮选流程所获得的 270μm（+50 目）、270～180μm（50～80 目）、-180μm（-80 目）三种粒级石墨精矿用泵送至脱水干燥包装车间，经过立式压滤机脱水，再经过间接式转筒干燥机干燥后得到石墨精矿干粉，其中-180μm（-80 目）石墨精矿继续经过振动筛分级得到 180～150μm（80～100 目）、-150μm（-100 目）两种粒级石墨精矿，最终共生产出的四种不同粒级的精矿，分别进入缓冲料仓，由包装机包装。

选厂产生的尾矿泵送至尾矿压滤车间，经浓缩压滤后进行干堆。

矿山工艺流程图如图 3-11 所示。

主要工艺设备见表 3-8。

3.4.1.5　先进技术

A　再磨设备搅拌磨的应用

再磨设备选用先进的搅拌磨代替了传统的砂磨机，并对转子类型、球料比、搅拌转速等关键设备参数进行控制优化，即实现矿物有效解离，又兼顾石墨鳞片结构保护。搅拌磨具有单台设备处理量大，生产效果好，生产效率高，节能降耗，对大鳞片有一定的保护作用。

B　立式压滤机的应用

目前国内石墨工业常用的脱水设备为折带过滤机、转鼓真空过滤机、真空带式过滤机、板框压滤机等，折带过滤机产品水分为 36%～38%，连续作业；板框压滤机产品水分为 26%～28%，间断作业。水分普遍比较高，通过多年研究调查，

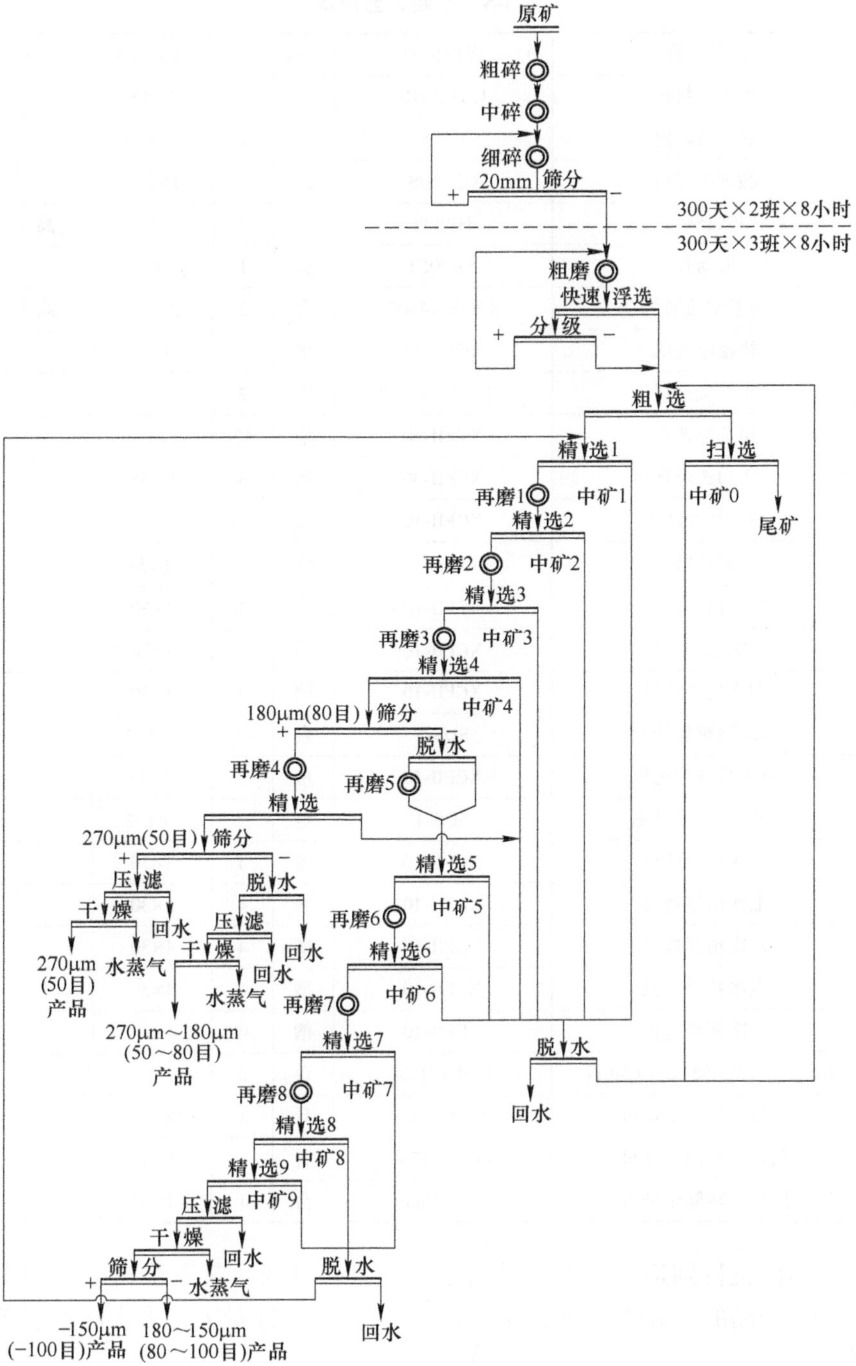
原矿
粗碎
中碎
细碎
20mm
筛分
+
−
300天×2班×8小时
300天×3班×8小时
粗磨
快速浮选
分级
+
−
粗选
精选1
扫选
再磨1
中矿1
中矿0
尾矿
精选2
再磨2
中矿2
精选3
再磨3
中矿3
精选4
180μm(80目)
筛分
中矿4
+
−
脱水
再磨4
再磨5
精选
270μm(50目)
筛分
+
−
精选5
压滤
脱水
再磨6
中矿5
干燥
回水
压滤
回水
精选6
干燥
270μm
(50目)
产品
水蒸气
回水
水蒸气
再磨7
中矿6
270μm～180μm
(50～80目)
产品
精选7
脱水
再磨8
中矿7
回水
精选8
精选9
中矿8
压滤
中矿9
干燥
回水
筛分
+
−
水蒸气
脱水
−150μm
(−100目)产品
180～150μm
(80～100目)产品
回水

图 3-11 矿山工艺流程图

表 3-8 主要工艺设备

序号	设备名称	规格型号	单位	数量	功率/kW	备 注
1	板式给料机	GB180-10	台	1	1×45	
2	颚式破碎机	C125	台	1	1×160	
3	圆锥破碎机	GP300S	台	1	1×250	
4	圆锥破碎机	HP800	台	1	1×600	高压电机
5	振动筛	YK3052	台	1	1×30	
6	格子型球磨机	ϕ3600×4500	台	2	2×1250	高压电机
7	快速浮选机	XCFII-10	槽	6	6×30	
8	水力旋流器	ϕ75，20 个一组	组	2		
9	粗选浮选机	XCFII-30	槽	12	12×55	
10	一次扫选浮选机	XCFII-30	槽	8	8×55	
11	一次精浮选机	XCFII-10	槽	10	10×30	
12	搅拌磨	13m^3	台	16	2×（75×2）	
13	二次精浮选机	XCFII-10	槽	4	4×30	
14	三次精浮选机	XCFII-10	槽	4	4×30	
15	四次精浮选机	XCFII-10	槽	4	4×30	
16	分级高频振动筛	SDS-5	台	2	2×1.2	
17	五次精选浮选机	XCFII-10	槽	2	2×30	
18	分级高频振动筛	SDS-4	台	2	2×1.2	
19	六次精浮选机	XCFII-10	槽	4	4×30	
20	七次精浮选机	XCFII-10	槽	4	4×30	
21	八次精浮选机	XCFII-10	槽	4	4×30	
22	九次精浮选机	XCFII-10	槽	4	4×30	
23	十次精浮选机	XCFII-10	槽	4	4×30	
24	立式全自动压滤机（+50 目）	HDLY/I-24	台	3	1×7.5	
25	间接式转筒干燥机	ϕ1.8×14m	台	1	1×18.5	
26	间接式转筒干燥机	ϕ1.6×12m	台	1	1×15	
27	间接式转筒干燥机	ϕ2×16m	台	1	1×22	

发现立式压滤机特别适用于石墨的脱水，经过吉林通化某石墨选矿厂的实际生产，其最终产品的水分能降到 16%~18%。且单台处理量大，大大降低了干燥工段的能耗。

立式全自动压滤机与板框式压滤机相比具有如下特点：

首先，生产能力大，自动化程度高。过滤、挤压、洗涤、二次挤压、风干、卸饼六个程序全部采用全自动控制，连续工作，且具有自诊断和自动报警功能。相同面积生产效率大大提高；其次，产品滤饼含水率低，由于最大挤压压力达到1.6MPa，再经压缩空气风干，可得到水分很低的滤饼，经过在石墨领域的设备试验，压滤后水分可降低至18%以下，在相同情况下，比板框压滤机滤饼水分低10个百分点，可为后续的干燥工序节省大量的能源；最后，增加了洗涤工序，洗涤效果好，滤布正反面可交替过滤，有自洁再生性能。滤布为水平放置，滤饼厚度均匀，滤饼厚度可达45mm；另外，设备的结构紧凑。采用是四柱立式装置，设备占地面积小。

3.4.1.6 经济效益情况

产品年平均总成本费用23741.12万元，单位产品制造成本1845.62元/t（见表3-9）。

表3-9 石墨精矿制造成本计算表 产量：8万吨/a

序号	成本项目及名称	单价/元·t^{-1}	年消耗量/t	总成本（含税）/元	总成本（不含税）/元	单位成本/元·t^{-1}
一	原材料消耗		1670000	47565000	43983158	549.79
二	辅助材料消耗			37103500	31712393	396.40
1	捕收剂煤油	7500	464	3480000		
2	起泡剂2号油	8000	292	2336000		
3	水玻璃	900	1850	1665000		
4	钢材	3000	4168	12504000		
5	陶瓷球	6000	1600	9600000		
6	包装袋	80	57000	4560000		
7	其他材料			2958500		
三	生产用动力①	6000	3467	20802000	17779487	222.24
四	生产用燃料-煤	500	10100	5050000	4316239	53.95
五	生产工人工资及福利费②	86400	131	11318400	11318400	141.48
六	制造费用					
	折旧费			20090200	20090200	
	修理费			7500000	7500000	
	矿渣、成品运输	5	1590000	7950000	7950000	
	其他费用			3000000	3000000	
	小计			38540200	38540200	481.75
	制造成本合计			160379100	147649877	1845.62

①生产用动力单位为万千瓦·时；②生产工人工资及福利费单位为人·年。

选厂全部产品工厂交货后。年均销售收入为 51965. 83 万元。

项目总投资 45911 万元，建设投资 41356. 82 万元。年均净利润 20273. 71 万元，见表 3-10。

表 3-10 财务评价指标汇总表 单位：万元

序号	项目名称	数据
1	项目总投资	45911
1. 1	建设投资	41356. 82
1. 2	建设期利息	1410. 16
1. 3	流动资金	3144. 02
	其中铺底流动资金	943. 21
2	资金筹措	45911
2. 1	项目资本金	13773. 19
2. 2	项目债务资金	32137. 81
3	年均销售收入	51965. 82
4	年均总成本费用	23741. 12
5	年均销售税金及附加	1193. 09
6	年均增值税	7159. 1
7	年均息税前利润（EBIT）	27284. 4
8	年均利润总额	27031. 61
9	年均所得税	6757. 9
10	年均净利润	20273. 71
11	总投资收益率/%	59. 43
12	投资利税率/%	77. 07
13	项目资本金净利润率/%	147. 2
14	贷款偿还期	
	银行贷款（一期）/a	3. 53
	银行贷款（二期）/a	
15	平均利息备付率/%	1459. 85
16	平均偿债备付率/%	146. 13
17	项目投资税前指标	
	财务内部收益率/%	54. 73
	财务净现值（I=10%）	140471. 34
	全部投资回收期/a	3. 48

续表3-10

序号	项目名称	数据
18	项目投资税后指标	
	财务内部收益率/%	44.27
	财务净现值（I=10%）	101048.43
	全部投资回收期/a	3.89
19	资本金内部收益率/%	71.07
20	盈亏平衡点	
	生产能力利用率/%	28.81
	销售价格/%	46.9

3.4.2 吉林省通化县某石墨矿

3.4.2.1 矿山基本情况

矿区在通化县西南，距通化县40km，距通化市60km，距大泉源乡20km，东临浑江，与集安市隔江相望，相距90km，距各地有公路相通。沿浑江可乘船向下，进入红石—桓仁水库，达辽宁省桓仁县城，区内交通方便。

该石墨矿床以晶质石墨为主，脉石矿物透辉石、透闪石、长石、石英、云母及少量的磷灰石、绿泥石、黄铁矿、褐铁矿、黄铜矿组成。石墨为矿石中可利用的有用矿物成分，其中大鳞片、中鳞片、小鳞片粒级含量分别为2.50%、11.50%、23.00%，显晶质微细粒含量为55.00%，隐晶质石墨含量仅为8.00%。

依据2005年的储量核实报告，已探明储量111b+122b+333类矿石储量694万吨，储量较为丰富，具有开发价值。

3.4.2.2 矿床地质特征

A 区域地质

本区位于吉林省南部，为天山—阴山近东西向复杂构造带与北东向构造带交汇部位，按传统地质学，属中朝地台（Ⅰ），辽东台隆（Ⅱ），太子河—浑江拗陷（Ⅲ），桓仁—集安隆起（Ⅳ）的北缘，近东西两侧分别为鸭绿江及辉发河断裂，南部为英盈弧形构造。

以下元古界为基底的集安群，表现为特殊的构造形式，强烈挤压的逆掩和平移断层密集出现，但其褶皱形态却又十分开阔，以致在相当大的范围内表现为单斜构造，从全区看显得不十分协调。

本区南北两侧分别为板房沟—欢喜岭及花甸子—六道阳岔近东西向断裂构

造；东侧见马蹄沟区呈先张后压扭近南北向断裂构造。除此之外，本区尚见一系列轴向北西的复式褶皱，主要为三半江向斜、红石—胜利背斜、金珠背斜等。这些褶皱及断断构造对各种矿产（床）赋存形态起着控制作用，三半江晶质石墨矿床即赋存于轴向北西的向斜构造之中。

本区出露地层主要为下元古界集安群新开河组之上部荒岔沟段（Pt_1^1x）。西部区见鞍山群，集安群大致可与辽东的宽甸群相对比，为一套以铁铝榴石角闪岩相为主，局部可以见到麻粒岩相的中深变质岩系；受多期且强烈的混合岩化作用，形成混合质变粒岩、混合岩及混合花岗岩。

集安群的变质岩基本上可以归纳为片麻岩、石英—变粒岩、角闪岩、大理岩类。其中变粒岩类多数为副变质岩、原岩为砂岩、粉砂质沉积岩；石墨透辉变粒岩的原岩可能为钙质砂岩或泥灰岩；斜长角闪岩化学成分近似玄武岩，而铁镁略高，属碱土质系列。所做样品正负变质指数大于2，为正变质岩；大理岩类根据成分对比恢复原岩，钙质大理岩为石灰岩，属正常海相沉积，镁质大理岩是含杂质的白云岩，属盐度增高的海相沉积。

据李璞采自集安群片麻岩中金云母样品，其同位素平均年龄为19.03亿年；马文耀等同志近年所作高台沟硼矿床中金云母样品同位素年龄为19.26亿年。虽然这些均为再造年龄，但与邻区相比，也应大于20亿年，小于25亿年。据此，将本区划归为下元古界是适宜的。

综上，本区的集安群应为一套含墨硅铁质、富镁的火山—沉积建造。

本区的混合岩，从产状、穿插关系、岩石特点、分布部位以及副矿物特征等，可以分为早、中、晚三期。不同时期的混合岩，以中粒结构为主，顺层注入交代，具重熔型混合岩的特点，为本区荒岔沟段一个重要的特征。主要分布于三半江石墨矿区的中部；中期主要为肉红色混合岩，混合岩化强烈，为含硼蚂蚁河组的标志。

晚期的混合岩化，主要形成巨斑状混合岩，在本区少见，发育于和平、马蹄沟一带，斑晶多为钾微斜长石，大者可达5cm以上，具有侵入体特征。

除此之外，区内尚见近南北向、北东向、北西向中酸性脉岩。

从集安群含矿特征来看，清河组以赋存金银有色金属及晶质石墨矿产为特征；新开河组以赋存硼、云母、石棉、透辉石、晶质石墨等非金属矿产为特征，赤柏松大型铜镍矿床分布于矿区北部；北屯金云母矿床分布于矿区的东部，沿浑江两岸见一系列砂金矿点。

B 矿区地质

a 矿区地层

矿区出露的荒岔沟段地层，在集安高台沟一带，厚度仅30~40m。由东向西经三半江区最后进入辽东地区，其厚度逐渐增大。

区内荒岔沟段和哈塘沟段自下而上可以划分为 10 个岩层。

（1）哈塘沟段（$Pt_1^1x^2$）。

1）条痕状磁铁角闪浅粒岩质混合岩：见斜长角闪岩、黑云变粒岩的残留体。前人统称为均质混合岩，有人称之为花岗岩。其厚度大于 40m。地貌呈红色砬子，主要分布于红石砬子及二道砬子沟一带，矿段内 TC4-1 等工程中见肉红色细粒混合岩细脉（0.1~1.0m）。大致顺层间注入，有轻微的蚀变作用。

2）蛇纹岩化金云橄榄大理岩：主要分布矿区的北部，厚度变化于 5~10m，层位稳定，地表延长大于 2000m。

（2）荒岔沟段（$Pt_1^1x^3$）。

1）石墨黑云变粒岩：见薄层的斜长角闪岩、黑云变粒岩及石墨透辉变粒岩。一般含晶质石墨 1%~2%，个别为 3%~5%，TC16-3 工程地段石墨黑云变粒岩含固定碳 3%~4%。

2）石墨透辉变粒岩：夹薄层的石墨大理岩及斜长角闪岩，局部相变为石墨浅粒岩，石墨透辉变粒岩含固定碳较低 2%~5%。局部地段达到工业矿化，如 15 号矿体。

3）斜长角闪岩：边部见薄层的黑云变闰岩，其厚度变化于 40~70m。

4）石墨黑云变粒岩夹薄层的黑云变粒岩及斜长角闪岩。

5）斜长角闪岩：局部地段相变为黑云变粒岩，为主含矿层的底板岩性，厚度 10~25m。

6）石墨透辉变粒岩：为本区最主要的含墨层位，含晶质石墨 2%~15%。多数可见 1~2 个工业矿体。本区 3、4 号矿体即赋存于其中，夹薄层的斜长角闪岩、黑云变粒岩、大理岩。厚度变化于 20~68m。

7）以厚层的石墨大理岩为主，夹 2~3 层斜长角闪岩、石墨透辉变粒岩、黑云变粒岩，其中石墨大理岩及石墨透辉变岩局部地段达 3%~6% 固定碳，厚度 20~40m。

8）以厚层黑色细粒斜长角闪岩为主，并见 3~4 层几米至十余米厚的含石墨大理岩。发育小褶皱构造，厚度 30~60m。

上述岩层，在矿区内受控于北西向并向南东略有倾伏的三半江向斜。各层之间均呈整合接触关系。斜长角闪岩与黑云变粒岩、石墨黑云变粒岩与黑云变粒岩、石墨透辉变粒岩与含石墨大理岩等均呈渐变过渡关系。

区内出露荒岔沟段和哈塘沟段上部总厚度大于 340m，总之矿区所见岩性单一，厚度变化不大，且较稳定。特别是向斜的北翼，南翼（红石区）目前只见到 A、B、C、D、F、G 等层位。

b 矿区构造

矿区主要受北西向三半江向斜所控制，其向斜轴线主要通过三半江主沟偏南侧，轴面近于直立，向斜两侧地层基本对应，南翼倾角为 35°～45°，北翼倾角为 18°～40°，较缓于南翼。矿区内发育小的挠曲构造，尤其是具有大理岩夹层的变粒岩类，极为明显。

矿区内断裂构造主要是以大致顺层间的压性—压扭性断裂构造为主。见有挤压片理，碎裂岩及黑色糜棱岩，其宽度为几厘米至两米，并大致呈平行条带出现。

矿区中部（即第 11～13 号勘探线间）F401 断层：是一条走向北西—南东，倾角 44°～70°，倾向南西为主的张扭性断裂构造，于北西端的 TC6 见宽 0.60m，于南东部分 TC434 见宽 7.0m 的煌斑岩脉，已控制长大于 1000m。从水平、垂直两个方向看都位移不明显，这条断裂构造，把矿区自然的划分为东西两个矿段。

矿区东部 F401 断层：是一条走向北东—南西，倾向北西，倾角 60°～70°的压扭性断裂构造。并见晚期的闪长玢岩充填。主要由 TC315 及江边露头所控制。出露宽 10m 左右，长度大于 1000m。与 F401 呈共轭关系。

矿区内的褶皱构造，有利于石墨的局部富集；断裂构造主要破坏矿体、矿化带的连续性，并使晶质石墨发生弯曲、破碎，甚至“泥化”。降低其经济价值。

分布于矿区北部二道沟及南部红石砬子一带的红色细粒条痕状磁铁角闪混合岩，主要以渗透交代及脉状注入两种形式出现。

注入作用：早期以钠质带入为主，晚期以钾质和硅质带入为主（含 K_2O 一般为 3%～4%，个别为 7%～11%），长石、石英矿物交代顺序为更长石→钠长石→显微条纹长石→微斜长石和石英。

其蚀变主要为角闪石的黑云母化、绿泥石化；长石的高岭土化、绢云母化；碳酸岩类的透辉石化、透闪石化等。并使矿物有重新定向排列及重结晶作用。具交代蚕食、缝合线、锯齿蠕英、交代假象、交代净边等现象。

注入混合岩：主要发育于矿区西部 3、4 号矿体地段。脉体与基体界线明显。

渗透交代混合岩：主要分布矿区南、北两侧，即 3、4 号矿体的南部。形成条痕状混合岩、均质混合岩。局部可以见到浅粒岩、变粒岩、斜长角闪岩的残留体。

除此之外，矿区内尚见混合伟晶岩，多呈白色—肉红色，为粗粒钾长伟晶岩，局部可见文象结构。呈脉状产出，见电气石、透闪石、透辉石等重结晶现象。于三半江与茧场分水岭上、元宝顶区等见产于透辉变粒岩中的蚀变金云母。

c　矿床地质

(1) 矿体（层）特征。矿体严格受控于矿区内石墨透辉（透闪）变粒岩夹薄层的石墨碱长变粒岩、石墨黑云变粒岩。矿体呈似层状。矿体与含矿层顶底板大致平行，其产状与含矿层、围岩基本一致。为典型的层控矿床。矿体受褶皱构造控制明显，矿体随地层褶皱而褶皱，特别是地层的转弯处，往往成为矿体膨大部位。

3 号矿体：走向近东西，倾向北，倾角由西向东由陡变缓（65°~30°）。矿体长为 1055m。矿体平均厚为 11.28m，最厚为 24.38m（TC305），最薄为 2.52m。变化系数为 61.44%，品位最高为 13.90%，最低为 3.63%，平均品位为 5.95%。其中 121b+122b 级平均品位为 6.58%，变化系数为 37.54%。

4 号矿体：位于 3 号矿体的底部。两个矿体间有斜长角闪岩、石墨黑云变粒岩相隔。4 号矿体走向近东西，倾向北，倾角也是由西向东，由陡变缓（68°~30°）；矿体已控制长为 818m，矿体最厚为 17.75m，最薄为 2.61m，均为 7.56m，厚度变化系数为 58.33%，矿体最高品位为 8.25%，最低为 3.24%，平均为 5.12%，品位变化系数为 30.54%。

1）主要岩石类型

①石墨透辉变粒岩：呈灰绿色，粒状变晶结构，块状构造。矿物成分：斜长石为 10%~15%，透辉石为 40%~55%，石墨为 3%~10%，透闪石小于 10%，有时见绿帘石及黄铁矿。长石具有较强的绢云母化。

②石墨透闪碱长变粒岩：呈浅灰绿色，柱状、粒状变晶结构，块状构造。矿物成分：透闪石为 20%~25%，碱长石（正长石）为 50%~55%，石墨为 1%~4%，石英为 10%，斜长石小于 5%，碱性透闪石及黑云母少量。

③石墨黑云变粒岩：呈灰色，鳞片粒状变晶结构、交代穿孔结构，块状构造。矿物成分：黑云母为 10%，斜长石为 55%~60%，石英为 20%~25%，石墨为 1%~3%。见晚期混合岩细脉，并出现绿泥石化。

④石墨浅粒岩：呈灰白色，鳞片粒状变晶结构，块状构造。矿物成分：石墨为 10%，石英为 35%~40%，斜长石为 35%~40%，碱长石小于 10%，见少量的黑云母、绿泥石。长石具轻微的高岭土化。

⑤石墨透辉大理岩：柱状状变晶结构。成分方解石：它形粒状，两组解理发育。透辉石：半自形—自形晶，柱状无色，斜消光，$C \wedge Ng=40°$，含量大于 5%。透闪石：纤维状，无色，$C \wedge Ng=8°$，两组解理呈菱形（底面），占 7%。微斜长石：它形（010）解理发育，具格子双晶，$N<1.540$，占 7%。石英：它形粒状。占 55%。石墨：不透明，鳞片状，长为 0.7mm，宽为 0.067mm，占 3%~5%。榍石：自形，细粒，含量小于 1%。

⑥斜长角闪岩：柱粒状变晶结构。普通角闪石：半自形柱状，褐黄色—黄色，斜消光，含 60%。斜长石绢云母化较强，几乎全部蚀变。方解石呈细脉状，穿切岩石。透闪石呈纤维细脉。

2）矿体分布与规律

三半江晶质石墨矿床，1985 年已圈定出 15 个工业矿体。本次提交的西部矿段，主要包括 3、4、5 号矿体。控制工程为 TC414-1、TC4-1、TC303、TC480、

TC499、TC470、TC500、TC304、TC305、TC469、TC496、TC497、TC498、TC16-1、TC16-2、TC16-3、TC468、TC464 等槽探工程及 3ZK2、5ZK1、5ZK2、6ZK1、7ZK1、7ZK2、9ZK2、11ZK1，10 个钻探工程。其中 9ZK2、11ZK1 未参加储量计算。现将矿体分述如下：

3 号矿体：走向近东西，倾向北，倾角由西向东（即 3 线向 11 线）由陡变缓（65°~30°）矿体长为 1055m。矿体平均厚为 11.28m，最厚为 24.38m（TC305），最薄 2.52m（TC414-1）。变化系数为 61.44%，品位最高为 13.90%，最低为 3.63%，平均品位为 5.95%。其中 121b+122b 级平均品位为 6.58%，变化系数为 37.54%。已探明露采 121b 级储量为 17.4 千吨（固定碳下同），122b 级为 147.3 千吨，333 级为 64.1 千吨。121b+122b+333 级储量为 228.8 千吨。

主要由 3ZK1、5ZK1、6ZK1、7ZK1、7ZK2、9ZK1、TC468、TC463 等工程所控制。

4 号矿体：位于 3 号矿体的底部。两个矿体间有斜长角闪岩、石墨黑云变粒岩相隔。4 号矿体走向近东西，倾向北，倾角也是由西向东，由陡变缓（68°~30°）；矿体已控制长为 818m，矿体最厚为 17.75m（3ZK1），最薄为 2.61m（TC496），均为 7.56m，厚度变化系数为 58.33%；矿体最高品位为 8.25%；最低为 3.24%，平均为 5.12%（均为单工程的平均品位）。品位变化系数为 30.54%。已探明露采 122b 级储量为 82.2 千吨（固定碳下同），333 储量为 58.0 千吨，122b+333 级储量为 140.2 千吨。主要由 3ZK2、5ZK2、7ZK1、7ZK2、9ZK1、TC468、TC464 等工程控制。

5 号矿体：由 5-1、5-2 两小矿体组成，其中 5-1 号矿体长为 130m，平均品位为 4.48%，平均厚度为 4.47m。由 TC470、3ZK2 工程所控制。

5-2 号矿体，长为 210m，平均品位为 4.17%，平均厚度为 2.75m。主要由 TC498、TC497、TC16-1、7ZK1 工程所控制。

5 号矿体，总平均厚度为 3.78m，平均品位为 4.37%，求得 333 级资源量 357.0 千吨。

3）矿石矿物

主要为晶质石墨，脉石矿物透辉石、透闪石、长石、石英、云母及少量的磷灰石、绿泥石、黄铁矿、褐铁矿、黄铜矿组成。

伴生矿物，多为黑云母，少量的金云母、金红石等，经 376 个光谱分析及 38 个化学分析含钒 0.00%~0.045%（V_2O_5）。远远低于山东墅石墨矿，无综合回收利用价值。

矿石具片状变晶结构、片状变晶集合体结构、束状结构；主要以似片麻状、片状构造为主，其次为浸染状、揉皱构造。

晶质石墨特征：

矿石经光片测定，石墨含量为5%~25%，并以10%~25%为主。晶质石墨单体呈大小不等的弯曲状，板条状。并多以集合体出现。粒径多在0.1~2.0mm，小者为0.01mm，最大者为2.5~3.0mm，粒径宽为0.2~0.5mm，单偏光下呈黑色，具有金属光泽。晶体由于受应力作用的影响而弯曲，具有揉皱构造的特点，部分晶体可见波状消光。

晶体沿片理、片麻理方向呈半定向排列，并与黑云母、长石、石英镶嵌，个别与辉石绿泥石、角闪石相嵌。

矿段内见以灰白色、中粒混合岩化作用。脉体宽0~1m为多，并且是大致顺层间注入交代的。见绢云母化、绿泥石化。见石墨的重结晶，增加了矿床的经济价值。

矿段内发育小褶皱构造及大致顺层间的压-扭性断裂构造。见糜棱岩化，碎裂岩化。并使晶质石墨产生弯曲、破碎、甚至泥化。主要出现于矿体近顶、底板附近，厚度为0.1~0.2m。

3、4号矿体的中心部位在第6~7号勘探线附近。矿体厚度大，平均品位相对高，而其东西两侧（即TC414~1、TC303）仅2~3m厚；第7号勘探线附近透辉变粒岩中所夹薄层石墨黑云变粒岩和位于6~9线含墨层顶板之石墨大理岩中见2~3层石墨透辉变粒岩，局部地段从厚度上，品位上都达到工业矿化。

含墨层中间及上、下围岩斜长角闪岩、石墨透辉变粒岩、石墨大理岩、石墨黑云变粒岩，均以似层状、扁豆状并成渐变过渡关系。

3.4.2.3 矿山开采

A 矿床开采技术条件

矿体严格受控于矿区内石墨透辉（透闪）变粒岩夹薄层的石墨闪长变粒岩、石墨黑云变粒岩。矿体呈似层状。矿体与含矿层顶底板大致平行，其产状与含矿层、围岩基本一致。为典型的层控矿床。矿体受褶皱构造控制明显，矿体随地层褶皱而褶皱，特别是地层的转弯处，往往成为矿体膨大部位。

矿区呈一爪状地形，西部为主分水岭，呈远南北向半环状山脊，中部分水岭向东伸出三条支脊，延于浑江边，邻近3、4号矿体山顶，最高标高为512.78m，三半江入浑江河口处标高为300.10m，相对高差为212m，属浅切割低山区，当地侵蚀基准面定为浑江水库区最高洪水位标高为300m。

B 开采方式

根据矿床赋存情况及开采条件等因素，经对矿体开采方式进行分析研究，3、4号矿体出露地表，矿体厚度较大，上部适于露天开采。

按照380m露天与地下开采分界线。设计5~9线380m以上的3、4号矿体，采用山坡露天开采；5线以西380m以上未圈入境界的矿体和380~332.78m矿体，作为采用地下开采范围。

C　采剥方法

设计推荐采用自上而下的开采顺序，分水平台阶开采。同时工作的台阶数为1~2个。

矿石和夹石采用凿岩、装药爆破的方法进行松散，然后采用液压挖掘机进行铲装、汽车运出采场。

采矿工序为：钻孔→爆破→铲装→运输。

矿层上覆的第四系黏土层，不进行凿岩爆破，直接采用 CAT320D 型液压挖掘机铲装。

钻孔作业：根据矿岩物理力学性质，剥离的覆土不需要穿孔爆破，可以直接采用挖掘机铲装；矿石及剥离岩石需要穿孔爆破。按照爆破参数设计，未来矿山12万吨/a 的矿石生产规模条件下，年炮孔穿孔量约为 1.15 万米。目前矿山已经新购置了一台 AtlasP55 型高风压潜孔钻机，该设备 1 台就可以满足全部穿孔任务。

爆破作业：设计采用中深孔爆破方法，起爆方式为非电雷管毫秒延期分段起爆，该方法具有降低爆破地震效应、改善破碎质量、降低炸药单耗、减小后冲、爆堆比较集中等优点。在临近最终边坡时采用预裂——控制爆破，减少爆破对最终边坡岩石的破坏，增强边坡的整体稳定性。设计采用乳化炸药爆破，根据矿石物理力学性能确定的单位炸药消耗量为 0.45kg/m^3，按年开采矿岩总量 13.86 万立方米计算，年消耗炸药量为 62.37t 左右。

二次破碎：采用液压挖掘机带碎石机破碎，块石最大尺寸控制在 800mm。设计利用 1 台 1.2m^3 挖掘机配置碎石器进行二次机械破碎作业。

铲装作业：设计采用 1 台 1.2m^3（CAT320D 型）液压挖掘机进行装载作业，该设备的装载能力为 17.5 万立方米/(台・年)（Q_c=350 立方米/(台・班)）。设计的 1 台挖掘机生产能力为 17.5 万立方米/(台・年)，大于总矿岩生产规模的13.86 万立方米/年，1 台设备可以的满足今后的装载要求。

运输作业：采用矿用自卸汽车运送矿石和剥离岩土。运输车辆全部采用外协方式解决。运输道路按 15t 的汽车道路标准进行设计的。

辅助作业：辅助作业主要为潜孔钻机、挖掘机等工作场地平整、工作面爆破堆清理及边坡的清理等。设计选用 1 台 ZL50 装载机作为辅助装载作业。

剥离与开沟方法：一般情况下，第四系黏土层部位的出入沟的开沟方法为挖掘机直接开挖；对于岩石段采用 AtlasP55 型高风压潜孔钻机进行中深孔爆破，装运和运输与正常采矿相同。

地下开采：设计推荐采用平硐开拓，采矿方法采用无底柱分段崩落法。采用3t 电机车牵引 0.5m^3 翻转车厢式矿车组运输。所有矿石采用 3t 电机车经各主运输平硐运至平硐口外卸矿场，再由挖掘机装入汽车运至加工厂。

3.4.2.4 选矿情况

A 选矿厂概况

选矿厂设计为 1.5 万吨/a 矿石处理量，矿石入选品位为 $w(\mathrm{C})=4.20\%$，精矿平均品位为 $w(\mathrm{C})_{固(平均)}=90\%$，回收率为 $\varepsilon=72\%$。石墨的选矿方法有浮选、电选、重选等，目前应用最广泛的是浮选法。具体的选矿流程包括破碎—磨矿—浮选—再磨—脱水—干燥—筛分等作业。

本项目原矿入料粒度为 500mm，采用两段破碎流程，破碎后的入磨粒度为 18~20mm。粗磨采用湿式磨矿，与螺旋分级机组成闭路磨矿工艺，磨矿细度为 −150μm（−100 目）占 55%~60%。

B 选矿厂主要产品

270μm（+50 目）	0.75 万吨/a	品位为 $w(\mathrm{C})=93\%$。
−270~180μm（−50~+80 目）	3 万吨/a	品位为 $w(\mathrm{C})=91\%$。
−180~106μm（−80~+150 目）	3.75 万吨/a	品位 $w(\mathrm{C})=90\%$。
−106μm（−150 目）	7.5 万吨/a	品位 $w(\mathrm{C})=88\%$。

C 选矿工艺流程

原矿石从矿山运至选厂原矿堆场，经前装机给入破碎车间受矿仓，经板式给料机送至 PEJ1200×1500 颚式破碎机进行破碎，破碎后物料经皮带输送机运至中碎车间，物料先经过一次预先筛分后，筛上物料给入 PYS-BC2133 圆锥破碎机，破碎后物料与筛下料一起经由皮带输送机给入细碎车间，进入两台 PYS-D2110 圆锥破碎机进行细碎作业，细碎后物料由集料皮带输送机给入筛分车间的 YA1236 振动筛进行检查筛分，筛上料经皮带返回细碎车间的圆锥破碎机，筛下料由皮带给入粉料仓。粉矿仓设置有仓底振动给料机、皮带输送机，将物料给入 MQS4500×6000 格子型球磨机，球磨机与 2FG-24 双螺旋分级机成闭路循环，分级机底流返回球磨机继续磨矿，分级机溢流进入 BCF4×4 搅拌桶进行搅拌和加药，经搅拌均匀后的矿浆依次进入一次粗选、一次扫选、十次精选、八次再磨、两次分级的再磨再选流程，获得最终石墨精矿，同时，扫选精矿、精选一~精选八尾矿汇合成中矿，返回粗选；精选九尾矿返回精选一；精选十尾矿返回精选七。最终石墨精矿用泵送至脱水干燥车间，经过立式压滤机脱水，再经过流化床干燥机干燥后得到石墨精矿干粉，再送至振动筛进行分级，分出的各个粒级物料分别进入缓冲料仓，由包装机包装，运至成品库待售。尾矿用砂泵打到自建尾矿库。

矿浆流程图如图 3-12 所示。

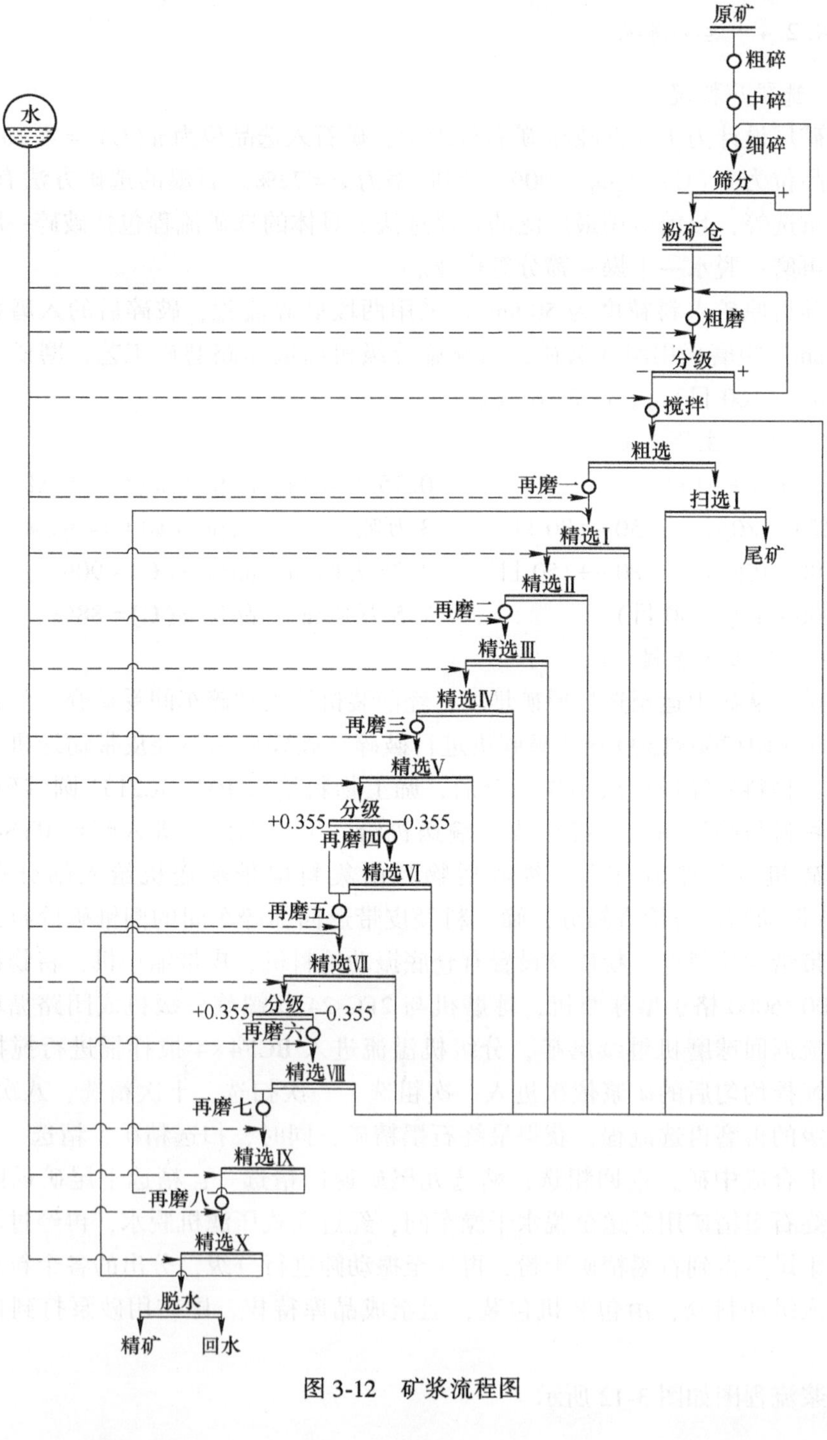
原矿
粗碎
中碎
细碎
筛分
−
+
粉矿仓
水
粗磨
分级
−
+
搅拌
粗选
再磨一
扫选Ⅰ
精选Ⅰ
尾矿
精选Ⅱ
再磨二
精选Ⅲ
精选Ⅳ
再磨三
精选Ⅴ
分级
+0.355
−0.355
再磨四
精选Ⅵ
再磨五
精选Ⅶ
分级
+0.355
−0.355
再磨六
精选Ⅷ
再磨七
精选Ⅸ
再磨八
精选Ⅹ
脱水
精矿
回水

图 3-12　矿浆流程图

D 主要工艺设备（见表 3-11）

表 3-11 主要工艺设备

序号	设备名称	规格型号	单位	数量	功率/kW
1-02	板式给矿机	B=1.8m，L=10.0m	台	3	45
1-04	颚式破碎机	PEJ1200×1500	台	3	180
2-01	圆锥破碎机	PYS-BC2133	台	3	400
3-01	圆锥破碎机	PYS-D2110	台	6	315
4-01	振动筛	YA1236	台	3	11
5-04	格子型球磨机	MQS4500×6000	台	3	2300
5-05	螺旋分级机	2FG-24	台	3	30+3×2
5-07	粗选浮选机	GF-42	槽	18	75+3
5-08	扫选浮选机	GF-42	槽	15	75+3
5-10	溢流型球磨机	ϕ2700×6000	台	3	630
5-11	一次精浮选机	GF-4	槽	18	15+1.5
5-12	二次精浮选机	GF-4	槽	12	15+1.5
5-14	搅拌磨	13m^3	台	21	75×2
5-15	三次精浮选机	GF-4	槽	12	15+1.5
5-16	四次精浮选机	GF-4	槽	12	15+1.5
5-19	五次精浮选机	GF-4	槽	9	15+1.5
5-23	六次精浮选机	GF-4	槽	9	15+1.5
5-25	七次精浮选机	GF-4	槽	18	15+1.5
5-26	八次精浮选机	GF-4	槽	9	15+1.5
5-27	九次精浮选机	XJ-11	槽	48	5+1.1
5-29	十次精浮选机	XJ-11	槽	51	5+1.1
5-30	立式压滤机	HDLY/Ⅲ-120	台	3	5.5+3
5-32	流化床干燥机	12m^2	台	3	3.0

3.4.2.5 先进技术

目前国内石墨工业常用的脱水设备为折带过滤机、转鼓真空过滤机、真空带式过滤机、板框压滤机等，折带过滤机产品水分为 36%~38%，连续作业；板框压滤机产品水分为 26%~28%，间断作业。水分普遍比较高，通过多年研究调查，发现立式压滤机特别适用于石墨的脱水，其最终产品的水分能达到 16%~

18%。且单台处理量大，大大降低了干燥工段的能耗。

立式全自动压滤机与板框式压滤机相比具有如下特点：

第一，生产能力大，自动化程度高。过滤、挤压、洗涤、二次挤压、风干、卸饼六个程序全部采用全自动控制，连续工作，且具有自诊断和自动报警功能。相同面积生产效率大大提高；第二，产品滤饼含水率低，由于最大挤压压力达到1.6MPa，再经压缩空气风干，可得到水分很低的滤饼，经过在石墨领域的设备试验，压滤后水分可降低至18%以下，在相同情况下，比板框压滤机滤饼水分低10个百分点，可为后续的干燥工序节省大量的能源；第三，增加了洗涤工序，洗涤效果好，滤布正反面可交替过滤，有自洁再生性能。滤布为水平放置，滤饼厚度均匀，滤饼厚度可达45mm；另外，设备的结构紧凑。采用是四柱立式装置，设备占地面积小。

3.4.2.6　经济效益情况

产品年平均总成本费用34068.73万元，单位产品年平均总成本费用2324.90元/t，单位产品制造成本1961.34元/t，见表3-12。

表3-12　石墨制造成本计算表　　产量：15万吨/a

序号	成本项目及名称	单价/元·t^{-1}	年消耗量/t	总成本（含税）/元	总成本（不含税）/元	单位成本/元·t^{-1}
一	原材料消耗	12	4500000	54000000	46153846	307.69
二	辅助材料消耗			151933200	129857436	865.72
1	捕收剂煤油	2500	472.5	1181300		
2	起泡剂2号油	15000	247.5	3712500		
3	钢材（钢球、衬板）	10000	11250	112500000		
4	介质	4000	3000	12000000		
5	包装袋	64	150000	9600000		
6	其他材料			12939400		
三	生产用动力①	7000	8730	61110000	52230769	348.21
四	生产用燃料-煤	1000	6955	6955000	5944444	39.63
五	生产工人工资及福利费②	36000	414	14904000	14904000	99.36
六	制造费用					
	折旧费			30149900	30149900	
	修理费			11960000	11960000	

续表 3-12

序号	成本项目及名称	单价 /元 · t^{-1}	年消耗量 /t	总成本（含税）/元	总成本（不含税）/元	单位成本 /元 · t^{-1}
	其他费用			3000000	3000000	
	小计			45109900	45109900	300.73
	制造成本合计			334012100	294200396	1961.34

①生产用动力单位为万千瓦 · 时；②生产工人工资及福利费为人 · 年。

选厂全部产品工厂交货后。年均销售收入为 52286.64 万元。

项目总投资 48226.55 万元，建设投资 39864.65 万元。年均净利润 13213.48 万元，见表 3-13。

表 3-13 财务评价指标汇总表 单位：万元

序号	项 目 名 称	数据
1	项目总投资	48226.55
	其中建设规模总投资	43426.08
1.1	建设投资	39864.65
1.2	建设期利息	1504.09
1.3	流动资金	6857.81
	其中铺底流动资金	2057.34
2	资金筹措	48226.55
2.1	项目资本金	19290.99
2.2	项目债务资金	28935.56
2.3	其他资金	
3	年均销售收入	52286.64
4	年均总成本费用	34068.73
5	年均销售税金及附加	599.93
6	年均增值税	4999.44
7	年均息税前利润（EBIT）	18130.9
8	年均利润总额	17617.98
9	年均所得税	4404.49

续表 3-13

序号	项 目 名 称	数据
10	年均净利润	13213.48
11	总投资收益率/%	37.6
	投资利润率/%	36.53
12	投资利税率/%	48.14
13	项目资本金净利润率/%	68.5
14	贷款偿还期	
	银行贷款/a	4.32
15	平均利息备付率/%	1220.74
16	平均偿债备付率/%	161.21
17	项目投资税前指标	
	财务内部收益率/%	36.3
	财务净现值（I=11%）	74728.18
	全部投资回收期/a	4.58
18	项目投资税后指标	
	财务内部收益率/%	29.33
	财务净现值（I=12%）	45278.78
	全部投资回收期/a	5.16
19	资本金内部收益率/%	40.43
20	盈亏平衡点	
	生产能力利用率/%	31.4
	销售价格/%	64.91

3.4.3 黑龙江省萝北县某石墨矿

3.4.3.1 矿山基本情况

石墨资源主要分布点之一是云山石墨矿区，位于萝北县云山林场。距萝北县城45km，交通比较便利。

地质构造相对较为简单，石墨矿体层数多，规模大小不一，固定碳含量变化比较稳定。矿石主要由石墨、石英、长石、云母、大理岩、斜长角闪岩组成。

截止到2019年10月31日，矿区范围内230m标高上共求出石墨工业矿石(332)+(333)矿石量为26438.39×10^4t，矿物量为2746.07×10^4t，固定碳平均品位为10.39%。其中控制的内蕴经济资源量(332)矿石量为17812.21×10^4t，矿物量为1830.80×10^4t，固定碳平均品位为10.28%；推断的内蕴经济资源量(333)矿石量为8626.18×10^4t，矿物量为915.27×10^4t，固定碳平均品位为10.61%。

3.4.3.2 矿床地质特征

A 矿区地质特征

本石墨矿属于云山石墨矿床的一部分。矿区处于云山复式向斜的北西端，具体位于鸭蛋河复向斜南西翼。地层由下元古界兴东群大盘道组和第四系组成，晚元古代花岗岩发育。通过详查探槽、钻探工程及两侧采场显示，总体为—走向南北向—北北西，倾向东—北东东的单斜构造。地质构造相对较为简单，石墨矿体层数多，规模大小不一，固定碳含量变化比较稳定。

B 矿体地质

a 矿体的分布、规模及变化规律

详查区内矿体分布在南北长为1800m，东西宽为80~1000m不等，矿体总体走向北北西，局部北西西，主要富集段1000m，呈现出北部收敛，南部散开的形式。

详查区内目前共发现矿体5条，赋存在大盘道组中段(Pt1dp2)，出露在15~22线之间，依次从地层底部往上部、从西往东排列，编号为Ⅰ、Ⅱ、Ⅲ、Ⅳ、Ⅴ，其余小矿体较多，但规模均很小，分布在主矿体的上下两侧，其中Ⅰ、Ⅱ、Ⅲ、Ⅴ号矿体为本区主要矿体。

矿体长415~1800m不等，垂直厚度4.50~187.09m不等，呈层状。西侧矿体走向近南北，倾向东，倾角为40°~50°，东侧矿体走向北北西，倾向北东或东，倾角为20°~65°。Ⅲ、Ⅳ号矿体局部地段走向近东西或北西西，倾向北或北北东，倾角为35°~50°。矿体数量较多，规模较大，储量集中，具有工业意义。

矿体与围岩(石英片岩、云母片岩、片麻岩、变粒岩、浅粒岩和石英岩等)产状一致，局部大理岩、变粒岩等呈透镜状导致产状变化较大。矿体与围岩之间界限清楚，矿体两者间界面多数清楚，过渡者少见。矿体连接依据地层层序特征、矿体在平面和剖面上的延伸以及矿体产确定。

b 矿体特征

(1) Ⅰ号矿体。主要在详查区西部中深部可见，0~20线钻孔深部可见，赋存在Pt1dp2-2层位中，矿体长为1050m，最大垂直厚度为267.1m，平均为

71.15m。矿层石墨最高品位为18.65%，平均为10.37%，品位较稳定，变化不大，向东部略有贫化趋势。矿体呈似层状，中段宽大，南段、东段变窄，东倾，倾角为20°~35°，矿体北端深部未控制，在0m标高以下，南端尖灭。矿体中夹层较多，但宽度一般不大，为3~30m，夹石岩性多为大理岩、浅粒岩、变粒岩等。矿石类型主体为石墨云母片岩，黑云母含量较多，与Ⅱ号矿体南段类似。顶板岩石均为浅粒岩夹变粒岩、大理岩组合等。

(2) Ⅱ号矿体。分布在详查区西部，15~22线地表及深部均可见，赋存在Pt1dp2-3层位中，矿体长为1800m，最大垂直厚度为187.09m，平均为50.34m。矿层石墨最高品位为19.49%，平均为10.97%，品位较稳定，向东和南部明显贫化，矿体主体夹层不多，但向东则逐渐过渡为大理岩、斜长角闪岩、浅粒岩、变粒岩组合，整体矿体呈尖灭趋势。顶板多为浅粒岩、变粒岩组合。与Ⅰ号矿体类似，矿石类型主体为石墨云母片岩，黑云母含量较多，向北逐渐过渡为石墨云母片岩、石墨石英片岩组合。

(3) Ⅲ号矿体。详查区中部，15~16线地表及深部均可见，赋存在Pt1dp2-4层位中，矿体长为1800m，最大垂直厚度为158.05m，平均为47.77m。矿层石墨最高品位为24.28%，平均为9.51%。品位中部富，向南变贫。矿体呈似层状，宽度变化不大，倾向为20°~70°，倾角为20°~30°，矿体中夹层南部较多，矿体逐渐分叉呈三条，分别为Ⅲ-1、Ⅲ-2和Ⅲ-3，夹层岩性为浅粒岩、石英片岩、变粒岩等。此外，矿体在3-4线东端因东部断层F1影响，走向近东西。Ⅲ号矿体石墨矿石类型主体为石墨石英片岩、石墨变粒岩，云母相对Ⅰ、Ⅱ号矿体偏少，石墨粒度偏大。

(4) Ⅳ号矿体。详查区东部，15-4线地表及深部均可见，赋存在Pt1dp2-4层位中，矿体长为1040m，最大垂直厚度为108.08m，平均为48.81m。矿层石墨最高品位为22.34%，平均为11.19%。品位中端富，向南变贫。矿体呈似层状，宽度变化不大，倾向为20°~70°，倾角为20°~30°，矿体中夹层相对Ⅲ号矿体较少，向南分叉呈两条，分别为Ⅳ-1、Ⅳ-2，夹层岩性为浅粒岩等。该矿体东段也受断裂F1影响，部分走向北西西。Ⅳ号矿体石墨矿石类型主体为石墨石英片岩、石墨变粒岩，云母相对Ⅰ、Ⅱ号矿体偏少，石墨粒度偏大。

(5) Ⅴ号矿体。详查区北东部，11-3线地表及深部均可见，赋存在Pt1dp2-5层位中，矿体长为415m，最大垂直厚度为29.14m，平均为11.79m。矿层石墨最高品位为18.01%，平均为9.87%。矿体呈似层状，走向北西西-北西，倾向为20°~50°，倾角为30°~45°。矿体及围岩岩性主体为变粒岩，向北西、南东两端逐渐尖灭，矿石类型为石墨变粒岩，云母少。

C 矿石的结构、构造

矿石的结构比较简单，主要为鳞片变晶结构，粒状变晶结构；构造主要为片状构造和片麻状构造以及块状构造。

a 矿石的结构

鳞片变晶结构：此种结构的石墨呈鳞片状、板状，鳞片大致定向排列，常呈集合体或单个片状产出。分布在石英，长石，云母等浅色脉石矿物晶粒间。片长一般为0.05~1.5mm，最大者达5mm。常与云母共伴生，在岩石中多呈断续的定向分布，长轴方向与岩石构造方向近一致，略具弯曲变形。

粒状变晶结构：此种构造主要分布于石墨变粒岩、石墨石英片岩中，其中石墨呈鳞片状，石英、长石则呈畸形粒状变晶，大小不等，晶粒间局部紧密接触。在岩石中略呈定向性排列，长轴方向与岩石构造方向近一致。云母呈片状，分布于浅色矿物之间，在岩石中断续的定向分布。

b 矿石构造

片状构造：矿石中由片状石墨、云母稍定向排列构成片状构造。石墨的含量为10%~15%，石墨固定碳品位一般为7%~10%。

似条带状构造：由叶片状、鳞片状石墨稍呈定向排列，形成似条带状矿石。石墨含量在8%左右，石墨固定碳品位一般在6%以下。

块状构造：此种构造的矿石，石墨的含量多在20%以上，由鳞片状，叶片状的石墨组成团块状集合体，石墨固定碳品位一般为14%~23%。

3.4.3.3 矿山开采

A 矿床开采技术条件

矿体与围岩（石英片岩、云母片岩、片麻岩、变粒岩、浅粒岩和石英岩等）产状一致，局部大理岩、变粒岩等呈透镜状导致产状变化较大。矿体与围岩之间界限清楚，矿体两者间界面多数清楚，过渡者少见。矿体连接依据地层层序特征、矿体在平面和剖面上的延伸以及矿体产确定。

B 开采方式

根据矿床埋藏地质条件、选矿厂的规模要求以及矿山服务年限等要求，矿体的上部非常适合露天开采。

C 采剥方法

剥离废石直接运至尾矿坝作为筑坝材料排弃，废石场与尾矿坝为整合建造。

在高度方向上，采用水平台段的分层开采方法，工作台段高度10m，按开采水平自上而下多水平同时进行开采。

采矿工序为：钻孔→爆破→二次破碎→铲装→运输。

在水平方向上，开采工作面沿垂直于矿层的走向布置，工作面大致从南向北推进，爆破方向为南向。

矿石和夹石采用凿岩、装药爆破的方法进行松散，然后采用液压挖掘机进行铲装、汽车运出采场。

矿层上覆的第四系黏土层和部分风化矿岩等不进行凿岩爆破，直接采用液压挖掘机铲装。

3.4.3.4　选矿情况

A　选矿厂概况

选矿厂设计为 73 万吨/a 矿石处理量，矿石入选品位 $w(C)=10.52\%$，高碳精矿品位为 $w(C)=95.8\%$，中碳精矿品位为 $w(C)=85.69\%$，回收率为 $\varepsilon=72\%$。石墨的选矿方法有浮选、电选、重选等，目前应用最广泛的是浮选法。具体的选矿流程包括破碎—磨矿—浮选—再磨—脱水—干燥—筛分等作业。

本项目原矿入料粒度为 750mm，采用三段破碎流程，破碎后的入磨粒度为 18~20mm。粗磨采用湿式磨矿，与螺旋分级机组成闭路磨矿工艺，磨矿细度为 −150μm(−100 目）占 55%~60%。本流程采用开路浮选流程，矿浆依次进入一次粗选、一次扫选、七次精选、五次再磨获得石墨精矿 1；扫选的精矿及七次精选的尾矿合并成中矿，经浓缩再磨后的矿浆通过四次再选、一次扫选、一次再磨获得石墨精矿 2。

B　选矿主要产品

中、高石墨产品：6 万吨/a。

C　选矿工艺流程

原矿堆场块矿经装载机、板式给矿机喂入 PEF900×1200 颚式破碎机进行粗破碎，破碎后的矿石经皮带输送机送入 YAH1536 型圆振动筛，筛上物料自流进入 PYS-B1626 圆锥破碎机进行中碎，筛下物料和中碎后物料皮带输送机送入 PYS-DC2113 圆锥破碎机进行细碎，细碎后物料经皮带输送机送入 ϕ10m 筒仓进行贮存。

筒仓内的物料经仓底电振给料机、皮带称定量均匀地给入 MQG 3600×4500 格子型粗磨球磨机，球磨机与 2FG-24 螺旋分级机成闭路循环，分级机底流返回球磨机继续磨矿，分级机溢流进入 ϕ3000 搅拌槽，由两台给药机往搅拌槽内定量加入煤油和浮选油，将搅拌均匀后的矿浆依次进入一次粗选、一次扫选、七次精选、五次再磨获得石墨精矿 1；扫选的精矿及七次精选的尾矿合并成中矿，经浓缩再磨后的矿浆通过四次再选、一次扫选、一次再磨获得石墨精矿 2，所得的两种精矿分别用泵送至折带过滤机过滤，再经过双桨叶干燥机、盘式干燥机两段干燥后得到石墨精矿，两种石墨精矿分别经 Z 形链斗输送机输送至成品仓，由包装机包装后，转运至成品库贮存待售。

矿山工艺流程图如图 3-13 所示。

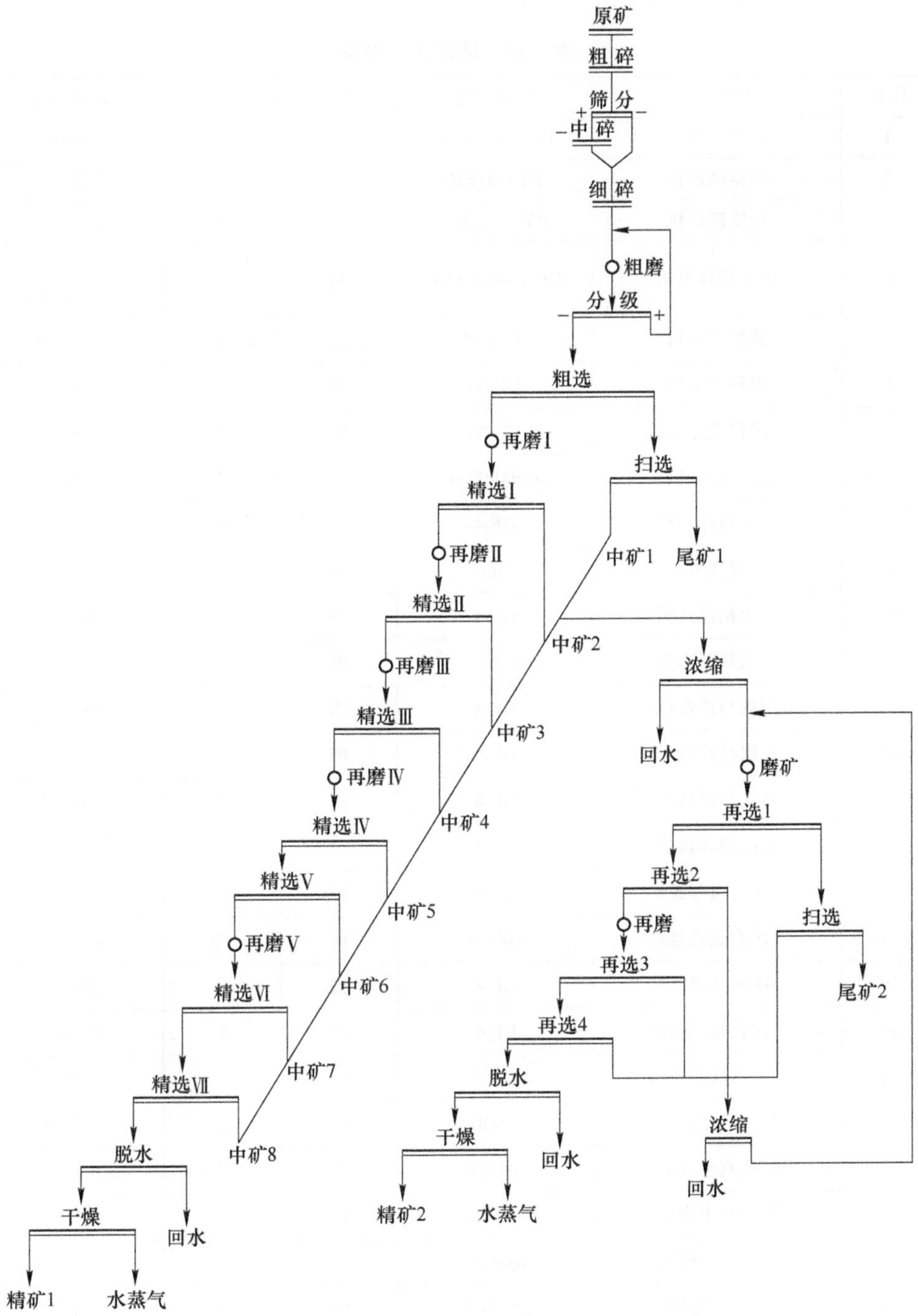

图 3-13　矿山工艺流程图

D　选矿主要设备（见表 3-14）

表 3-14　选矿主要设备

序号	设备名称	规格型号	单位	数量	功率/kW
1	颚式破碎机	PEF900×1200	台	2	110
2	圆锥破碎机	PYS-B1626	台	2	220
3	圆锥破碎机	PYS-DC2113	台	2	400
4	格子型球磨机	MQG3600×4500	台	2	1250+15+2.2×4+3×4
5	螺旋分级机	2FG-24	台	2	30+3×2
6	粗选浮选机	GF-20	槽	8	45+2.2
7	一次扫选浮选机	GF-20	槽	6	45+2.2
8	溢流型球磨机	ϕ1500×7000	台	2	180
9	一次精浮选机	GF-4	槽	6	15+1.5
10	搅拌磨	$13m^3$	台	16	75×2
11	二次精浮选机	GF-4	槽	6	15+1.5
12	三次精浮选机	GF-4	槽	6	15+1.5
13	四次精浮选机	GF-4	槽	6	15+1.5
14	五次精浮选机	GF-4	槽	8	15+1.5
15	六次精浮选机	GF-4	槽	8	15+1.5
16	七次精浮选机	GF-4	槽	10	15+1.5
17	一次再选浮选机	GF-20	槽	10	45+2.2
18	二次扫选浮选机	GF-20	槽	12	45+2.2
19	二次再选浮选机	GF-4	槽	8	15+1.5
20	三次再选浮选机	GF-4	槽	8	15+1.5
21	四次再选浮选机	GF-4	槽	8	15+1.5
22	折带式真空过滤机	GD30	台	2	5.5+3
23	折带式真空过滤机	GD20	台	2	3+2.2
24	双桨叶干燥机	GDSG-100	台	2	75
25	双桨叶干燥机	GDSG-60	台	2	55
26	盘式干燥机	GDPG2500/20	台	2	11
27	盘式干燥机	GDPG2500/16	台	2	7.5

3.4.3.5 先进技术

A 再磨设备搅拌磨的应用

再磨设备选用先进的搅拌磨代替了传统的砂磨机，并对转子类型、球料比、搅拌转速等关键设备参数进行控制优化，即实现矿物有效解离，又兼顾石墨鳞片结构保护。搅拌磨具有单台设备处理量大，生产效果好，生产效率高，节能降耗，对大鳞片有一定的保护作用。

B 干燥设备

盘式连续干燥机是一种高效的传导型连续干燥设备。其独特的结构和工作原理决定了它具有热效率高、能耗低、占地面积小、配置简单、操作控制方便、操作环境好等特点。

盘式连续干燥机的工作原理：湿物料自加料器连续地加到盘式连续干燥机上部第一层干燥盘上，带有耙叶的耙臂作回转运动使耙叶连续地翻抄物料。物料沿指数螺旋线流过干燥盘表面，在小干燥盘上的物料被移送到外缘，并在外缘落到下方的大干燥盘外缘，在大干燥盘上物料向里移动并从中间落料口落入下一层小干燥盘中。大小干燥盘上下交替排列，物料得以连续地流过整个干燥机。中空的干燥盘内通入加热介质，加热介质型式有饱和蒸汽、热水和导热油，加热介质由干燥盘的一端进入，从另一端导出。已干物料从盘式连续干燥机的最后一层干燥盘落到壳体的底层，最后被耙叶移送到出料口排出。水分从物料中溢出，由设在顶盖上的排湿口排出，湿气由设在顶盖上的真空泵口抽出。从底层排出干物料可直接包装。

3.4.3.6 经济效益情况

产品年平均总成本费用12566.98万元，单位产品年平均总成本费用2094.50元/t，单位产品制造成本1845.81元/t，见表3-15。

表3-15 石墨制造成本计算表 产量：6万吨/a

序号	成本项目及名称	单价/元·t^{-1}	年消耗量/t	总成本(含税)/元	总成本(不含税)/元	单位成本/元·t^{-1}
一	原材料消耗	45	722900	32530500	27803846	463.40
二	辅助材料消耗			22126000	18911111	315.19
1	pH调整剂石灰	250	1446	361500		
2	抑制剂水玻璃	1400	1446	2024400		
3	捕收剂煤油	2500	217	542500		
4	起泡剂2号油	15000	145	2175000		

续表 3-15

序号	成本项目及名称	单价/元 · t^{-1}	年消耗量/t	总成本（含税）/元	总成本（不含税）/元	单位成本/元 · t^{-1}
5	钢材	4500	1807	8131500		
6	介质	1000	1446	1446000		
7	备品备件			2000000		
8	润滑油①	15	18000	270000		
9	包装袋/25kg②	1.3	1200000	1560000		
10	包装袋③	64	30000	1920000		
11	其他材料			1695100		
三	生产用动力			26862500	22959402	382.66
1	电④	6500	4108.69	26706500		
2	水⑤	4000	39	156000		
四	生产用燃料-煤	800	15000	12000000	10256410	170.94
五	生产工人工资及福利费⑥	30000	153	4590000	4590000	76.50
六	制造费用			26228100	26228100	437.14
	其中：折旧费			12378100	12378100	
	修理费			5250000	5250000	
	制造成本合计			124337100	110748869	1845.81

①润滑油单位为 kg；②包装袋/25kg 单位为个；③包装袋单位为个；④电单位为万千瓦 · 时；⑤水单位为万立方米；⑥生产工人工资及福利费单位为人 · 年。

选厂全部产品工厂交货后。年均销售收入为 18748.7 万元。

项目总投资 19301.4 万元，建设投资 17504.06 万元。年均净利润 4554.02 万元，见表 3-16。

表 3-16　财务评价指标汇总表　　单位：万元

序　号	项 目 名 称	数据
1	项目总投资	19301.4
	其中建设规模总投资	18043.26
1.1	建设投资	17504.06
1.2	建设期利息	
1.3	流动资金	1797.34
	其中铺底流动资金	539.2

续表 3-16

序号	项目名称	数据
2	资金筹措	19301.4
2.1	项目资本金	19301.4
2.2	项目债务资金	
2.3	其他资金	
3	年均销售收入	18748.7
4	年均总成本费用	12566.98
5	年均销售税金及附加	109.7
6	年均增值税	1828.46
7	年均息税前利润（EBIT）	6072.02
8	年均利润总额	6072.02
9	年均所得税	1518.01
10	年均净利润	4554.02
11	总投资收益率/%	31.46
	投资利润率/%	31.46
12	投资利税率/%	41.5
13	项目资本金净利润率/%	23.59
14	贷款偿还期	
15	平均利息备付率/%	
16	平均偿债备付率/%	
17	项目投资税前指标	
	财务内部收益率/%	37.2
	财务净现值（I=11%）	28464.18
	全部投资回收期/a	3.71
18	项目投资税后指标	
	财务内部收益率/%	29.13
	财务净现值（I=12%）	17081.53
	全部投资回收期/a	4.4
19	资本金内部收益率/%	29.13

续表 3-16

序　　号	项目名称	数据
20	盈亏平衡点	
	生产能力利用率/%	37.46
	销售价格/%	67.28

3.4.4　黑龙江省林口县某石墨矿

3.4.4.1　矿山基本情况

矿区位于黑龙江省林口县奎山乡中三阳—西三阳一带，隶属奎山乡管辖，北距林口县县城 15km。区内有通往牡丹江-佳木斯铁路和 S309 省级公路，交通方便。

主要矿物成分为石墨、钾长石、斜长石、石英，还有少量的黑云母辉石等暗色矿物。

通过资源量估算，矿区内共求得探明的、控制的和推断的内蕴经济资源量（331+332+333）石墨矿石量为 8147.00 万吨、矿物量为 433.08 万吨，矿床平均品位为 5.32%。其中，探明的内蕴经济资源量（331）石墨矿石量为 2066.51 万吨、矿物量为 104.07 万吨，平均品位为 5.04%；控制的内蕴经济资源量（332）石墨矿石量为 2962.51 万吨、矿物量为 158.31 万吨，平均品位为 5.34%；推断的内蕴经济资源量（333）石墨矿石量为 3117.98 万吨、矿物量为 170.70 万吨，平均品位为 5.49%。

3.4.4.2　矿床地质特征

A　矿区地质特征

a　地层

矿区内主要出露上太古界麻山群余庆组（Ar2y）及第四系全新统（Qhal+l）地层。

(1) 麻山群余庆组（Ar2y）。

余庆组（Ar2y）呈单斜产出，走向北西，倾向北东，产状 10°～70°∠40°～80°。其主要岩性为黑云斜长片麻岩、大理岩、石墨片岩、石墨石英片岩、条带状混合岩、均质混合岩、混合花岗岩。区内岩石普遍遭受到不同程度的混合岩化作用，石墨矿的片度与混合岩化呈正相关，同时也对矿体具破坏作用。石墨矿体及顶、底板围岩都有混合花岗岩产出。余庆组地层主要岩性特征如下所述。

条带状混合岩（mi）：灰白色，粒状变晶结构，条带状构造。基体为黑云斜长片麻岩（60%），浅灰色，主要矿物成分为石英、斜长石、黑云母。脉体为长英质（40%），沿片麻理灌入。

混合花岗岩（hy）：浅肉红色，粒状变晶结构、似斑状结构、交代结构，块状构造。主要矿物成分为钾长石、斜长石、石英、黑云母，是石墨矿体的直接围岩，分布在矿区的中部。

石墨石英片岩（Gph-sch）：灰黑色-灰褐色，鳞片粒状变晶结构，片状构造。主要矿物成分为石英（40%～60%），畸形粒状；长石（±15%）；石墨（10%～20%）鳞片状，片径为0.2～2mm；黑云母（±5%）片状，定向排列，是石墨矿体的母岩，主要分布在矿区的中部。

大理岩（Mb）：白色-灰白色，粒状变晶结构，层状、透镜状构造。主要矿物成分为方解石和白云石，二者含量为（±80%），含少量斜长石、石英等其他矿物，在与石墨矿体的接触部位局部含少量石墨。主要以薄层透镜体状夹于岩层中。

石墨片岩：灰黑色-黑色，鳞片变晶结构，片理构造。主要矿物成分为石墨（10%～30%），鳞片状，片径为0.3～3mm；斜长石（±40%）畸形粒状；石英（±20%），畸形粒状；黑云母（±10%）片状，定向排列，是石墨矿体中品级高的矿石。

混合质黑云斜长片麻岩（gn）：灰色-灰黑色，鳞片粒状变晶结构，主要矿物成分为长石（±50%），畸形粒状；石英（±30%），畸形粒状，少数拉长；黑云母（±20%），片状，大部分定向排列。长英质脉体占10%左右，是石墨矿体的直接围岩，分布在矿区的中部。

均质混合岩（im）：灰白色，粒状变晶结构，似片麻状构造，厚层状构造。主要矿物成分为钾长石、斜长石、石英，还有少量的黑云母辉石等暗色矿物。

（2）第四系全新统（Qhal+l）。

主要由低漫滩堆积、冲击层、湖积层松散沉积物碎石、黏土和砂土组成。分布在现代河床、河谷、山前一带，厚度一般为1～5m。

b 构造

矿区内褶皱不发育，岩层呈单斜产出，但余庆组产状变化较大，局部小褶曲发育。

本区断裂构造以北北东向断层为主，倾向北西，倾角80°左右，F1断裂位于本区西部，纵贯本区，中间部位被第四系覆盖。F2断裂位于F1东侧，错断CV-2号和CⅡ号矿体，在21线施工了三条构造探槽（TC23-1、TC23-2、TC21-1），探槽均显示CⅡ号矿体和围岩（条带状混合岩）呈断层接触，但由于岩石风化破碎程度较高，断层性质特征不清楚，只是区域资料为走滑断层，还有待下步工作查明。F3断裂位于F2东侧。区内断层均属成矿后期构造，对矿体起破坏作用，其两侧蚀变主要为高岭土化、绿泥石化等，但蚀变强度普遍较弱。

B　矿床特征

矿区内的石墨矿体主要赋存于上太古界麻山群余庆组（Ar2y）内，其含矿建造系由含沥青碳质沉积岩（泥灰岩和碳酸盐岩）经区域变质作用（主要为重结晶作用）和混合岩化作用的强烈改造而成的石墨片岩、石墨石英片岩、石墨大理岩等。区内矿体呈厚层状、似层状或透镜状产出，长度为 100~520m，出露宽度为 2~320m，矿体多为北西西走向、倾向北北东，倾角一般为 40°~80°。局部产状变化较大。通过 2015 年度勘查工作，矿区内划分了 5 个矿段（南部的 Ⅰ 矿段，西部的 Ⅱ 矿段，东部的 Ⅲ、Ⅳ 矿段，北部的 Ⅴ 矿段）。圈定了 29 条矿体（隐伏矿体 7 条）。

a　主要矿体特征

Ⅱ号矿段的 CⅡ 矿体是矿区的主矿体，产于上太古界麻山群余庆组的石墨石英片岩中，矿体上盘围岩是混合质黑云斜长片麻岩，下盘围岩是混合花岗岩、黑云母石英片岩。出露在矿区中北部的 7~23 勘探线范围内，地表由 TC5、TC15-1、TC11-1、TC7-1 和 TC23-1、TC23-2、TC21-1 控制，控制东西长为 520m，矿体地表出露西宽（厚为 281m）东窄厚（为 160m），总体走向北西西（290°~300°），呈厚层状产出。东部尖灭在 11 线与 7 线之间，7 号勘探线施工的探槽未见石墨片岩，属自然尖灭；西部尖灭在 21 线与 23 线间的 F2 断层上，由 TC23-1、TC23-2、TC21-1 三条探槽控制。

矿体层间褶曲发育，致使局部产状反倾，倾角变化为 45°~90°。层间褶曲在 19 线以西 F2 断层附近最发育，向东逐渐减弱。矿体也由厚变薄，夹石逐渐增多。大理岩夹层集中出现在 15 线，走向上呈棱形透镜体状，TC1-15 探槽中间断的出现 4 层大理岩，组成了一个复式褶曲。

矿体总体倾向北北东（10°~30°），倾斜方向矿体层间褶曲发育，倾角变化较大，矿体上盘缓（45°~55°），下盘陡（55°~78°）。在矿体厚大，形态复杂，总体 NE 倾的具体情况下，沿倾向方向按控制下盘面斜深 100m 工程间距施工了 14 个钻孔。

(1) 19 线施工了 5 个钻孔，穿透矿体深度分别为 215.9m、249.8m、231.0m、215.9m、151.6m。矿体在 19 线显示夹石较少，连续性较好。矿体上覆围岩混合质黑云斜长片麻岩和第四系，第四系厚度 1~3m，下伏围岩是混合花岗岩，厚度不详。

(2) 15 线施工 4 个钻孔，穿透矿体深度分别为 105.4m、247.2m、268.2m、287.2m。在 15 线剖面图上的形态与 19 线相似，但夹石较多，出现多条矿体分枝复合，平行排列的现象，导致矿体连续性较 19 线差，厚度变小。矿体上覆围岩是混合质黑云斜长片麻岩和第四系，第四系厚度为 1~3m，下伏围岩是混合花岗岩，厚度不详。

（3）11 线施工 5 个钻孔，穿透矿体深度分别为 105.4m、150.6m、186.9m、240.2m、247.8m。矿体在 11 线资源量估算剖面图上形态与 15 线相似，但厚度较 15 线变小，矿体上覆围岩是混合质黑云斜长片麻岩和第四系，第四系厚度为 1～3m，下伏围岩是黑云母石英片岩和混合花岗岩。

矿体中矿石固定碳品位一般为 3%～10%，最高品位为 20.5%，最低品位为 2.5%，矿体加权平均品位为 5.59%，主矿体资源量占总资源量的 87%。

b 矿体的围岩及夹石

（1）矿体的围岩。矿体的顶底板围岩由混合质片麻岩、混合花岗岩、条带状混合岩、黑云母石英片岩组成。除混合质片麻岩、条带状混合岩呈层状、似层状外，混合花岗岩呈似层状，云母石英片岩呈透镜体状，沿走向连续性较差。

（2）矿体夹石。矿体夹石大部分呈似层状或透镜状分布在矿体中，矿体内部夹石为沿走向和倾向均不连续的透镜体。夹石主要有长英质、黑云石英片岩、混合花岗岩、大理岩等，且与矿体界线较清晰。

3.4.4.3 矿山开采

A 矿床开采技术条件

夹石主要有长英质、黑云石英片岩、混合花岗岩、大理岩等，且与矿体界限较清晰。

B 开采方式

设计采用山坡露天开采方式。

C 采剥方法

采用自上而下分水平台阶开采的采剥方法，工作台阶高度为 15m。

采矿工序为：钻孔→爆破→二次破碎→铲装→运输。

矿山正常生产采用中深孔爆破，爆破下的矿石由挖掘机、装载机等装入汽车，运至溜井。

3.4.4.4 选矿情况

A 选矿厂概况

目前，针对该石墨矿的大型鳞片石墨选矿厂正在施工建设，厂址位于林口县奎山乡上三阳村。

选矿厂设计为 100 万吨/a 矿石处理量，矿石入选品位 $w(C)=5\%$，精矿平均品位 $w(C)_{固(平均)}=94.6\%$。石墨的选矿方法有浮选、电选、重选等，目前应用最广泛的是浮选法。具体的选矿流程包括破碎—磨矿—浮选—再磨—脱水—干燥—筛分等作业。

本项目原矿入料粒度为 700mm，采用三段一闭路的破碎流程，破碎后的入磨粒度为 18～20mm。粗磨采用湿式磨矿，与螺旋分级机组成闭路磨矿工艺，磨矿细度为-150μm（-100 目）占 55%～60%。尾矿年产生量 95.73 万吨/a。浮选尾矿矿浆自流至厂区内的尾矿浆池，再泵送至尾矿库，尾矿库澄清水再返回浮选厂回用。

B 选矿主要产品

浮选精矿 270μm（+50 目）（95%）： 0.12 万吨/a

浮选精矿 270～180μm（50～80 目）（95%）： 0.77 万吨/a

浮选精矿 180～150μm（80～100 目）（95%）： 0.6 万吨/a

浮选精矿 150～45μm（100～325 目）（95%）： 2.88 万吨/a

浮选精矿-325 目（95%）： 1.56 万吨/a

C 选矿工艺流程

原矿矿石从矿山运至选厂原矿堆场，经前装机给入粗碎车间原矿仓，经重型板式给料机送至 PEF0912 颚式破碎机进行破碎，破碎后物料经皮带运输机运至中碎车间，给入 ZKX1848 直线振动筛进行中碎预先筛分，筛上物料给入 PYS-B1636 中碎圆锥破碎机，破碎后物料与预先筛分的筛下物料汇合由皮带运输机送至细碎车间，先给入 ZK3675 直线振动筛进行预先检查筛分，筛上物料进入 PYS-D2113 细碎圆锥破碎机进行破碎，破碎后物料经大倾角皮带返回筛分组成闭路，振动筛筛下物料作为合格粒级的物料由皮带运输机送至磨浮车间前粉矿仓进行储存，准备进入磨浮工段。

磨浮工段设计为两条生产线，粉矿仓中物料经皮带运输机给入 MQG3200×4500 格子型球磨机，球磨机与 2FG-20 双螺旋分级机组成闭路循环，分级机底流返回球磨机继续磨矿，分级机溢流进入 BCF3×3 搅拌桶进行搅拌，经搅拌均匀后的矿浆依次进入一次粗选、一次扫选、六次精选、四次再磨的再磨再选流程，为了保护大鳞片，在六次精选后，精选矿浆进入一次湿式筛分分级，分出的粗粒级矿浆即为+150μm（+100 目）大鳞片石墨产品；细粒级矿浆浓缩后继续经过三次精选、两次再磨，选出-150μm（-100 目）鳞片石墨产品。同时，扫选精矿、精选一～精选六的精选尾矿汇合成中矿 1，经过脱水浓缩后，再进入一次再磨、一次再选；再选精矿返回一次再磨；精选七～精选九的精选尾矿汇合成中矿 2 返回三次再磨；浮选流程所获得的两种粒级石墨精矿用泵送至脱水干燥包装车间，分别经过立式压滤机脱水，再经过流化床干燥机干燥后得到石墨精矿干粉，送至振动筛进行分级，分出+270μm（+50 目）和-270～150μm（-50～+100 目）两种粒级产品，分别进入成品仓；150μm（100 目）粒级鳞片石墨则直接输送进入成品仓。再选尾矿与扫选尾矿汇合成最终尾矿泵送至尾矿库。

矿山工艺流程图如图 3-14 所示。

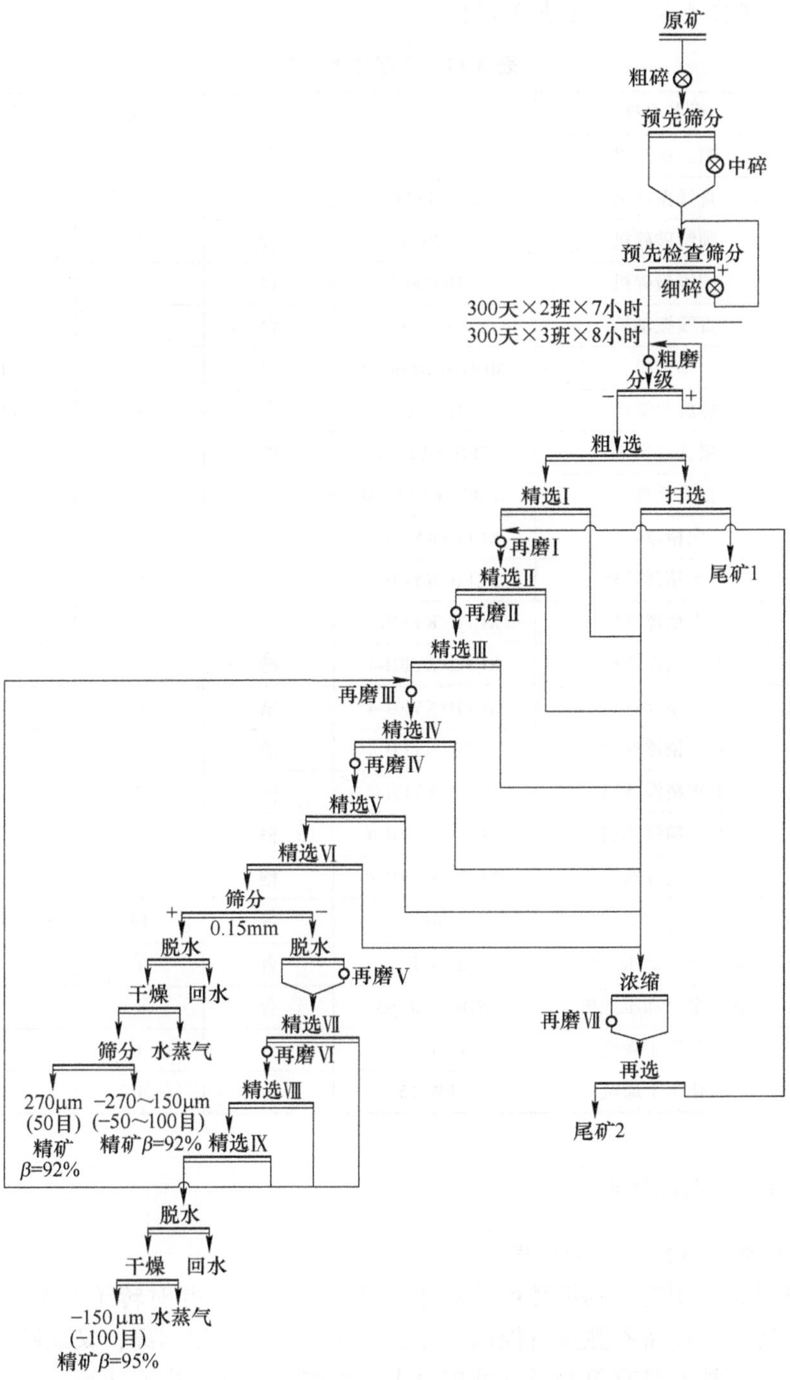
原矿
粗碎
预先筛分
中碎
预先检查筛分
细碎
300天×2班×7小时
300天×3班×8小时
粗磨
分级
粗选
精选Ⅰ
扫选
再磨Ⅰ
尾矿1
精选Ⅱ
再磨Ⅱ
精选Ⅲ
再磨Ⅲ
精选Ⅳ
再磨Ⅳ
精选Ⅴ
精选Ⅵ
筛分
0.15mm
脱水
脱水
再磨Ⅴ
干燥
回水
浓缩
再磨Ⅶ
精选Ⅶ
筛分
水蒸气
再磨Ⅵ
再选
精选Ⅷ
270μm
(50目)
精矿
β=92%
−270～150μm
(−50～100目)
精矿β=92%
精选Ⅸ
尾矿2
脱水
干燥
回水
−150μm
(−100目)
精矿β=95%
水蒸气

图 3-14 矿山工艺流程图

D　选矿主要设备（见表 3-17）

表 3-17　选矿主要设备

序号	设备名称	规格型号	单位	数量	功率/kW
1	颚式破碎机	C100	台	1	110
2	直线振动筛	ZKX1848	台	1	11
3	圆锥破碎机	GP200S	台	1	160
4	圆锥破碎机	HP400	台	1	315
5	直线振动筛	ZK3675	台	1	45
6	球磨机	MQG3600×6000	台	1	1600
7	螺旋分级机	2FG-20	台	1	30+3×2
8	粗选浮选机	XCFII/KYFII-20	槽	7	37
9	扫选浮选机	XCFII/KYFII-20	槽	5	37
10	一次精浮选机	XCFII/KYFII-4	槽	3	15
11	二次精浮选机	XCFII/KYFII-4	槽	5	15
12	三次精浮选机	XCFII/KYFII-4	槽	6	15
13	四次精浮选机	XCFII/KYFII-4	槽	11	15
14	五次精浮选机	XCFII/KYFII-4	槽	6	15
15	六次精浮选机	XCFII/KYFII-4	槽	6	15
16	七次精浮选机	XCFII/KYFII-4	槽	7	15
17	八次精浮选机	XCFII/KYFII-4	槽	7	15
18	九次精浮选机	XCFII/KYFII-4	槽	7	15
19	搅拌磨	$13m^3$	台	14	75×2
20	立式全自动压滤机	HDLY/Ⅰ-15	台	1	7.5
21	立式全自动压滤机	HDLY/Ⅱ-60	台	1	15
22	流化床干燥机	GLW-3	台	1	
23	流化床干燥机	GLW-15	台	1	

3.4.4.5　先进技术

A　再磨设备搅拌磨的应用

再磨设备选用先进的搅拌磨代替了传统的砂磨机，并对转子类型、球料比、搅拌转速等关键设备参数进行控制优化，即实现矿物有效解离，又兼顾石墨鳞片结构保护。搅拌磨具有单台设备处理量大、生产效果好、生产效率高、节能降耗等优点，对大鳞片有一定的保护作用。

B 脱水设备立式压滤机的应用

目前国内石墨工业常用的脱水设备为折带过滤机、转鼓真空过滤机、真空带式过滤机、板框压滤机等，折带过滤机产品水分为 36%~38%，连续作业；板框压滤机产品水分为 26%~28%，间断作业。水分普遍比较高，通过多年研究调查，发现立式压滤机特别适用于石墨的脱水，其最终产品的水分能达到 16%~18%。且单台处理量大，大大降低了干燥工段的能耗。

立式全自动压滤机与板框式压滤机相比具有如下特点：

首先，生产能力大，自动化程度高。过滤、挤压、洗涤、二次挤压、风干、卸饼六个程序全部采用全自动控制，连续工作，且具有自诊断和自动报警功能。相同面积生产效率大大提高；其次，产品滤饼含水率低，由于最大挤压压力达到 1.6MPa，再经压缩空气风干，可得到水分很低的滤饼，经过在石墨领域的设备试验，压滤后水分可降低至 18%以下，在相同情况下，比板框压滤机滤饼水分低 10 个百分点，可为后续的干燥工序节省大量的能源；最后，增加了洗涤工序，洗涤效果好，滤布正反面可交替过滤，有自洁再生性能。滤布为水平放置，滤饼厚度均匀，滤饼厚度可达 45mm；另外，设备的结构紧凑。采用是四柱立式装置，设备占地面积小。

3.4.4.6 经济效益情况

产品年平均总成本费用 20681.22 万元，单位产品年平均总成本费用 3487.56 元/t，单位产品制造成本 3346.01 元/t，见表 3-18。

表 3-18 高碳石墨产品制造成本计算表 产量：5.93 万吨

序号	成本项目及名称	单价 /元 · t^{-1}	年消耗量 /t	总成本 (含税)/元	总成本 (不含税)/元	单位成本 /元 · t^{-1}
一	原材料消耗	35	1500000	52500000	45258621	763.21
二	辅助材料消耗			25877050	22307802	376.19
1	捕收剂煤油	2500	165	412500		
2	起泡剂 2 号油	15000	150	2250000		
3	钢衬板	12000	57	684000		
4	钢球	6000	1000	6000000		
5	陶瓷球	6500	1186	7709000		
6	包装袋	120	59300	7116000		
7	其他材料			1705550		
三	生产用动力			29200080	25186448	424.73
1	电①	6000	4817.18	28903080	24916448	420.18
2	水②	3000	99	297000	270000	4.55
四	生产用燃料-天然气③	32300	446.328	14416394	13105813	221.01

续表 3-18

序号	成本项目及名称	单价 /元 · t^{-1}	年消耗量 /t	总成本 (含税)/元	总成本 (不含税)/元	单位成本 /元 · t^{-1}
五	生产工人工资及福利费④	60000	124	7440000	7440000	125.46
六	制造费用					
	其中：折旧费			16639700	16639700	
	修理费			6000000	6000000	
	尾矿运输和处理费	42	1440000	60480000	60480000	
	其他费用			2000000	2000000	
	小计			85119700	85119700	1435.41
	制造成本合计			214553224	198418384	3346.01

①电单位为万千瓦 · 时；②水单位为万立方米；③生产用燃料—天然气单位为立方米；④生产工人工资及福利费为人 · 年。

选厂全部产品工厂交货后。年均销售收入为 27136.99 万元。

项目总投资 26663.24 万元，建设投资 23609.36 万元。年均净利润 4686.47 万元，见表 3-19。

表 3-19　财务评价指标汇总表　　单位：万元

序号	项目名称	数据
1	项目总投资	26663.24
	其中建设规模总投资	24686.57
1.1	建设投资	23609.36
1.2	建设期利息	230.06
1.3	流动资金	2823.82
	其中铺底流动资金	847.15
2	资金筹措	26663.24
2.1	项目资本金	15000
2.2	项目债务资金	11663.24
3	年均销售收入	27136.99
4	年均总成本费用	20681.22
5	年均销售税金及附加	207.15
6	年均增值税	2589.29
7	年均息税前利润（EBIT）	6384.6
8	年均利润总额	6248.62
9	年均所得税	1562.16

续表 3-19

序号	项目名称	数据
10	年均净利润	4686.47
11	总投资收益率/%	23.95
12	投资利税率/%	33.92
13	项目资本金净利润率/%	31.24
14	贷款偿还期	
	银行贷款/a	3.04
15	平均利息备付率/%	1372.37
16	平均偿债备付率/%	183
17	项目投资税前指标	
	财务内部收益率/%	29.56
	财务净现值（I=10%）	30153
	全部投资回收期/a	4.38
18	项目投资税后指标	
	财务内部收益率/%	23.57
	财务净现值（I=10%）	19943.65
	全部投资回收期/a	5.11
19	资本金内部收益率/%	28
20	盈亏平衡点	
	生产能力利用率/%	60.34
	销售价格/%	76.05

3.4.5 黑龙江省鸡西市某石墨矿

3.4.5.1 矿山基本情况

矿区位于黑龙江省鸡西市滴道区平安村，行政区划属鸡西市滴道区管辖，地理极值坐标：东经 130°35′30″~130°39′30″，北纬 45°21′30″~45°24′00″。位于鸡西市北西方向，距市中心直线距离 30km，有乡村水泥公路连通 201 国道，距最近的滴道火车站 15km。

该组岩石分布在强风化带以下，岩性种类复杂，主要为变质岩、石墨片岩、混合岩、变粒岩、大理岩等。

探矿权范围内石墨工业矿石量为（332）+（333）3686.30 × 10^4t，矿物量为 309.19×10^4t，固定碳平均品位为 8.39%。其中控制的内蕴经济石墨资源矿石量为（332）2636.42 × 10^4t，矿物量为 221.79×10^4t，固定碳平均品位为 8.41%；推断的内蕴经济石墨资源矿石量为 (333)1049.95 × 10^4t， 矿物量为 87.40×10^4t，固定碳平均品位为 8.32%。

3.4.5.2　矿床地质特征

A　工程地质岩组特征

矿区内岩石主要为变质岩，节理裂隙发育，风化带发育深度为 12.00～69.20m，平均深度为 30.13m。根据岩石物性差异，风化程度，节理裂隙发育程度将矿区岩土体划分为两个岩组，即软弱岩岩组，半坚硬-坚硬岩岩组。

a　软弱岩岩组

该岩组包括第四系残坡积层和强风化带岩层，第四系残坡积层由黏土、碎石土组成，厚为 0.5～4.0m，风化岩石底界面深度为 12.00～69.20m，该组岩石抗压强度低，稳定性差。

b　半坚硬-坚硬岩岩组

该组岩石分布在强风化带以下，主要为变质岩，岩性种类复杂，石墨片岩、混合岩、变粒岩、大理岩等。该岩组岩石抗压强度高，岩体较完整，稳定不崩解，不易产生不良工程地质现象。

B　断裂构造工程地质特征

工作区东西两侧出露有南北向的通天-青山张性断裂（F22）、大通沟断裂（F24），F22 呈南北向展布，长度约 40km 以上，切割了上太古代和中生代地层，该断裂断续控制了白垩纪沉积，又切割了白垩系地层，可见其为一多期活动的继承性断裂。中段被北西向的席棚沟断裂（F3）及刁岭沟张性断裂（F4）切断，F3 走向呈北西向展布，走向 330°，F4 走向呈北西向展布，走向 307°。矿区内所发现的石墨矿（化）体均位于该向斜的轴部。对石墨矿体影响不大。

3.4.5.3　矿山开采

A　矿床开采技术条件

Ⅰ号矿段位于 a11-a12 勘探线之间，Ⅱ号矿段位于 b05-b06 勘探线之间，Ⅲ号矿段位于 c05-c06 勘探线之间，a11-a12 勘探线之间，北东向长为 1150m；b05-b06 勘探线之间，南东向长为 430m；c05-c06 勘探线之间，北西向长为 500m。各矿体赋存标高为+155.00～+515.00m 正地形之上。矿体埋深浅，覆盖层较薄，单工程剥采比大多小于 4，外剥离厚度也一般，十分有利于露天开采。

B　开采方式

未来矿山拟采用露天开采。

C　采剥方法

阶梯式开拓，最终境界坡面角不大于 60°，采用机械凿岩，炸药爆破，勾机倒堆装车，汽车运输，开采最终底标高 270m。

露天开采最终底标高：根据境界剥采比等于经济合理剥采比的原则及矿床最低侵蚀基准面等情况，经计算露天开采最终底标高为 270m。

最终边坡角：根据工程地质力学测试结果，围岩及矿体属半坚硬—坚硬岩组，岩石抗压强度为 30.7～127.3MPa，参考露天开采坡面角一般技术要求，露天开采最终边坡角采用不大于60°。

露天采场底部最小宽度：露天开采拟采用挖机装载，公路运输，参考露天采场底部最小宽度一般技术要求，露天采场底部最小宽度为不小于 40m。

露天开采顶帮：石墨矿体顶帮岩性为花岗混合岩、黑云斜长变粒岩、石英片岩。剖面上矿体边界倾角为 25°～84°，远小于最终边坡角，剖面上矿体边界线即为顶帮界线。

露天开采底帮：根据开采矿体底标高及露天采场底部最小宽度及最终边坡角在的要求，计算单工程底帮开采点，用直线将所有单工程底帮开采点连接，即露天开采底帮界线。

3.4.5.4 选矿情况

A 选矿厂概况

选矿厂设计为 60 万吨/a 矿石处理量，矿石入选品位为 $w(C)=10\%$，石墨的选矿方法有浮选、电选、重选等，目前应用最广泛的是浮选法。具体的选矿流程包括破碎—高压辊磨—粗选—分质分选—浮选—再磨—脱水—干燥—筛分等作业。

本项目原矿入料粒度为 700mm，采用两段一闭路破碎流程，破碎后的入高压辊磨粒度为 40mm。采用高压辊磨代替传统的细碎及粗磨，辊压后细度为 $-150\mu m$（−100 目）占 55%～60%。

B 选矿主要产品

270μm(+50 目）高碳石墨（95%）： 0.20 万吨/a

−270～180μm(−50～+80 目）高碳石墨（95%）： 0.40 万吨/a

−180～150μm(−80～+100 目）高碳石墨（95%）： 0.61 万吨/a

−150μm(−100 目）高碳石墨（95%）： 3.34 万吨/a

C 选矿工艺流程

原矿石从采矿场采出后，通过转运车送至采矿场破碎车间的原料仓，经振动给料机送至 C120 颚式破碎机进行破碎，粗碎后物料经皮带运输机运至筛分车间的 CVB1845 振动筛进行预先检查筛分，筛上物料由皮带返回破碎车间，进入一台 GP200S 圆锥破碎机进行细碎，细碎后的物料再和粗碎后物料一起进入振动筛进行筛分，从而组成破碎筛分的闭路循环，CVB1845 振动筛的筛下物料为破碎后的合格物料，由皮带运输机送入选矿厂粉矿仓。

粉矿仓设置有圆盘给料机、皮带运输机，粉料仓内物料经圆盘给料机给入皮带运输机，经皮带运输机给入缓冲料仓，经振动给料机给入HPGR12060高压辊磨机，高压辊磨机破碎后的物料经溜槽给入缓冲池内，加水将其浓度调至约30%后，经砂浆泵送至3661直线振动筛，直线振动筛的筛上物料给入缓冲料仓内和皮带运输机的原料一起给入高压辊磨机进行破碎，形成闭路循环。

直线振动筛的筛下物料，经渣浆泵送至XBN4×4搅拌桶进行加药加水搅拌，物料经搅拌均匀后，依次进入粗选、一次扫选、粗选后料浆进入分质分选，分成粗、细粒级两种物料，粗颗粒矿浆采用五次精选、四次再磨的浮选流程，细颗粒矿浆采用两次浮选机精选、两次浮选柱精选、四次再磨的浮选流程。最终浮选石墨精矿，用泵送至脱水干燥车间。

浮选尾矿矿浆泵送至斜板浓密机，通过斜板浓密机浓密后，尾矿滤饼送入附近煤矿采矿场的采空区进行回填，尾矿澄清水返回回用水池回用。

浮选精矿经过HVPF-84立式全自动压滤机进行压滤，再经过盘式干燥机干燥后得到石墨精矿干粉，再送至筛分包装车间的高频振动筛进行筛分，筛出270μm(50目)、180μm(80目)、150μm(100目)和-150μm(-100目)的各个粒级的石墨精矿产品，分别进入相应的成品仓，再由自动包装系统包装、码垛后运至成品库。

选厂产生的尾矿泵送至尾矿压滤车间，经浓缩压滤后进行干堆。

D　选矿主要设备（见表3-20）

表3-20　选矿主要设备

序号	设备名称	规格型号	单位	数量	功率/kW	备　注
1	颚式破碎机	C120	台	1	160	
2	圆锥破碎机	GP200S	台	1	160	
3	圆振筛	CVB1845	台	1	22	
4	粉矿仓	ϕ8000，直段高11m	个	1		
5	高压辊磨机	HPGR12060	台	1	2×315	
6	直线振动筛	3661	台	1	55	
7	搅拌桶	XBN4×4	台	1	45	
8	粗选浮选机	XCFII/ KYFII-40	套	8	705	总功率
9	扫选浮选机	XCFII/ KYFII-40	槽	6	525	总功率
10	分质设备	ϕ1200×6000	台	2		
11	搅拌磨（一段粗）	13m^3	台	1	150	

续表 3-20

序号	设备名称	规格型号	单位	数量	功率/kW	备 注
12	一次精浮选机（粗）	JJF-10/SF-10	槽	6	227.5	总功率
13	搅拌磨（二段粗）	$13m^3$	台	1	150	
14	二次精浮选机（粗）	JJF-4/SF-4	槽	8	93	总功率
15	搅拌磨（三段粗）	$13m^3$	台	1	150	
16	三次精浮选机（粗）	JJF-4/SF-4	槽	6	61.5	总功率
17	搅拌磨（四段粗）	$13m^3$	台	1	150	
18	四次精浮选机（粗）	JJF-2.8/SF-2.8	槽	6	147	总功率
19	五次精浮选机（粗）	JJF-2.8/SF-2.8	槽	6	147	总功率
20	搅拌磨（一段细）	$13m^3$	台	1	150	
21	一次精浮选机（细）	JJF-10/SF-10	槽	6	227.5	总功率
22	搅拌磨（二段细）	$13m^3$	台	1	150	
23	二次精浮选机（细）	JJF-4/SF-4	槽	6	93	总功率
24	搅拌磨（三段细）	$13m^3$	台	1	150	
25	浮选柱进浆池	2000×2000×2000	个	1		
26	浮选柱进浆泵	65QV-SP	台	2	3	一工一备，变频
27	三次精浮选柱（细）	3000×7000	台	1	75	（含循环泵）
28	搅拌磨（四段细）	$13m^3$	台	1	150	
29	浮选柱进浆池	2000×2000×2000	个	1		
30	四次精浮选柱（细）	3000×7000	台	1	75	（含循环泵）
31	斜板浓密机	ZXN-1500	台	1	11.1	
32	立式全自动压滤机	HVPF-84	台	2	37	
33	盘式连续干燥机	GD3000/18	台	4	15	
34	振动筛	DHMVS2435	台	6	2.1	
35	振动筛	2MVS2435	台	2	3.9	
36	包装机	DCS-25FL	台	3	11	
37	包装机	DCS-1000	台	1	14	

E 综合利用

尾矿产量：76.75t/h，尾矿密度：2.58t/m^3，浓密机底流设计浓度：45%，选厂排尾浓度：16.6%，尾矿粒度：-150μm(-100 目)。

本工程尾矿浆一部分压滤干排后用至厂区周边土地复垦生态恢复用，另一部分充填至附近大通沟煤矿老采空区，从技术层面而言均可行。

a 尾矿压滤

本工程尾矿属于石墨尾矿，尾矿特点是易沉降、难压滤、尾矿黏度大。尾矿压滤设计采用：浓密机底流泵—隔膜板框压滤机—铲车汽车外运的工艺流程。本工艺厂房布置简单、设备环节少、压滤滤饼水分易控制。

b 尾矿充填

尾矿充填采用45%浓度的尾矿浆直接高压送至井下采空区，尾矿在空区内靠干尾矿的自由沉淀堆积充填。浓密机底流矿浆流量约150m^3/h，考虑选厂无自由尾矿库，充填能力需满足24h不间断生产，设计充填能力按150m^3/h考虑。设备配置需两套独立的充填设备及管路系统，确保选厂的连续排尾工作，两套系统互为备用交替生产和检修。区别于传统的采空区封闭充填，井下充填空区不明且涌水量大水位高，为充分利用每个充填钻孔的有效充填空区的利用率，需设计高压法浆液喷浆充填，依靠足够高的出口压力使矿浆尽可能喷洒至更广的有效面积，依靠有效面积内的自由沉淀逐层形成固体充填层，高压喷浆充填也可挤压相对不密实的充填区内的自由水和缝隙，从而增大充填空区利用率。

3.4.5.5 先进技术

该选厂应用了以下技术方面的革新，选用了一流的设备供应商，如选用美卓公司的破碎设备、加拿大CPT公司的浮选柱、北京矿冶研究总院的浮选机、辽宁五寰公司的高压辊磨机等。提高石墨选矿效率，降低能耗。

A 高压辊磨设备的应用

本流程中开创性的引入了高压辊磨机设备，替代传统工艺中的细碎设备和粗磨设备，更好地提高了破碎效率，缩短了工艺流程，降低了生产能耗，同时实现了鳞片石墨在粗磨阶段的晶体结构保护。高压辊磨机采用准静压料层粉碎，是物料与物料之间的相互粉碎，在达到要求的粉碎细度的同时避免了传统粗磨球磨机磨矿过程中球介质对石墨鳞片强大冲击所导致过磨现象。高压辊磨机独特的粉碎方式使得其粉碎效率相对于传统的破碎和球磨技术有明显的提高，显著降低生产能耗及材料消耗。

B 分质分选技术的应用

在传统的石墨工艺流程中，石墨矿浆经过粗选后，直接进入若干段的再磨再选流程中，进行石墨精选，这样做的缺点是：由于粗磨粗选后的石墨精矿粒度和品位分布不均，矿浆中的粗颗粒与细颗粒同时进入再磨时，造成粗粒石墨“过磨”、细粒石墨“欠磨”情况，鳞片保护和精矿提质矛盾无法调和。为了解决上述问题，本项目在石墨行业内第一次引入了分质分选的工业化工艺流程，在粗选后通过分质设备，将矿浆分为粗粒低碳和细粒高碳两种分质产品，根据不同的分质产品的特性分别制定再磨再选工艺流程（包括再磨设备的选择、设备参数的优化，再磨段数的制定），可以更有效的保护石墨中的大鳞片，提高浮选效率。

C 浮选柱的应用

浮选柱具有结构简单、能耗低、工艺流程简化、维修费用低等优点，使得浮选柱在金属选矿领域得到普遍推广应用，并取得了较好的效果。为了探索浮选柱在石墨领域应用的可行性，苏州中材非金属矿设计研究院对此进行了一系列的设备试验，并取得了良好的效果。

与传统的石墨领域浮选机工艺相比，浮选柱分选工艺指标更好，包括提高了精矿品位及有用矿物回收率，并降低浮选药剂消耗；同时，在运行费用方面，浮选柱比同等处理能力的浮选机可减少50%~60%电耗，维修费用低（没有运动部件），在某些情况下可降低药剂耗量；另外，浮选柱有完善的自动控制系统而使浮选过程更稳定，从而可以获得品质更加稳定的石墨产品。

故此，浮选柱在石墨领域的应用，在石墨行业内是一个很大的创新成果。

D 再磨设备搅拌磨的应用

针对不同分质产品的特点，再磨设备选用先进的搅拌磨代替了传统的砂磨机，并对转子类型、球料比、搅拌转速等关键设备参数进行控制优化，即实现矿物有效解离，又兼顾石墨鳞片结构保护。搅拌磨具有单台设备处理量大，生产效果好，生产效率高，节能降耗，对大鳞片有一定的保护作用。

E 脱水设备立式压滤机的应用

目前国内石墨工业常用的脱水设备为折带过滤机、转鼓真空过滤机、真空带式过滤机、板框压滤机等，折带过滤机产品水分为36%~38%，连续作业；板框压滤机产品水分为26%~28%，间断作业。水分普遍比较高，通过多年研究调查，发现立式压滤机特别适用于石墨的脱水，经过吉林通化某石墨选矿厂的实际生产，其最终产品的水分能达到16%~18%。且单台处理量大，大大降低了干燥工段的能耗。

立式全自动压滤机与板框式压滤机相比具有如下特点：

首先，生产能力大，自动化程度高。过滤、挤压、洗涤、二次挤压、风干、卸饼六个程序全部采用全自动控制，连续工作，且具有自诊断和自动报警功能。相同面积生产效率大大提高；其次，产品滤饼含水率低，由于最大挤压压力达到1.6MPa，再经压缩空气风干，可得到水分很低的滤饼，经过在石墨领域的设备试验，压滤后水分可降低至18%以下，在相同情况下，比板框压滤机滤饼水分低10个百分点，可为后续的干燥工序节省大量的能源；最后，增加了洗涤工序，洗涤效果好，滤布正反面可交替过滤，有自洁再生性能。滤布为水平放置，滤饼厚度均匀，滤饼厚度可达45mm；另外，设备的结构紧凑。采用是四柱立式装置，设备占地面积小。

F　干燥设备

盘式连续干燥机是一种高效的传导型连续干燥设备。其独特的结构和工作原理决定了它具有热效率高、能耗低、占地面积小、配置简单、操作控制方便、操作环境好等特点。

盘式连续干燥机的工作原理：湿物料自加料器连续地加到盘式连续干燥机上部第一层干燥盘上，带有耙叶的耙臂作回转运动使耙叶连续地翻炒物料。物料沿指数螺旋线流过干燥盘表面，在小干燥盘上的物料被移送到外缘，并在外缘落到下方的大干燥盘外缘，在大干燥盘上物料向里移动并从中间落料口落入下一层小干燥盘中。大小干燥盘上下交替排列，物料得以连续地流过整个干燥机。中空的干燥盘内通入加热介质，加热介质型式有饱和蒸汽、热水和导热油，加热介质由干燥盘的一端进入，从另一端导出。已干物料从盘式连续干燥机的最后一层干燥盘落到壳体的底层，最后被耙叶移送到出料口排出。水分从物料中逸出，由设在顶盖上的排湿口排出，真空型盘式连续干燥器的湿气由设在顶盖上的真空泵口抽出。从底层排出的干物料可直接包装。

G　斜板浓密机的应用

本项目在尾矿应用了斜板浓密机作为尾矿浓缩设备，该设备结构紧凑、占地面积小、单位面积处理量大，工作可靠、操作维护简单、沉降效果好，泛应用于市政、环保、化工、电力、食品、轻纺、矿冶等工业、民用、给排水工程的浊水澄清、污水处理、废水回用等领域。本项目将此设备应用在石墨领域，使得本工艺处于石墨尾矿处理领域的领先水平。

H　尾矿回填，共建绿色矿山

本着对矿产资源开发与环境保护相协调，最大限度地减少对自然环境的破坏的宗旨，本项目企业拟与周边煤炭生产企业联合治理采区，共建绿色矿山，即在尾矿经过了斜板浓密机浓缩以后，尾矿浆通过泵送至周围煤矿生产企业的采空区中，进行回填，这样既减少了建设专门尾矿库所带来的安全隐患，又为周边采空区实现复垦创造了积极条件，是本企业积极践行《非金属矿行业绿色矿山建设规范》的要求，符合国家倡导的“边开采、边治理、边恢复”的生产原则，因周边煤矿仍在正常开采，故在本项目设计服务年限内，尾矿的消化渠道也得以保障，同时也可以尽快治理恢复矿山地质环境。

3.4.5.6　经济效益情况

产品年平均总成本费用为11423.59万元，单位产品制造成本为2510.68元/t，直接制造成本为2143.99元/t，见表3-21。

表 3-21 石墨精矿制造成本计算表 产量：4.55 万吨/a

序号	成本项目及名称	单价 /元·t^{-1}	年消耗量 /t	总成本 (含税)/元	总成本 (不含税)/元	单位成本 /元·t^{-1}
一	原材料消耗	45	600000	27000000	23275862	511.56
二	辅助材料消耗			15338000	13222414	290.60
1	捕收剂煤油	2500	66	165000		
2	起泡剂 2 号油	15000	60	900000		
3	再磨机消耗（陶瓷球）	6500	910	5915000		
4	备品备件			2000000		
5	包装袋	120	45500	5460000		
6	其他材料			898000		
三	生产用动力			18829170	16244992	357.03
1	电①	6000	3092.30	18553800	15994655	
2	水②	3000	91.79	275370	250336	
四	生产用燃料-煤	450	15520	6984000	6020690	132.32
五	生产工人工资及福利费③	60000	130	7800000	7800000	171.43
六	制造费用					
	其中：折旧费			12897700	12897700	
	修理费			5000000	5000000	
	尾矿费	20	554500	11090000	11090000	
	其他费用			2000000	2000000	
	小计			30987700	30987700	681.05
	制造成本合计			106938870	97551657	2143.99

①电单位为万千瓦·时；②水单位为万立方米；③生产工人工资及福利费单位为人·年。

选厂全部产品工厂交货后。年均销售收入为 18284.5 万元。

项目总投资为 22162.35 万元，建设投资为 20283.85 万元。年均净利润为 4975.02 万元，见表 3-22。

表 3-22 财务评价指标汇总表 单位：万元

序号	项 目 名 称	数据
1	项目总投资	22162.35
	其中建设规模总投资	21087.45
1.1	建设投资	20283.85
1.2	建设期利息	342.93
1.3	流动资金	1535.57
	其中铺底流动资金	460.67
2	资金筹措	22162.35
2.1	项目资本金	6648.45

续表 3-22

序号	项目名称	数据
2.2	项目债务资金	15513.9
3	年均销售收入	18284.5
4	年均总成本费用	11423.59
5	年均销售税金及附加	227.55
6	年均增值税	1896.28
7	年均息税前利润（EBIT）	6772.88
8	年均利润总额	6633.35
9	年均所得税	1658.34
10	年均净利润	4975.02
11	总投资收益率/%	30.56
12	投资利税率/%	39.51
13	项目资本金净利润率/%	74.83
14	贷款偿还期	
	银行贷款/a	3.65
15	平均利息备付率/%	1107.04
16	平均偿债备付率/%	132.41
17	项目投资税前指标	
	财务内部收益率/%	38.92
	财务净现值（$I=10\%$）	35781.96
	全部投资回收期/a	3.52
18	项目投资税后指标	
	财务内部收益率/%	30.61
	财务净现值（$I=10\%$）	24651.19
	全部投资回收期/a	4.17
19	资本金内部收益率/%	47.26
20	盈亏平衡点	
	生产能力利用率/%	41.12
	销售价格/%	63.06

3.4.6 湖南省郴州市微晶石墨矿

3.4.6.1 矿山基本情况

太竹石墨矿位于桂阳县城东南方位，直线距离约 14km，矿区中心地段处于太和镇以东约 7km，行政隶属桂阳县太和镇太竹村。矿山交通以公路为主，向西

7km 至太和镇与省道 214 线相连，再沿 214 线北行 13km 达桂阳县城，与夏蓉高速公路相通，沿省道 322 线东行可与京珠高速公路、107 国道及京广铁路、武广高铁郴州车站相接，交通较为方便。

矿石主要由石墨（碳质物）、黄铁矿、石榴石、石英、长石、黑云母、红柱石、空晶石等组成。

太竹石墨矿矿区范围内石墨保有资源储量为（122b+333+333 低）33.6 万吨，其中工业矿体基础储量为（122b）1.6 万吨，资源量为（333）7.5 万吨。低品位矿资源量为 24.5 万吨。

3.4.6.2 矿床地质特征

A 矿床地质

a 地层

矿山出露地层由新至老有：第四系（Q）、二叠系上统龙潭组（P2l）、二叠系下统当冲组（P1d）、二叠系下统栖霞组（P1q）、石炭系中上统壶天群（C2+3）。

（1）第四系（Q）。分布于矿区溪谷、冲沟、山坡、山麓等低洼地带，主要为一套冲积、坡积、残积等不同成因类型的混合堆积物，主要有黄色黏土、亚黏土、亚砂土夹硅质岩、砂岩、泥岩、花岗岩等碎块，厚度为 0~25.0m，平均厚约为 3m，与下伏地层呈不整合接触。

（2）二叠系上统龙潭组（P2l）。为矿井主要出露地层。按照岩相和含矿性的不同，分为下、上两段。上段按岩性特征及含矿情况自上而下划分 4 个沉积旋回，含矿Ⅰ、Ⅱ、Ⅲ、Ⅳ四组，为区内含矿地层。下段主要由泥岩和粉砂岩组成。

1）上段（P2l2）。本段顶部Ⅰ石墨矿组地层被剥蚀。

①灰黑色强角岩化状粉砂质泥岩—石英云母角岩，厚度为 0.7~5.0m。

②强变质细粒石英砂岩—石英岩，常相变为强变质粉砂岩，厚为 0.81~4.91m。

③深灰色强角岩化粉砂质泥岩—石英云母角岩，上部为含少量黄铁矿结核黑色强红柱石角岩化泥岩，下部为薄层状强石墨化页岩，厚为 3.99~86.51m。

④Ⅱ1 矿层，不发育，仅具层位。

⑤深灰色强角岩化粉砂质泥岩—石英云母角岩，有时相变为强变质粉砂岩，厚为 0.00~11.42m。

⑥Ⅱ2 矿层，不发育，仅具层位。

⑦深灰色强角岩化粉砂质泥岩—石英云母角岩，厚为 1.87~37.95m。

⑧灰~浅灰色强变质粉砂岩，厚为 0.00~4.87m。

⑨灰色强变质细粒石英砂岩—石英岩，厚为0.00~2.16m。

⑩灰黑色强角岩化粉砂质泥岩—石英云母角岩，厚为0.00~10.61m。

⑪Ⅱ3矿层，矿区范围内多呈线状产出，强石墨化，厚为0~0.1m。不可采。

⑫灰黑色强角岩化粉砂质泥岩—石英云母角岩，厚为1.0~4.73m。

⑬深灰色强变质粉砂岩，厚为0.63~44.95m。

⑭变质细粒石英砂岩—石英岩，厚为2.45~4.8 m。

⑮灰~灰黑色变质石英粉砂岩夹强石墨化页岩—变质粉砂岩夹石墨化红柱石角岩或石英电气石角岩，厚为0.00~18.74m。

⑯Ⅲ1矿层，不发育，仅具层位。

⑰深灰~灰黑色红柱石化泥岩—黑云母红柱石空晶角岩，厚为0.81~19.67m。

⑱变质粉砂岩夹变质石英砂岩—石英岩，厚为0.00~1.89m。

⑲Ⅲ2矿层，矿区范围内多呈线状产出，不可采。

⑳灰黑色强角岩化粉砂质泥岩—石英白云母角岩，局部相变为变质粉砂岩或细粒变质石英砂岩，厚为1.22~36.13m。

㉑Ⅲ3矿层，根据钻孔和巷道揭露矿层厚度为0.2~1.6m，为局部可采矿层，平均厚度为0.80m。

㉒灰黑色强角岩化粉砂质泥岩—石英云母角岩，厚为10.42~133.08m。

㉓中细粒变质长石石英砂岩—云母石英角岩，一般含同沉积泥岩砾为特征，厚为0.00~23.85m。

㉔灰黑色强角岩化粉砂质泥岩—石英云母角岩或云母石英角岩，局部相变为变质长石石英砂岩，厚为0.00~1.00m。

㉕Ⅳ1矿层，矿区范围内不发育，不可采。

㉖灰黑色强角岩化粉砂质泥岩—石英云母角岩，厚为0.67~48.79m。

㉗灰白色强变质中粒石英砂岩—石英岩，局部含长石，上部具斜层理，厚为0.00~5.00m。

㉘灰黑色强角岩化粉砂质泥岩—含黄铁矿结核石英云母角岩，厚为0.00~9.84m。

㉙Ⅳ2矿层，根据钻孔和巷道揭露矿层厚度为0.03~2.2m，为局部可采矿层，平均厚度为0.70m。

㉚灰黑色强黑云母红柱石化泥岩—黑云母红柱石空晶石角岩，含黄铁矿结核，厚为1.08~40.35m。

㉛变质细粒石英砂岩—石英岩，厚为0.00~2.5m。

㉜灰黑色强黑云母红柱石化泥岩—黑云母红柱石空晶石角岩，含黄铁矿结核，结核外部具黑云母石榴石角岩环带，厚为0.00~17.01m。

㉝Ⅳ3 矿层，根据钻孔和巷道揭露矿层厚度为 0.02~3.0m，为局部可采矿层，平均厚度为 0.88m。

㉞强角岩化粉砂质泥岩—石英云母角岩，厚为 0.00~69.71m。

㉟浅灰~灰白色强变质细粒石英砂岩—石英岩，厚为 2.0~10.75m。

全段厚为 90.0~324m，平均为 139.86m。为主要含矿段与下段整合接触。

2）下段（P2l1）。

①浅灰色变质粉砂岩，厚为 0.00~54.77m。

②灰色变质中细粒长石石英砂岩夹变质粉砂岩—变质砂岩或云母石英角岩，厚为 0.57~5.00m。

③浅灰色变质粉砂岩夹强黑云母红柱石化或石英葡萄石化泥岩—云母石英角岩夹黑云母红柱石空晶石角岩或石英葡萄石角岩，厚为 0.00~1.80m。

④灰色强角岩化粉砂质泥岩—石英云母角岩，厚为 0.00~24.00m。

⑤变质石英粉砂岩夹变质细粒长石石英砂岩—变质粉砂岩夹云母石英角岩，厚为 0.80~2.00m。

⑥浅灰色强角岩化粉砂质泥岩夹变质粉砂岩—石英云母角岩夹变质石英粉砂岩，厚为 0.00~50.75m。

⑦变质粉砂岩夹云母石英角岩，厚为 0.81~5.00m。

⑧黑云母红柱石角岩—变质石英粉砂岩。含黑云母石榴石结核，厚为 0.00~71.29m。

本段全厚为 205~284.0m，平均为 217.1m，为不含矿层，与下伏地层假整合接触。

（3）二叠系下统当冲组（P1d）。该组地层分布于矿山西部。下部：灰色~灰黑色薄层~中层状硅质泥岩夹透镜状灰岩；岩石坚硬而性脆，节理发育，风化后呈黄白色、褐黄色，产丰富的菊石、腕足类化石。上部：浅灰色~灰黑色薄层~中厚层状含铁锰质硅质页岩，隐晶质结构。全组厚为 15~35m，与下伏地层整合接触。

（4）二叠系下统栖霞组（P1q）。该组出露于矿山西部。中下部为灰色致密块状灰岩，击之具有硫臭味；上部为灰色薄层~厚层状泥质灰岩、钙质页岩夹透镜状灰岩。全组厚为 75~100m，与下伏地层整合接触。

（5）石炭系中上统壶天群（C2+3）。出露于矿区西部及外围。灰色~灰白色厚层状结晶灰岩、白云质灰岩及白云岩，变质作用形成了大理岩化灰岩。产蜓类、珊瑚类化石。厚为 194~323m。

b 构造

（1）矿区构造。

矿区处于东南褶皱系，湘桂粤赣褶皱带南岭褶皱带次一级构造鲁塘—沙田复式向斜，更次级褶皱主要分布于向斜东翼，规模较大的有崩塘—磨刀水背斜、长沙岭—婆婆岭向斜。

鲁塘—沙田向斜纵贯矿区南北，东翼地层被骑田岭花岗岩岩体破坏，西翼出露地层完整。

太清石墨矿段位于鲁塘—沙田复式向斜构造的次级褶皱部位，太竹石墨矿位于太清石墨矿段的最北段。

（2）矿山构造。

矿山构造特点与矿区构造基本一致，总体构造呈北东—北北东向复式向斜构造形态。东部为骑田岭花岗岩岩体，西部被 F8 正断层破坏，矿山内次级褶皱发育，矿山中北部发育 F20 逆断层。

1）褶皱。矿山次级褶皱构造发育，自东向西主要有向 1、背 1、向 2、背 2、向 3、背 3、向 4 等次级褶皱，轴向北东—北北东向。褶皱核部及两翼地层为龙潭组，地层倾角为 22°~82°，一般 45°~59°。

向 1：位于矿山东部，纵贯矿山，中北部被 F20 切断，轴向北东~北北东向，轴面近垂直稍向西倾，西翼地层倾角为 40°~75°，东翼地层倾角为 30°~60°，部分地层被花岗岩侵蚀。

背 1：位于向 1 西侧，纵贯矿山，与向 1 大致平行，中北部被 F20 切断，轴向北东~北北东向，轴面基本垂直，西翼地层倾角为 30°~80°，向 1 至背 1 之间有更次级褶曲构造。

向 2：位于背 1 西侧，纵贯矿山，中北部被 F20 切断，轴向北东~北北东向，轴面基本垂直，西翼地层倾角为 35°~82°。

背 2：位于向 2 西侧，纵贯矿山，中北部被 F20 切断，轴向北东~北北东向，轴面基本垂直，西翼地层倾角为 30°~65°。

向 3：位于背 2 西侧，中北部被 F20 切断，中部被 F8 断层断失部分，轴向北东~北北东向，轴面基本垂直，西翼地层倾角为 22°~80°。

背 3：位于向 3 西侧矿山西南部，北端被 F8 断层断失，轴向北东~北北东向，轴面轴面基本垂直，西翼地层倾角为 30°~80°。

向 4：位于矿山西南部背 3 西侧，北端被 F8 断层断失，轴向北东~北北东向，轴面直立，西翼地层倾角为 40°~58°。

2）断裂。矿区西部正断层 F8，中北部逆断层 F20。

F8 正断层：位于矿山西部，纵贯矿山，走向为 20°~52°，倾向东南，倾角约为 70°，断距约为 60m，该断层在矿山内切割石墨矿层，矿层浅部被断失，中北部被逆断层 F20 切断。

F20 逆断层：位于矿山中北部，横贯矿山，走向为 154°~90°，倾向西南，倾角约为 50°，断距约为 100m，在矿山内切割石墨矿层。

综上所述，矿山内构造以褶皱发育为主、断裂次之为特征，构造复杂程度为中等类型。

（3）岩浆岩。

矿山东侧即为骑田岭酸性花岗岩体（Y52），出露面积大，原太竹电站井为465m巷道见花岗岩。岩体岩性以灰白色—肉红色细中粒斑状角闪石黑云母花岗岩为主，靠近围岩为淡红色—灰白色中细粒或中粒石榴石黑云母花岗岩。坑道所见近岩体处的围岩无交代混杂作用，围岩有烘烤现象，呈紫红色，并具色晕，岩体为淡红色—灰白色中细粒或中粒石榴石黑云母花岗岩。

由于岩浆侵入作用使围岩发生了强烈的热变质作用，形成了较宽的变质带，该带中的煤已全部变质为石墨矿，形成了矿体形态成层状或似层状的隐晶质石墨矿。

石墨矿层为受岩体的热力作用，由赋存于二叠系龙潭组上段的煤层变质而成。

B 矿层特征

a 矿层

本石墨矿区含矿地层为二叠系上统龙潭组上段（P2l2），平均厚度为139.86m。含石墨矿4组共11层，自上而下命名为Ⅰ、Ⅱ、Ⅲ、Ⅳ石墨矿组；除Ⅰ矿组分为两个矿层外，其他各石墨矿组又均分为3个矿层。处于含矿段下部的Ⅲ3、Ⅳ2、Ⅳ3石墨矿层均属局部可采矿层。其矿层特征如下：

（1）Ⅲ3石墨矿层。顶板为强角岩化粉砂岩，部分为石英云母角岩；底板为强变质长石石英砂岩和强角岩化粉砂质泥岩。

矿体厚度为0.1~3.0m，平均为0.98m；全部可采，可采系数为100%，但厚度均不大，仍为不稳定矿层。

（2）Ⅳ2石墨矿层。相距Ⅲ3矿层间距为30~80m，平均为40m。顶板为强角岩化粉砂岩，含黄铁矿结核为特征，个别为变质石英云母角岩；底板为强变质黑云母红柱石、空晶石化含黄铁矿结核泥岩。

矿体厚度为0.1~3.18m，平均为1.27m，可采系数为60%，为不稳定矿层，仅局部可采。

（3）Ⅳ3石墨矿层。相距Ⅳ2矿层间距为40~120m，平均为65m。顶板多为强黑云母红柱石化泥岩，含少量黄铁矿结核；底板为强变质石英砂岩，局部为石英岩。

矿体厚度为0.1~3.0m，平均为0.94m，可采系数为71%，为较稳定矿层，矿井内局部可采。

b 石墨矿层和矿质对比

（1）稳定性对比。Ⅲ3、Ⅳ2、Ⅳ3三矿层在太清石墨矿段基本都是局部可采矿层。但对比中Ⅳ3 矿层较前两层较稳定一点，在本矿井内属较稳定矿层。其余Ⅰ1、Ⅱ1、Ⅱ2、Ⅱ3、Ⅲ1、Ⅲ2 和Ⅳ1 矿层均不可采。

(2) 矿石特征对比。Ⅲ3 矿层呈粉末状结构，少数具参差状断口，矿石密度为 2.22t/m^3；Ⅳ2 密度最小，仅为 2.06t/m^3；Ⅳ3 矿层具有块状结构，参差状断口，密度最大，为 2.28t/m^3。

(3) 硫分对比。Ⅲ3 矿层含硫最高为 0.26%，平均为 0.11%。Ⅳ2 矿层含硫高者为 0.74%，平均为 0.46%。Ⅳ3 矿层高者为 2.72%，平均为 0.56%。

3.4.6.3　矿山开采

A　矿床开采技术条件

本石墨矿区含矿地层为二叠系上统龙潭组上段（P2l2），平均厚度为 139.86m。含石墨矿 4 组共 11 层，自上而下命名为Ⅰ、Ⅱ、Ⅲ、Ⅳ石墨矿组；除Ⅰ矿组分为两个矿层外，其他各石墨矿组又均分为 3 个矿层。处于含矿段下部的Ⅲ3、Ⅳ2、Ⅳ3 石墨矿层均属局部可采矿层。

B　开采方式

本矿井的开采矿层保有资源储量埋深较大，若采用露天开采，剥采比偏大，经济上不合理，且矿井已经采用地下开采方式，故本方案确定采用地下开采方式。

C　采剥方法

开采顺序总的原则是由近至远、从上到下，区内后退式开采。

本矿井范围内的石墨保有资源储量主要分布为+450~+180m 标高段，依据矿井的实际情况及矿层赋存条件，本矿井在保有资源储量估算范围内划分为两个水平，一水平+415m、二水平+180m；一个水平划分一个采区，一水平一个采区为 11 采区，开采标高：+450~+415m；二水平一个采区为 21 采区，开采标高：+415~+180m。首采区为Ⅲ3 矿层 11 采区。采区内区段间采用下行开采顺序；采区内回采工作面采用后退式开采顺序；矿层间采用下行开采顺序，即Ⅲ3-Ⅳ2-Ⅳ3。根据矿井开拓系统，在完成采区主要巷道后，布置工作面区段运输巷、工作面区段回风巷等工程，形成正规工作面，构成完整的运输、通风系统后，安装采掘设备及安全监测监控系统，经试运转合格后，即可正式生产。

主提升设备：主井选用 2JK-2.0×1.0 型提升机，配套电机 YPT355L1-8，200kW，380V 变频电动机，采用 24NAT6×7+NF1670ZS319202 钢丝绳，提升容器为 KFU0.75-6 型矿车；副井暗斜井采用 RJY37-30/800 型固定抱索器架空人车 1 台，配套电机 0.66kV，30kW。

主通风设备：采用抽出式通风方法，中央并列式通风方式；风井选用 FB-CDZNo16/2×55 型隔爆轴流风机两台，每台通风机配 YBF2-28OM-6，55kW，

380V 电动机两台。

主排水设备：矿井采用 2 级排水，分别在+302m 水平和−150m 水平设立排水系统，担负矿井排水任务。

+302m 排水系统利用 D450−60×4 型自平衡多级离心泵 3 台，每台水泵均配置 YB2 400−4，500kW，10kV 防爆电动机 1 台。排水管选用 ϕ273×12mm 无缝钢管两趟（沿主斜井敷设两趟）。

−150m 排水系统选用 D450−60×9 型自平衡多级离心泵 3 台，每台水泵配 YB25001-4 1000kW，10kV 电动机 1 台，排水管选用 ϕ273×12mm 无缝钢管两趟（沿三级北暗斜井敷设两趟）。

压缩空气设备：利用现有地面建空压机站，采用集中供气方式。根据空压机必需的排气量及出口压力，设计利用一台 WX-110A/W 型螺杆空压机，其配套电动机为额定功率 110kW，空压机工作的产生风量为 20m^3/min，气压为 0. 7MPa；利用一台 SAV250-8A 型螺杆空压机，其配套电动机为额定功率 187kW，空压机工作的产生风量为 30. 1m^3/min，气压为 0. 8MPa，其中一台 WX-110A/W 型螺杆空压机工作，一台 SAV250-8A 型螺杆空压机备用，当发生灾变时一台 WX-110A/W 型螺杆空压机和一台 SAV250-8A 型螺杆空压机投入运行，能满足矿井安全生产的需要。

大巷运输设备：+302m 大巷、−150m 水平大巷运输选用 CTY5/6G88 防爆型蓄电池电机车共两台，一台工作，一台备用。

3. 4. 6. 4 选矿情况

A 选矿厂概况

本项目建设 20 万吨/a 石墨浮选提纯及加工生产线，FC<78%的石墨原矿经过磨矿后，先进入浮选经过一粗一扫三精—中矿浓缩再选后得到 FC>80%的石墨精矿，再进行浓缩压滤成为石墨滤饼，为石墨成品制成提供原料。

B 选矿主要产品

FC>80% 低硫、中硫石墨球（干基）： 10 万吨/a

FC>80%低铁石墨粉（干基）： 4 万吨/a

FC>80% 低硫、中硫石墨粉（干基）： 10 万吨/a

C 选矿工艺流程

石墨原矿开采后先经人工选矿以及相应的筛分处理，再由汽车运输进厂破碎。破碎系统采用“板式喂料机+振动筛+环锤破碎机”的方案：原矿由板式喂料机输送至振动筛，将符合浮选粒度要求的物料筛出，剩余的大块物料进入环锤破碎机破碎至要求粒度。破碎后的石墨原矿由带式输送机输送至联合储库，经由侧式卸料车，按照不同品种等级，分别卸料储存在相应的分区内。储存在联合储库内需要浮选的原矿，经由桥式抓斗起重机抓取至料斗，料斗底部设置定量给料机计量，再经过带式输送机输送至磨浮车间的磨矿设备。

磨矿选用一台溢流型球磨机与一组水力旋流器组成闭路。皮带输送的物料进入球磨机，经过磨矿后排入泵池，由泵扬送至旋流器，旋流器底流自流至球磨机进行磨矿，旋流器溢流自流给入表面改质机，进入选别流程，旋流器溢流的粒度为75%的0.074mm。选别采用一粗一扫三精—中矿浓缩再选浮选流程产出石墨精矿。粗选尾矿进入扫选，粗选泡沫进入经三次精选后自流入精矿浓密机，三次精选的尾矿自流进入泵池，由泵扬送至中矿浓密机进行浓缩，经过中矿浓密机浓缩后的底流与扫选泡沫自流入中矿再选前搅拌桶，经过混匀后进入中矿再选，中矿再选的精矿返回至一次精选，中矿再选的尾矿与扫选尾矿自流入尾矿浓密机。精矿料浆经浓缩机浓缩后，从浓密机底流自流入泵池，再经泵扬送至压滤车间搅拌桶，搅拌后由压滤给料泵给入压滤机，压滤后滤饼通过溜槽进入石墨精矿滤饼中转储存。尾矿料浆经浓缩机浓缩后，从浓密机底流自流入泵池，再经泵扬送至压滤车间搅拌桶，搅拌后由压滤给料泵给入压滤机，压滤后滤饼通过溜槽进入尾矿仓。尾矿由桥式抓斗起重机抓取后，通过汽车运输出厂，销售至附近制砖厂。

储存在中转联合储库内的石墨精矿滤饼，经由桥式抓斗起重机抓取至料斗，料斗底部设置计量设备，再经过带式输送机输送至石墨精粉烘干车间。烘干设备采用烘干锤式破碎机，石墨滤饼先进入叶轮喂料机，由喂料机进入烘干锤式破碎机，石墨滤饼与热空气充分接触、受热、打散、烘干，打散烘干后的石墨粉随气流先经过选粉机选粉，细粉经由一个布袋除尘器进行最终的回收和废气处理，粗粉回至烘干锤式破碎机进行烘干及打散。回收后的石墨精粉由气力输送泵输送石墨粉储库。石墨粉经库底出料后用螺旋泵输送至石墨粉包装及石墨球压球车间干粉仓。

石墨球由浮法提纯之后储存在中转联合储库内的FC>82%石墨滤饼，与FC>80%石墨粉按照比例搭配，并加入一定量的黏结剂，经由强力压球机压制成球。石墨粒由浮法提纯之后储存在中转联合储库内的FC>82%石墨滤饼，与FC>80%石墨粉按照比例搭配，并加入一定量的黏结剂和生产水，经由圆盘制粒机滚动成球。FC>82%石墨滤饼由设置在中转联合储库内的桥式抓斗起重机抓取至料斗，料斗底部设置计量设备，再经过带式输送机输送至石墨球、石墨粒配料车间。FC>80%石墨粉由螺旋泵气力输送至石墨球压球车间干粉仓，经1台双调节螺旋电子秤喂入双轴搅拌机。黏结剂由人工加入黏结剂仓，由底部的计量设备喂至石墨球、石墨粒配料车间的输送皮带上。

上述搭配完成的原料和黏结剂送入双轴搅拌机，经双轴搅拌机混合后，再经强力混合机混合均匀，最后经高压成球机压制成球或圆盘制粒机滚动成粒，成球之后的物料经过滚筒筛，将其中未成球的边角料筛出，并经过输送设备重新喂至成球机进行成球。筛除干净的石墨球和滚动成粒的石墨粒经皮带机输送至带式烘干机烘并冷却至60℃以下，最后由皮带机输送至石墨球、石墨粒包装车间。

根据生产能力和市场需求，石墨球采用两台吨包机进行包装，单台能力为25t/h；石墨粉采用一台回转式包装机进行包装，单袋重量为25kg或30kg，包装能力为60t/h。石墨粒采用两台小袋包装系统进行包装，单袋重量为25kg，单台包装能力为7.5t/h。所有袋装成品储存于同一个仓库内，便于出厂发货管理。

矿山选矿工艺流程图如图3-15所示。

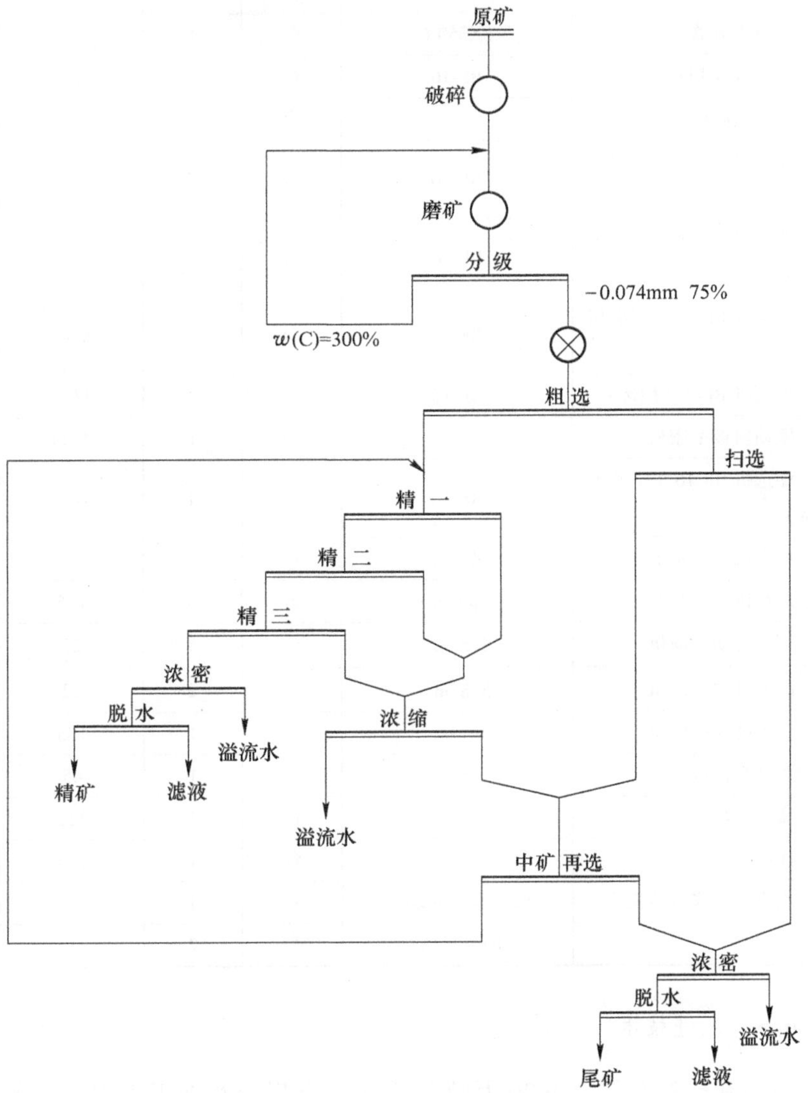

图3-15 矿山选矿工艺流程图

D　选矿主要设备（见表 3-23）

表 3-23　选矿主要设备

序号	设备名称	设备型号	单位	台数	装机容量 /kW · 台	备注
1	破碎机		台	1	37	
2	振动筛		台	1	30	
3	环锤破碎机		台	1	110	
4	湿式格子型球磨机	ϕ2.7×5m	台	1	500	
5	水力旋流器	FX350-6	台	1		
6	浮选机（粗选）	BF-16	台	6	37×6	
7	表面改质机		台	1	75	
8	浮选机 BF-16（一次精选）	BF-16	台	6	37×6	
9	浮选机 BF-16（二次精选）	BF-16	台	5	37×5	
10	浮选机 BF-16（三次精选）	BF-16	台	4	37×4	
11	浮选机 BF-4（扫选）	BF-16	台	3	37×4	
12	振动斜板浓密机		台	1	4.44	
13	浮选机 BF-16（中矿再选）	BF-16	台	4	37×4	
14	浓密机（精矿）	ϕ38m	台	1	7.5	
15	浓密机（尾矿）	ϕ30m	台	1	7.5	
16	高效自动压滤机	5.83m^3	台	3	22	精矿
17	高效自动压滤机	5.83m^3	台	2	22	尾矿
18	烘干锤式破碎机		台	1	185	
19	双轴搅拌机		台	1	45	
20	高压压球机		台	1	315	
21	棒条筛		台	1	1.5	
22	八嘴回转式包装机	25kg/袋，30kg/袋	台	1		
23	吨包机	1000kg/袋	台	2	8	

3.4.6.5　先进技术

南方石墨新材料有限公司 20 万吨/a 石墨浮选提纯及加工工程项目采用浮选工艺对低度石墨原矿进行提纯处理，解决了微晶石墨浮选提纯技术难题，实现了微晶石墨资源的综合利用，最大限度地发挥了本地资源优势。该项技术于2013年3月至2014年3月由南方石墨与中南大学合作开发，由国内浮选行业权威专家冯其明教授具体负责实验组织，采用短流程浮选方法，一粗三精一扫工艺流程，成功实现高回收率、高精矿品位的试验。项目通过磨矿工艺、药剂制度的创新，可低成本的完成产品的转型升级，该项研究成果目前由南方石墨新材料有限公司进行成果转化，建设20万吨/a石墨浮选提纯项目，将是国内第一家采用浮选提纯微晶石墨的生产厂家，也是国内最大的生产线。

3.4.6.6 经济效益情况

A 项目总投资

项目总投资包括建设投资、建设期借款利息、流动资金；建设投资包括固定资产静态投资、设备材料涨价预备金、汇率变动预备费、投资方向调节税等。

a 建设投资

本项目的固定资产静态投资见表3-24，详见投资估算部分。

表3-24 建设固定资产静态投资

序号	名 称	金额/万元
一	固定资产静态投资	25223.34
1	建筑工程费	8971.80
2	设备购置费	9573.41
3	安装工程费	3153.40
4	其他费用	3524.73
二	设备材料涨价预备金、汇率变动预备费	0
三	投资方向调节税	0

b 建设期利息

本项目建设期利息为395.02万元。

c 流动资金

流动资金为2000万元，其中铺底流动资金为600万元。

d 项目总投资

以上三项，合计项目全投资为27618.36万元；若仅含铺底流动资金，则项目总投资为26218.36万元。

B 生产成本与费用计算

成本计算采用无税成本计算方法，各种原燃材料的价格均已扣除进项税金。

a 可变成本计算

(1) 原材料费用（见表3-25）。

表 3-25　原材料费用

序号	名　称	到厂价/元 · t^{-1}	年消耗量/t	年成本/万元
1	石墨原矿 FC<78%	350.00	336700.00	11784.50
2	烧碱	3050	306.00	93.33
3	淀粉	2550	2194.00	559.47
4	乳化柴油	5500	545.45	300.00
5	捕收剂 OL II-C	9500	2424.24	2303.03
6	起泡剂 MIBC	22800	24.24	55.27
7	废水处理药剂			500.4
	合计			15596.0

（2）辅助材料费用（见表 3-26）。

表 3-26　辅助材料费用

序号	名　称	到厂价/元 · t^{-1}	年消耗量/t	年成本/万元
1	耐火砖	6000	300	180.00
2	研磨体、衬板等	9000	328	295.20
3	其他辅材备件			160.00
	合计			635.20

（3）燃料、电力（见表 3-27）。

表 3-27　燃料、电力费用

序号	名　称	到厂价	年消耗量	年成本/万元
1	低硫煤	450.00 元/t	23484t	1056.78
2	生产用水	1.64 元/m^3	230100m^3	37.74
3	生活用水	3.00 元/m^3	36000m^3	10.80
4	电力	0.90 元/(kW · h)	3500×10^4kW · h	3150.00
	合计			4255.32

（4）销售费用。销售费用包括运输费、广告费、场地使用费、业务招待费及其他相关费用等。

b　固定成本计算

（1）工资费用。本项目总劳动定员 80 人，人均年工资按 48000 元/(人 · 年）考虑，年工资总额为 384 万元。

另外，职工福利费按照新的会计制度直接列入管理费用中。

（2）制造其他费用（不含折旧及摊销费）。

制造其他费用包括修理费、低值易耗品摊销、机物料消耗、运输、劳动保护、保险费用等。

(3) 管理其他费用（不含摊销费）。

管理其他费包括公司各部门为管理生产发生的费用，包括办公费、差旅费、工会经费、董事会费、房产税、车船牌照税、业务招待费、人员培训费、职工福利费等。

(4) 财务费用。

生产期发生的长期贷款利息及流动资金贷款利息等按规定计入财务费用中。

(5) 折旧费及摊销费。

按照“工业企业财务制度”的规定，折旧及摊销采用直线法分类计提，残值率为4%；折旧年限如下所述。

房屋及建筑物：平均20年

设备资产：平均10年

无形资产：10年

递延资产：5年

为了简化计算，在不影响总成本费用计算结果的前提下，将全部折旧费及摊销费合并计入在生产成本中，预备费及建设期利息按照比例计入固定资产原值中。

c 无税单位产品成本。

生产期20年内单位产品的平均经营成本为：600.45元/t。

生产期20年内单位产品的平均总成本为：855.36元/t。

C 财务经济评价

a 财务评价条件

(1) 产品方案、产品售价。

本项目产品方案、产品售价如下：

——石墨球，年产104035t，平均含税出厂价为1300元/t;

——石墨粉，年产142132t，平均含税出厂价为1300元/t;

——石墨渣，年产8万吨，平均含税出厂价为80元/t;

(2) 工厂税收。

1) 增值税：内销产品增值税率为17%。

城市维护建设税按增值税额的5%计。

教育费附加按增值税额的3%计。

2) 企业所得税：税率为25%。

3) 资源税：根据资源税暂行条例，石墨需缴纳资源税，资源税已计入厂价中。其他原材料外购，资源补偿费已计入制造费用。

4）其他税收：如房产税、车船税等计入生产成本管理费用中。

（3）公积金。公积金按可供分配利润的10%计。

（4）建设期及经济评价年限。本项目建设期为12个月，经济评价年限为20年。

在进行经济评价时，计算负荷为项目建成投产第一年按90%、以后各年按100%。

b 财务评价指标

（1）利税指标（见表3-28）。

表3-28 利税指标

序号	项　目	单位	生产期平均
1	年均销售额（不含税）	万元	27898. 90
2	年均销售成本（不含税）	万元	19584. 60
3	年均销售税金	万元	4742. 80
4	年均销售税金附加	万元	379. 45
5	年均销售利润	万元	7934. 90
6	年所得税	万元	2221. 75
7	年税后利润	万元	5713. 15
8	投资利润率	%	28. 73
9	投资利税率	%	47. 28

（2）项目获利能力（见表3-29）。

表3-29 项目获利能力

序号	项　目	单位	指标
1	全投资财务内部收益率	%	27. 27
2	全投资静态投资回收期（含建设期）	年	4. 66
3	自有资金财务内部收益率	%	34. 87
4	自有资金静态投资回收期（含建设期）	年	4. 78
5	全部银行贷款偿还期（含建设期）	年	3. 72

所得税后全投资财务内部收益率、自有资金财务内部收益率大大高出同期银行存款利率和借款利率，说明项目的实施对于投资者的回报率是较高的。

（3）贷款偿还。项目归还长期借款本金的资金主要由固定资产折旧费、无形资产及递延资产摊销费、可分配利润组成。其中折旧及摊销费的80%用于还款，其余20%留于企业；还清贷款后全部留于企业。

借款偿还计算的结果表明，本项目可在3. 72年（含建设期）内偿清全部银行贷款。说明项目具有很好的偿还长期借款的能力。

（4）利润分配。

本项目投产后20年内，年均可分配利润为5141.80万元。

c 不确定性分析

本项目评价所采用的数据，一部分来自预测和估算，有一定程度的不确定性。为了分析不确定性因素对经济评价指标产生的影响，需进行不确定性分析，以估计项目可能承担的风险，从而评价和确定项目在经济上的可靠性。

（1）盈亏平衡分析。

盈亏平衡分析是通过盈亏平衡点（BEP）分析项目成本与收益平衡关系的一种方法。盈亏平衡点越低，表明项目适应市场变化的能力越大，抗风险能力越强。

投产后第2年度的盈亏平衡点为：35.97%

投产后第11年度的盈亏平衡点为：11.90%

整个生产期内平均盈亏平衡点为：20.67%

（2）敏感性分析。敏感性分析是通过分析、预测项目主要因素（如产品售价、项目投资、产品成本）发生变化时对项目经济评价指标的影响，从中找出敏感因素，并确定其变化趋势和影响程度，以考查和说明本项目适应各种因素变化的能力。

产品售价、项目投资、产品成本的三大因素波动对全投资财务内部收益率的影响见表3-30。

表3-30 售价、投资、成本因素波动对全投资财务内部收益率的影响

波动幅度/%	-20	-10	0	+10	+20
销售额/%	10.85	19.36	27.27	34.96	42.60
建设投资/%	34.08	30.31	27.27	24.74	22.62
经营成本/%	37.83	32.55	27.27	21.95	16.51

从分析结果看出：产品售价对项目主要评价指标的影响最大，其次是经营成本；当单独出现售价降低20%时，项目全投资财务内部收益率降低为10.85%，当单独出现经营成本上升20%时，项目全投资财务内部收益率降低为16.51%。

D 分析结论

本项目全投资财务内部收益率为27.27%，全投资静态投资回收期为4.66年（含建设期），投资利润率为28.73%。在64.88%项目投资由银行贷款解决的条件下，全部贷款偿还期为3.72年（含建设期），项目在经济上是可行的。

3.5　全球新增石墨项目概述

3.5.1　国外新增石墨项目概况

2011 年开始，全球掀起石墨烯研究热潮，以特斯拉和比亚迪等电动汽车为代表的新能源汽车产业的快速发展，随着电动汽车产业的高速发展，锂动力电池对石墨材料的需求不断增长，鳞片石墨价格稳定上涨，这也激发了全球天然石墨矿产勘探开发热情，一大批国外石墨矿项目正在加紧推进，这些项目多数完成了可研、正在筹资、审批或建厂阶段，也有一些处在可研阶段和勘查阶段，少数项目投入试生产，如莫桑比克的 Balama 石墨矿项目已于 2018 年试产，鳞片石墨精矿产量达到 10.4 万吨，该矿设计石墨精矿产能达到 35 万吨/a，2019 年计划生产 24.5 万吨石墨精矿。若这些项目在 2025 年前都能顺利投产，将为全球石墨市场带来超过 150 万吨鳞片石墨精矿的产能，完全可以满足全球电动汽车生产的需要，并将结束中国将近 40 年的全球石墨主要供应商的统治地位。本书总结了国外几十个新增石墨项目的资源、产能、产品技术标准、生产成本和项目进展等，以期为国内石墨项目提供对比与参考，见表 3-31。

本次统计的国外石墨项目多数为澳大利亚和加拿大公司控制，项目主要分布在非洲莫桑比克等国，多数新上项目资源储量大、品质好、开发成本低，总结新上项目特点，得出如下结论。

3.5.1.1　国外新增石墨项目数量多，总产能大

本次统计的国外石墨项目多数为澳大利亚和加拿大公司控制，这些项目均为鳞片石墨项目，部分项目进展很快，有些在 2018 年已经投产，多数项目计划在 2019~2023 年陆续投产。项目完全投产可以新增鳞片石墨精矿产能 172.3 万吨，远远超过了 2018 年全球天然石墨产量 93 万吨，将会对中国和世界的石墨产业产生深远的影响。

3.5.1.2　多数项目资源储量大、品质好、开发成本低

统计的项目中，矿石资源量超过亿吨的有 5 个，矿石品位超过 9%Cg 的项目达到 10 个，石墨精矿成本低于 500 美元的项目有 13 个。其中莫桑比克 Balam 石墨矿，储量以石墨矿物计高达 1857 万吨，原矿 Cg 品位达到 16.36%，设计产能达到 35 万吨/a，将成为世界产能最大的石墨矿生产巨无霸，足以影响全球石墨产业。

3.5.1.3　多数项目产品目标明确指向锂电池材料等高附加值产品

项目中有 17 个项目将产品目标设定为电池材料或膨胀石墨等深加工产品，

表 3-31 国外新增石墨项目总结

矿山	国家	公司	矿石储量/资源量/万吨	固定碳品位/%	产能/万吨·a^{-1}	产品	成本/美元·t^{-1}	项目进展
Lac Guéret	加拿大	Mason Graphite	4741~8315	27.8~17.2	5	鳞片球形包覆、高纯	370	2019 年建厂 13~16 个月
Balama	莫桑比克	Syrah Resources	11329~142300	16.36~10.0	35	鳞片、锂电材料	286	2018 年调试 10.4 万吨
Lindi Jumbo	坦桑尼亚	Walkabot Resources	551~4180	17.9~10.8	4	鳞片	347	2020 年投产
Lac Knife	加拿大	Focus Graphite	785.7~1210	15.1~14.6	4.4	鳞片、球形包覆、膨胀	441	2020 年建厂
Montepuez	莫桑比克	Battery Minerals	4220~11960	9.3~8.1	2021 年 5 2023 年 10	鳞片、球形包覆、高纯	361	2021 年投产后陆续扩产
Balama Central	莫桑比克	Battery Minerals	1970~3290	11.1~10.2	2022 年 5.8 2024 年 11	鳞片、球形包覆、高纯	425（前 8 年 363）	2019 年采矿申请，2022 年投产
Molo	马达加斯加	NextSoureMaterials	716~14128	8.1~6.1	2020 年 1.7 2021 年 3.4	鳞片	433（出厂） 567（到港）	2017 年可研，2020 年投产
Nachu	坦桑尼亚	MagnisEnergy Technoloies	7630~17400	4.8~5.4	24	高品质鳞片、锂电材料	559	2016 年可研，2019 年采矿申请
Bunyu	坦桑尼亚	Volt Resources	281.5~7680	6.3~5.4	2.4	鳞片、膨胀、球形	664	2019 年筹建
Matawinie	加拿大	Nouveau Monde	5980~10980	4.4~4.3	2020 年 0.1 2022 年 10	鳞片、球形	382	2019 年示范，2020 年建厂
Bissett Creek	加拿大	Northern Graphite	2830~6980	2.1~1.7	2.5	大鳞片、球形	675	2020 年投产
Vittangi	瑞典	Talga Resources	约 1230	约 25.5		鳞片、石墨烯、电池材料、复合材料		2019 年完成预可研，采矿申请

续表 3-31

矿山	国家	公司	矿石储量/资源量/万吨	固定碳品位/%	产能/万吨·a^{-1}	产品	成本/美元·t^{-1}	项目进展
Jalkunen	瑞典	Talga Resources	约 3150	约 14.9		同上		预可研
Raitajarvi	瑞典	Talga Resources	约 430	约 7.1		同上		预可研
Epanko	坦桑尼亚	KibaranResources	1170~3070	8.3~9.9	6	鳞片、球形	572	2019 年融资、审批开建
Lola	几内亚	SRG Graphite	约 1220	约 5.6	5	鳞片	502	2019 年可研、审批、筹建
SantaCruz	巴西	South Star Mining	约 1856	约 2.7	1.6	鳞片、球形	413	2020 年完成可研试产 0.5 万吨/年
Malingunde	马拉维	Sovereignmetals	950~6500	9.5~7.2	5.2	鳞片	32	2019 年可研环评筹建
Ancuabe	莫桑比克	Triton	2490~4610	6.2~6.6	6	鳞片	634	2020 年投产
Nicanda Hill	莫桑比克	Triton	约 144300	约 11.11	13~17	鳞片	338	2019 年可研，融资
McIntosh	澳大利亚	Hexagon Resources	约 2380	约 4.5	8.8	鳞片、电池材料、电极材料、膨胀	727	2019 年可研，2021 年投产
Munglinup	澳大利亚	MRC	约 340	15.9	5.6	鳞片、膨胀、球形包裹	396	2019 年可研筹建
Graphite Creek	加拿大	Graphiteone resources	约 8156	7	6	鳞片、球形包裹	498	2019 年可研资金筹措

或对精矿产品进行了电池材料性能测试，多数项目从勘查和可研阶段开始，不仅进行了选矿试验研究，而且进行了提纯、球形化等方面的研究工作，有些甚至进行了包覆和电池性能研究。莫桑比克 Balam 石墨项目、Montepuez 石墨项目已在美国建成了电池材料生产厂和中试厂。瑞典 Vittangi 石墨项目在德国进行了电化学剥片法生产石墨烯和鳞片石墨的中间试验。这些石墨项目不仅会向市场提供鳞片石墨产品，而且会向市场提供很大的锂离子电池材料新增产能。

3.5.1.4 部分项目投入实际生产的可能性值得怀疑

表中列出的加拿大、澳大利亚等国的部分石墨项目开展了多年工作，因资源品位、环评、行政审批和资金筹措等方面原因一直未能投产，如果出现石墨价格下跌、产能过剩的情况，这些项目可能会被推迟或取消。

2017~2019 年石墨产量变化情况如图 3-16 所示。

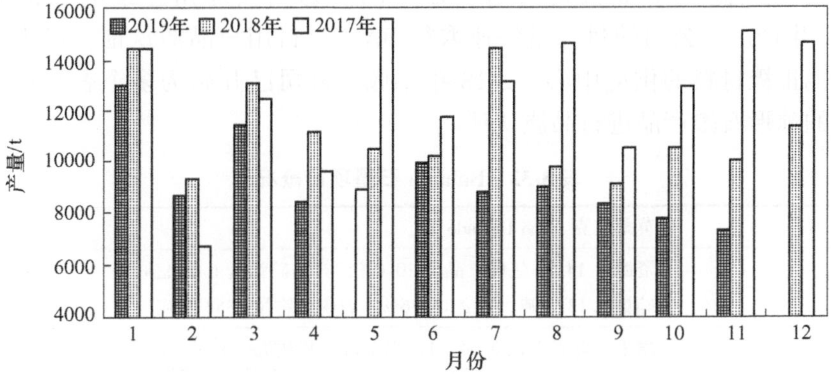

图 3-16 2017~2019 年石墨产量变化情况

综合国外新上项目及世界石墨市场变化分析，2017 年是世界石墨市场一个重要的转折年。最近几年，中国政府执行了更加严格的环境保护政策，关闭了和停产了一批不符合环境和安全标准的石墨矿山，石墨矿产产量有所下降，中国的人力成本也在上升，造成了中国石墨精矿的生产成本上升。作为世界最大的锂离子电池生产基地，中国需要消耗更多的石墨资源，2017 年中国进口了 5.5 万吨鳞片石墨，2018 年中国进口了 6.03 万吨鳞片石墨。2019 年中国将会进口的磷片石墨精矿超过了 10 万吨。事实上，随着严格的环境执法检查下中国石墨矿山的关停和非洲地区大量新建石墨项目的投产，中国有可能在不远的将来首次成为石墨的净进口国。

3.5.2 典型新上石墨项目简介

为了使读者更好地了解国外石墨新上项目的发展概况，本书选择了 11 个典型国外石墨矿山项目，对项目的投资、石墨储量和品位、主要采选工艺参数、生产成本、精矿产品规格等进行了详细介绍，以期为开展相应工作提供参考。

3.5.2.1 澳大利亚 Syrash Resource（syr）公司莫桑比克 Balama 石墨项目

见表 3-32～表 3-34，Syrah Resource 是一家澳大利亚股票交易所上市的工业矿物技术开发公司，公司总部位于澳大利亚墨尔本。

Syrah 公司拥有莫桑比克 Balama 石墨矿的开采权，2018 年公司完成了 Balama 石墨矿项目建设，正式开始调试生产。这一年公司共生产了 C 品位 95%的石墨精矿 10.4 万吨。Balam 石墨矿是全球储量最大的高品位天然鳞片石墨矿，公司设计产能达到 350 千吨，矿山寿命超过 50 年，Balam 石墨矿将成为全球产量最大的天然鳞片石墨生产企业，并对全球石墨市场产生最大影响。Balam 石墨矿中还含有钒矿资源，品位达到 V_2O_5 0.23%，钒可以在石墨选矿尾矿中回收，未来将进一步提升公司效益。Syrah 公司目前正在美国路易斯安那州建设电池正极材料（BAM）生产厂，公司的目标是快速取得 BAM 材料用户品质认证，成为亚洲区外的电池正极材料的供应中心。2018 年年底，公司已开始为多个客户提供了公司生产的球形石墨产品进行品质认证。

表 3-32 Balama 石墨项目概况

位置	莫桑比克 Cabo Delgado 省
资源	资源量 14.23 亿吨，品位 10.0%，石墨矿物量 1.42 亿吨 储量 1.13 亿吨，品位 16.36%，石墨矿物量 1853 万吨
采矿	露采，低采剥比 0.04：1，挖掘机—装载机—卡车—选厂
选矿工艺	传统工艺，破碎—磨矿—浮选—干燥—筛分—包装
选矿厂处理能力	矿石量 200 万吨/a
产品	固定碳 FC94%～98%各规格石墨精矿
产能	精矿 35 万吨/a；2019 年目标 20.5 万～24.5 万吨精矿；根据市场调节
成本	设计矿石全寿命成本 286 美元/t，2019 年底 400 美元/t，达到产能后降低至 330 美元/t 以下
矿山寿命	50 年以上
潜力	资源量巨大，根据市场需求扩产潜力大；尾矿 V_2O_5 回收可以带来巨大效益
采矿权	莫桑比克政府与签署的采矿许可具有法律约束力

表 3-33 Balama 石墨精矿（FC94%～98%）规格

规格/目	尺寸/μm	说明	占比/%	用 途
+50	>300	超大鳞片	8	炼钢、铸铁、耐火材料、汽车部件、润滑剂

续表 3-33

规格/目	尺寸/μm	说明	占比/%	用　途
+80	180~300	大鳞片	12	炼钢、铸铁、耐火材料、汽车部件、润滑剂
+100	150~180	中鳞片	12	炼钢、铸铁、耐火材料、汽车部件、润滑剂
-100	106~150	细鳞片	68	球形石墨、增碳剂

表 3-34　Syrash Resource 公司 2018 年生产情况

生产指标	2018	四季度	三季度
采矿量 C>9%/万吨	135.6	41.6	40.8
采矿量 C2%~9%/万吨	47.8	13.3	13.3
废石采出量/万吨	20.5	2.9	2.2
选矿给料量/万吨	112	25.2	42.4
给矿品位 C/%	17	18	16
选矿回收率/%	53	70	53
精矿产量/万吨	10.42	3.32	3.87
精矿品位 C/%	95	95	96

3.5.2.2 澳大利亚 Battery Minerals（BAT）公司莫桑比克 Montepuez 石墨项目

见表 3-35~表 3-38，Battery Minerals 是一家澳大利亚交易所上市的澳大矿业勘探开发公司，总部设在西澳珀斯市，公司正致力于公司拥有的莫桑比克的 Montepuez 和 Balama 两个石墨项目的开发工作，这两个石墨矿储量巨大，原矿品位也都 10%以上，公司资源优势明显。

在完成莫桑比克 Montepuez 石墨项目的项目融资后，公司计划每年生产 5 万吨 TGC（总石墨碳）含量 96%的石墨精矿，并在今后五年内将产量提高到 10 万吨/a。公司在 2018 年完成了 Balama Central 石墨项目的概略研究工作，2021 年开始每年生产 5.8 万吨总石墨碳含量 96%的石墨精矿，计划 2024 年扩产到11 万吨/a。使公司的总产能在 2025 年前达到 21 万吨。

随着世界转向使用电动汽车（机动车辆、客运和重型运输）、储能设施等清洁能源技术，全球对环保高效的储能电池的需求推动着鳞片石墨市场的不断增长。Montepuez 石墨具有高结晶度、独特的片状形貌，Battery Minerals 公司和 Urbix 公司合作进行了 Montepuez 石墨精矿纯化和球形化技术研究，并建立了年产 2.4 万吨的高纯球形石墨中间试验厂，试验结果表明可以利用高温纯化技术将 TGC 品位 95%的石墨精矿提纯到 99.95%，球形化石墨工艺的回收率也达到了75%。公司计划进一步在美国内华达州生产高纯石墨和球形包裹石墨电极材料。

表 3-35　Montepuez 石墨项目可研报告参数

Montepuez 石墨项目	（第一阶段）
投资总额	3.95 千万美元
精矿生产成本（前 10 年）	361 美元/t
给矿品位	11%TGC（前 18 年 12% TGC ）
选厂年处理量	500ktpa　50 万吨/a
投资回本期	<2 年
风化矿选矿回收率	80%
原生矿选矿回收率	85%
矿山寿命	>50 年
产品平均售价	1064 美元/t
精矿品位	>96% TGC
资源量（矿石）	1.19 亿吨　品位 8.1% TGC
储量（矿石）	4220 万吨　品位 9.3% TGC

表 3-36　Balama Central 石墨项目可研报告参数

Balama Central 石墨项目	2018 年 12 月可行性报告
精矿年产量	5.8 万吨/a
投资	69.4 百万美元
精矿生产成本（前 8 年 ）	363 美元/t
各矿品位	12.5% TGC
选厂处理能力	550ktpa
投资回本期	2~3 年
选矿回收率	>93%
矿山寿命	>35 年
精矿产品均价	US1106 美元/t
精矿品位	+96% TGC
资源量（矿石）	3290 万吨品位 10.2% TGC
储量（矿石）	19707 万吨品位 11.1% TGC

表 3-37 Montepuez 石墨矿精矿产品规格

规格	鳞片大小/目	鳞片尺寸/μm	占比/%	精矿品位 TGC/%
细鳞片	-100	0~150	57.0	96.0
中鳞片	+100	150~180	11.3	96.0
大鳞片	+80	180~300	20.7	96.0
超大鳞片	+50	300	11.0	96.0

表 3-38 Balama Central 石墨矿精矿产品规格

规格	鳞片大小/目	鳞片尺寸/μm	占比/%	精矿品位 TGC/%
细鳞片	-100	0 ~ 150	49.4	96.0
中鳞片	+100	150~180	22.1	96.0
大鳞片	+80	180~300	6.8	96.0
超大鳞片	+50	300	21.6	96.0

3.5.2.3 加拿大 Focus Graphite 公司 Lac Knife 石墨项目

见表 3-39 和表 3-40，Focus Graphite 公司是一家总部位于安大略省的矿业发展公司，公司拥有多个石墨和稀土勘探开发项目，公司多年来致力于公司的旗舰项目 Lac Knife 石墨矿开发工作，Lac Knife 石墨矿属于大型高品位石墨矿，从 2014 年完成了项目可研，2017 年更新了储量并开始融资，2018 年开始石墨正极材料的研究实验工作和销售意向的签订工作，目前正在等待建设审批。

表 3-39 Lac Knife 石墨项目可研报告参数

资源量	1210 万吨　品位 14.64%TGC
储量	785.7万吨　品位 15.13%TGC
矿山寿命	25 年
采剥比	1.7：1 露采
选矿厂处理量	32.4 万吨/a
给矿品位	15.1%TGC
选矿回收率	90.9%
平均年产量	4.43 万吨/a
精矿品位	97.8%TGC
精矿生产成本	441 美元/t
年经营成本	2000 万美元
年毛收入	5600 万美元
精矿售价（一揽子定价）FOB	1713 美元/t

表 3-40　Lac Knife 石墨矿精矿产品规格

规格	鳞片大小/目	鳞片尺寸/μm	占比/%	精矿品位（总石墨碳,%）
超大鳞片	+48	300	11.1	98.8
大鳞片	+80	180~300	22.4	98.3
中鳞片	+150	106~180	29.8	98.2
细鳞片	+200	75~106	16.6	98
细粉	-200	-75	20	91.1

Lac Knife 石墨矿精矿中可以回收部分高附加值的大鳞片石墨。Focus Graphite 公司开展了大量的利用 Lac Knife 石墨选矿精矿生产锂离子电极材料的研究工作，研究结果表明含碳 96%的细粒石墨精矿剥片精选可以提纯到含碳 98.3%，再通过热法连续净化工艺可以得到纯度为 99.98%的石墨精矿，经过球形化和包覆工艺处理后可以得到锂离子电池石墨电极材料，这种电极材料的性能在随后的测试中超过了两种使用人造石墨的商业电池的性能，公司正在积极推进高纯球形石墨包覆电极材料工厂的可研工作，计划利用该地区丰富廉价的电力资源生产电极材料，最快在 2020 年建设电池材料厂。

3.5.2.4　Magnis Energy Technoloies 公司坦桑尼亚 Nachu 石墨项目

见表 3-41 和表 3-42，总部位于澳大利亚悉尼的 Magnis Energy Technoloies 是一家新兴的锂离子电池技术研发公司，公司的目标是成为全球最大的锂离子电池制造商之一，公司为锂电池行业提供可靠的高品质石墨原料和相关技术。公司宣布在澳大利亚和美国各建一个 15GWh 的锂离子电池生产厂，美国工厂将在 2019 年底投产，公司还计划在德国建设一个 30GWh 的锂离子电池厂。

Magnis 公司研发了新型锂离子正极材料和负极材料，公司研发的下一代锂离子电池正极材料不含镍钴，仍可保持电池电压和电池容量，极大降低了电池成本。

Magnis 公司拥有坦桑尼亚世界级的 Nachu 石墨项目，该矿不仅储量大而且品质好，鳞片大，是全球稀缺的石墨资源，公司可研报告计划建设年产 24 万吨石墨精矿的选厂，矿山寿命达到 15 年。Nachu 石墨矿原矿品位仅为 4.8%~5.4%，但晶体纯净，Magnis 公司利用公司拥有的提纯技术可以将石墨精矿提纯到 99.99%，生产球形包裹正极材料，在锂离子电池性能测试中超过了中国生产的天然石墨正极材料，甚至也超过了人造石墨正极材料。

表 3-41 Nachu 石墨项目可研报告主要参数

资源量	1.74 亿吨 品位 5.45%TGC
储量	7600 万吨 品位 4.8%TGC
矿山寿命	15.2 年
矿石总开采量	7630 万吨
采剥比	1.5∶1
选矿厂处理量	500 万吨/a
给矿品位	4.8%TGC
回收率	92%
平均年产量	22 万吨/a，前 12 年 24 万吨/a，随后 16 万吨/a
精矿品位	98%TGC
精矿生产成本	559 美元/t
建厂投资	2.69 亿美元
精矿价格（一揽子定价）FOB	2350 美元/t
投资回本期	1.2 年

表 3-42 Nachu 石墨矿精矿产品规格

规格	鳞片大小/目	鳞片尺寸/μm	占比/%	精矿品位 TGC/%
超大鳞片	+35	500	9	97.5
大鳞片	+50	300~500	32	97.0
中鳞片	-50	-300	59	99.0

很明显，Nachu 石墨矿原矿鳞片大，精矿产品都属中大鳞片产品，因而三种规格精矿产品都可获得较高的市场溢价，可研报告中参考市场同类产品价格给一揽子产品定价为 2350 美元/t。公司研究表明，即使精矿产品中鳞片最小的规格-300μm（-50 目）产品中绝大多数鳞片 P50 尺寸都超过 170μm，球形化回收率超过了 75%，远远超过一般磷片石墨精矿球形化时 30%~50%球形化回收率。

3.5.2.5 加拿大 Nouveau Monde 公司 Matawinie 石墨项目

见表 3-43 和表 3-44，Nouveau Monde 公司是一家总部位于魁北克的矿业开发公司，2015 年公司在公司位于魁北克蒙特利尔以北 150 千米的（Matawinie）勘探区发现了一处高质量的石墨矿床，2018 年 10 月公司宣布了可行性研究的结果。研究显示，该项目盈利能力强，估计在 25.5 年内每年可生产 10 万吨石墨精矿。2018 年公司已开始建设示范厂，2019~2020 年生产 1000 吨石墨精矿，2022 年产能达到 10 万吨。公司力争成为全球首个全部采用电动机械开采的露天矿。

表 3-43　Matawinie 石墨项目可研报告工艺参数

资源量	1.1 亿吨　品位 4.3%TGC
储量	5980 万吨　品位 4.4%TGC
矿山寿命	25.5 年
矿石总开采量	5990 万吨
采剥比	1∶1
选矿厂处理量	235 万吨/a
给矿品位	4.5%TGC
回收率	94%
平均年产量	10 万吨/a，前 12 年 24 万吨/a，随后 16 万吨/a
精矿品位	>97%TGC
精矿生产成本	382 美元/t
建厂投资	2.11 亿美元
精矿价格（一揽子定价）	1730 美元/t
投资回本期	2.6 年

表 3-44　Matawinie 石墨精矿规格

规格	鳞片大小/目	鳞片尺寸/μm	占比/%	适用领域
超大鳞片	+48	300	15	膨胀石墨、燃料电池、传统
大鳞片	+80	180~300	33	传统
中鳞片	+150	106~180	28	电池、传统
小鳞片	-150	-106	24	电池、传统

3.5.2.6　澳大利亚 Triton Minerals Limited 公司（TON）莫桑比克 Ancuabe 石墨项目

见表 3-45，Triton 公司是一家澳大利亚交易所上市的矿业公司，总部位于珀斯，公司的目标是成为全球新的石墨矿产可靠供应商，公司在莫桑比克北部 Cabo Delgado 地区拥有 Ancuabe、Nicanda Hill 和 Nicanda West and Cobra Plains 三个世界级的石墨项目，公司的旗舰项目 Ancuabe 石墨项目正在进行前期基建工作，采矿和选矿生产从 2020 年开始，Ancuabe 石墨矿鳞片大、纯度高，具有市场优势，Nicanda Hill 是一个石墨共伴生钒矿，资源量巨大，非常适合作为电池原料。公司正积极寻求合作方联合开发，公司将推进 West and Cobra Plains 石墨项目的勘探和可研工作，为公司提供可靠的后备资源。

表 3-45 Ancuabe 石墨项目可研报告主要参数

资源量	4610 万吨 品位 6.6% TGC
储量	2490 万吨 品位 6.2% TGC
矿山寿命	27 年
采剥比	3.2：1
选矿厂处理量	90 万～115 万吨/a
给矿品位	6.6%TGC
回收率	91%～93%
精矿年产量	6 万吨/a
精矿品位	>95% TGC
精矿生产成本	634 美元/t
建厂投资	9940 万美元
精矿价格（一揽子定价）	1435 美元/t
投资回本期	3.8 年
精矿规格	试验结果表明 50%～85%的精矿尺寸大于 150μm，品位大于 95%，回收率大于 90%

3.5.2.7 加拿大 NextSource Materials 公司马达加斯加 Molo 石墨项目

见表 3-46 和表 3-47，NextSource Materials 是一家多伦多交易所上市的加拿大矿业公司，公司总部位于加拿大安大略省，公司在马达加斯加南部拥有 Molo 石墨项目 100%的权益，Molo 位于马达加斯加行政首都图利亚拉东南 160km，交通便利。

Molo 石墨矿是世界储量最大的大鳞片石墨矿之一，公司 2017 年修正了项目可行性报告，目前正在加紧采矿和选矿工程建设，2020 年建成年产 1.7 万吨石墨精矿的模块化选矿厂，2021 年扩产到 3.4 万吨，最终扩产到 5.1 万吨。精矿产品大鳞片占到 53%，其中特大超大鳞片占到 46%，附加值很高。

表 3-46 Molo 石墨项目可行性报告主要参数

资源量	1.41 亿吨 品位 6.13%TGC
储量	716 万吨 品位 8.05 %TGC
矿山寿命	30 年
采剥比	0.52：1
选矿厂处理量	24 万吨/a
给矿品位	8.1%TGC
选矿回收率	88.3%

续表3-46

精矿年产量	2020 年 1.7 万吨，2021 年 3.4 万吨，最终 5 万吨
精矿品位	97.3%TGC
精矿生产成本	433 美元/t
投资	2300 万美元
精矿价格	1014 美元/t
投资回本期	4.8 年

表 3-47 Molo 石墨项目精矿规格

规格	鳞片大小 /目	鳞片尺寸 /μm	占比/%	品位 TGC/%
超大鳞片	+48	300	23.6	96.9
特大鳞片	+80	180~300	22.8	97.1
大鳞片	+100	150~180	6.9	97.1
中鳞片	+150	106~150	15.5	97.3
小鳞片	+200	75~106	10.1	98.1
细鳞片	−200	−75	21.1	97.5

3.5.2.8 澳大利亚 Kibaran Resources 公司坦桑尼亚 Epanko 石墨项目

见表 3-48 和表 3-49，Kibaran Resources 是澳大利亚交易所上市的矿产勘探公司，总部位于澳大利亚珀斯，多年来公司一直专注于挖掘东非地区丰富的石墨资源的潜力。公司在坦桑尼亚发现并完全拥有 Epanko 石墨项目产权。

Epanko 石墨矿是一个石墨矿物储量达到 100 万吨品位达到 10% 的大型鳞片石墨矿，公司已于 2017 年完成了项目可行性报告，可行性报告研究表明 Epanko 项目产出的石墨精矿具有优良的膨胀性能。公司已经完成了项目融资，正在加紧推动 Epanko 项目的建设，2019 年 1 月公司在德国完成了选矿中试，并将中试样品分送到韩国、日本、中国、北美国家和德国的电池电极材料生产商，公司还和 Blue-chip 公司签订了精矿产品销售意向合同。

公司计划尽快实现年产 6 万吨石墨精矿的 Epanko 项目投产，公司正在推进采用新提纯工艺的年产 2 万吨球形石墨项目，该项目将使用 Epanko 石墨精矿在澳大利亚奎纳纳生产电池电极材料。

表 3-48 Epanko 石墨项目可研报告主要工艺参数

资源量	3070 万吨　品位 9.9%TGC
储量	1170 万吨　品位 8.32%TGC

续表 3-48

矿山寿命	18 年
采剥比	0.4∶1
选矿厂处理量	69.5 万吨/a
给矿品位	8.3%TGC
选矿回收率	94.7%
产量	精矿 6 万吨/a；高纯球形 2 万吨/a
精矿品位	96.3%TGC
精矿全成本	572 美元/t
投资	采选 8890 千万美元；供电 2000 万美元；高纯球形 6600 万美元
精矿价格（一揽子定价）	1181 美元/t
投资回本期	3.4 年

表 3-49 Epanko 石墨项目精矿规格

规格	鳞片大小/目	鳞片尺寸/μm	占比/%	品位 TGC/%
超大鳞片	+48	300	20	97.1
大鳞片	+80	180~300	35.4	96.7
中鳞片	+150	106~180	30.3	96.2
小鳞片	+200	75~106	7.4	95.3
细鳞片	-200	-75	6.9	92.6

Epanko 石墨精矿产品中超大、大鳞片石墨占到 55.4%，中鳞片占到 30.8%，是名副其实的大鳞片石墨矿，精矿产品的平均纯度可以达到 96.3%，有很强的市场竞争力。

3.5.2.9 澳大利亚 Talga Resources 公司瑞典 Vittangi 石墨项目

Talga 是一家垂直整合的先进材料技术公司，总部设在澳大利亚珀斯市，2010 年 7 月在澳大利亚证券交易所上市。

Talga 公司专注于石墨和石墨烯产品在全球电池、涂料、建筑和聚合物复合材料等领域的清洁技术应用研究，为全球市场提供更强、更轻和更高性能的石墨烯和石墨增强产品。公司垂直整合了公司强大的石墨材料研发技术优势和高品位的瑞典石墨矿产资源，使公司具有明显的商业优势。

Talga 公司在德国、英国和瑞典拥有分公司和高技术人才研发团队，英国分公司主要研发包括锂离子电池正极材料在内的各种石墨和石墨烯产品，德国分公司主要研发石墨加工技术和设备，测试产品性能，经营石墨烯加工厂，瑞典分公司主要负责开发公司的石墨等矿产资源。

公司在石墨烯和电池级石墨方面拥有许多专有技术。针对高品位的 Vittangi 石墨矿，公司研发了电化学技术，改变了传统的石墨采矿和选矿工艺，避免爆破、破碎、磨矿过程，直接生产鳞片石墨和少量石墨烯产品，尽管这一工艺目前在经济上可能仍然不敌传统工艺，但这一工艺提供了一种新的天然石墨加工方法，可以保持高结晶度的天然石墨鳞片形貌，生产石墨烯、纳米石墨产品，满足不同行业的需求。

Talga 公司在瑞典拥有三个石墨项目，矿石资源量达到 4810 万吨，石墨矿物资源量达到 810 万吨，公司的旗舰项目 Vittangi 石墨矿探明的矿石资源量为 1320 万吨，品位高达 Cg25. 5%，是世界品位最高的大型石墨矿之一。2019 年一季度公司完成 Vittangi 石墨项目预可研工作，加紧推动 Vittangi 石墨矿的开发工作。

3. 5. 2. 10　加拿大 SRG 石墨公司几内亚 Lola 石墨项目

见表 3-50 和表 3-51，SRG 石墨公司是一家多伦多交易所上市的矿业公司，总部位于加拿大温哥华，公司以对环境和社会负责的方式为全球市场提供低成本、高质量可迅速交货的天然鳞片石墨产品。

SRG 公司正在开发位于西非几内亚共和国的 Lola 石墨矿，Lola 石墨矿床赋存于长 8. 7km 面积 3. 22km^2 的连续片麻岩中，是世界上最大的石墨矿化区之一。SRG 公司还在公司拥有的 Lola 勘探区内发现了红土镍钴矿。公司计划通过 Lola 项目建设年产 5 万吨鳞片石墨精矿的生产厂，筹资、审批都在进行中。

Lola 石墨矿资源石墨品位不高，但是鳞片大，SRG 公司也对 Lola 石墨精矿进行了球形化、提纯、包覆正极材料工艺测试，测试结果表明石墨提纯纯度可以达到 99. 95%，电极材料的循环容量达到了 365mAh/g，用 Lola 石墨矿生产的鳞片石墨可以生产出性能优良的锂离子电池负极材料，也可以作为优质的大鳞片膨胀石墨原料。

表 3-50　Lola 石墨项目可研报告工艺参数

资源量	1120 万吨　品位 5. 6%TGC
矿山寿命	16 年
采剥比	0. 39 : 1
选矿厂处理量	135 万吨/a
给矿品位	5. 5%TGC
回收率	79. 25%
精矿产量	5 万吨/a

续表 3-50

精矿品位	96.6% TGC
精矿生产成本	502 美元/t
投资成本	1.05 亿美元
精矿价格（一揽子定价）	1328 美元/t
投资回报期	3.5 年

表 3-51 Lola 石墨项目精矿规格

规格	鳞片大小/目	鳞片尺寸/μm	占比/%	品位 TGC/%
超大鳞片	+48	300	26	97
大鳞片	+80	180~300	31	96
中鳞片	+100	150~180	9	96
小鳞片	-100	-150	34	97

3.5.2.11 加拿大 Mason 石墨公司 Lac Guérett 石墨项目

见表 3-52 和表 3-53，Mason 石墨公司是一家加拿大多伦多交易所上市的石墨开采和加工企业，总部位于魁北克。Mason 公司致力于开发公司位于魁北克东北部的 Lac Guérett 石墨项目，该石墨矿是世界品位最高的石墨矿之一，储量也比较大，公司计划每年生产 5.19 万吨石墨碳含量 98%的高品质石墨精矿，选矿厂在 2020 年投产。2019 年 5 月公司建设的锂离子电池材料中试工厂启用，采用非高温的环保新技术提纯的球形石墨纯度达到 99.95%，研制的电极材料的循环容量达到了 355 吨-360mAh/g 的高水平，公司下一步将建设锂离子电池电极材料生产厂。

表 3-52 Lac Guérett 石墨项目可行性报告主要参数

资源量	8315 万吨　品位 17.2%Cg
储量	4741 万吨　品位 27.8%Cg
矿山寿命	25 年
采剥比	0.8：1
选矿厂处理量	18.96 万吨/a
给矿品位	8.1%TGC
选矿回收率	94.4%
精矿产量	5.19 万吨/a
精矿品位	98%TGC
精矿生产成本	370 美元/t

续表 3-52

投资成本	1.97 亿美元
精矿价格	1476 美元/t
投资回本期	4.4 年（税后）

表 3-53　Lac Guérett 石墨项目中试精矿规格

规格	鳞片大小/目	鳞片尺/μm	占比/%	品位 Cg/%
超大鳞片	+48	300	7.2	94.5
大鳞片	+100	150~180	28.7	96.2
中鳞片	+150	106~150	13.7	98.1
小鳞片	−150	−106	50.4	94.2

精矿产品鳞片较小，中小鳞片占到 65%。公司 2018 年工艺优化后的精矿产品 Cg 平均品位大于 98%，大鳞片石墨的在精矿产品中的比例还会减小一些。

4　石墨资源市场情况

4.1　石墨资源供需情况

4.1.1　石墨资源的供应

石墨是一个小矿种，目前每年全球石墨消费量仅约为120万吨，但石墨用途很广泛，由于其主要用途在冶金、机械、汽车、电池行业，其消费量与全球经济发展密切相关。近百年来，全球石墨消费量稳步增长，石墨产量也稳步提升，如图4-1所示。全球石墨产量变化大致可分为五个阶段。1900~1945年：1900年到第二次世界大战刚刚结束的1945年，由于战争对钢铁消费的增加，石墨消费在两次世界大战期间出现了快速增长的波动，石墨产量出现了暴涨的情况，该阶段其余时间全球石墨消费处于缓慢增长期。1946~1979年：第二次世界大战以后，美、日、欧洲国家等发达国家开始快速工业化，直接拉动了全球石墨消费的快速增长，全球石墨消费出现了第一个快速增长期。1980~2000年：发达国家在完成工业化以后，其他发展中国家未能接续前一阶段的快速工业化过程，全球石墨消费进入稳定增长期。2001~2011年：在这一阶段，由于中国快速工业化和基础设施建设，导致全球石墨消费进入新一轮快速增长期，2004年全球石墨消费量首次突破100万。2012年至今：2012年以后，中国经济增速开始下降并逐步进入经济发展新常态，全球钢铁消费也进入缓慢增长期，传统领域石墨消费增速放缓，战略性新兴产业领域的石墨消费尚未形成规模，全球石墨消费量暂时趋于稳定。

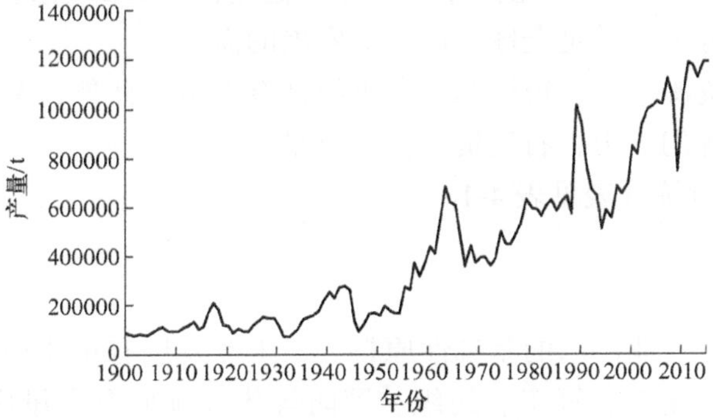

图4-1　过去100年全球石墨产量变化趋势（单位：t）

扫一扫查看彩图

根据美国地址调查局统计数据，全球天然石墨矿产量从20世纪初的10万吨/a左右增长到2019年的70万吨/a，年均复合增长率约为2%，20世纪90年代开始，中国以丰富的石墨矿产资源优势及低廉的环境和人力成本优势取得了世界天然石墨市场的主导权，三十多年来中国一直是天然石墨生产和出口第一大国，近年产量有所下降，2019年中国的石墨产量仍然占到全球石墨产量的63%。中国长期作为全球石墨第一生产大国，鳞片石墨资源过度消耗，矿山环境治理欠账较多。近年来，中国关闭了技术落后的小型矿山，加强了矿山环境治理，通过整合矿产资源帮助石墨产业实现健康可持续发展，加上中国人力成本上升，导致中国的石墨产能有所下降，中国的全球石墨产量份额也呈现下降趋势。莫桑比克、坦桑尼亚、马达加斯加、印度、加拿大、巴西、澳大利亚、土耳其等国有可能成为新增石墨产能的供应国，填补中国消减的产能份额。从全球目前正在进行勘探和在建、待建的石墨项目来看（见本书第3章3.4节），这些项目均为鳞片石墨，资源储量大、品质好、开发成本低，矿石资源量超过亿吨的有5个，矿石品位超过9%Cg的项目达到10个，石墨精矿成本低于500美元的项目有13个，其中莫桑比克Balam石墨矿，储量以石墨矿物计高达1857万吨，原矿Cg品位达到16.36%，设计产能达到35万吨/a，成为世界产能最大的石墨矿生产巨无霸，足以影响全球石墨产业。预计未来的远期产能172.3万吨，远远超过了2019年全球天然石墨产量110万吨，将会对中国和世界的石墨产业产生深远的影响。一直以来中国都被称为是石墨出口大国，2019年国际供需格局悄然变化，中国由全球最大的出口国转变为最大的进口国，进口石墨19.3万吨，出口石墨11.4万吨，净出口量差7.9万吨，是中国实行石墨进出口贸易以来首次出现逆差。隐晶质石墨的经济价值较低，主要用作耐火材料、炼钢增碳剂、摩擦材料等，全球隐晶质石墨资源储备充分，印度、土耳其、墨西哥、巴西等国都有增产潜力。

根据美国地质调查局统计，全球石墨估计60%左右为鳞片石墨，40%为隐晶质石墨，2019年全球石墨产量110万吨，总储量为3亿吨，按2019全球石墨产量估算，全球石墨矿产资源可以满足全球经济长期发展的需求。

总之，全球天然石墨资源充分，短期和长期供给都有保障，此外，全球还有不少地区具有发现石墨资源的潜力，石墨资源供应充足。

2019年天然石墨进出口统计表见表4-1。

4.1.2　石墨资源的消费

石墨是工业体系中多个产业部门的基础性原料，对工业发展有重要作用。石墨除在冶金、机械、电气、化工、轻工、纺织、国防等传统领域有大量应用外，石墨烯材料和高纯石墨、球形石墨、膨胀石墨等高端材料在新能源汽车、新兴环保材料、新兴热交换材料、储能、导电材料、新型超级电容器材料等高新技术领

表 4-1 2019 年天然石墨进出口统计表

进口		出口	
国家	金额/美元	国家	金额/美元
日本	20979625	莫桑比克	63064153
印度	12972067	马达加斯加岛	21346286
韩国	19229350	坦桑尼亚	3362027
美国	14988347	越南	304298
伊朗	5971224	纳米比亚	80342
德国	9504459	日本	397011
土耳其	4534955	中国	95896
巴基斯坦	1419111	德国	252370
斯洛文尼亚	2535910	美国	172830
西班牙	2421421	英国	183154
荷兰	2781700	加拿大	14548
巴西	2820959	意大利	800
比利时	2372495	南非	484
其他	10872244	荷兰	2101
合计	113403758	合计	89276300

域、新能源领域也有广泛应用，如图 4-2 所示。根据 Roskill 统计资料，耐火材料对石墨需求最大，约占石墨消费总量的 52%，铸造行业石墨消费量约占石墨消费总量的 14%，电池行业石墨消费量约占石墨消费总量的 8%，摩擦材料消费量约占石墨消费量的 5%，润滑剂约占石墨消费总量的 5%。未来一段时间，石墨耐火材料制品仍是将是天然石墨的最大用户，锂离子电池将成为对石墨需求增长最快的行业。从不同地区的石墨消费情况看，见表 4-2，目前，亚洲是全球石墨消耗量最大的地区，其次是欧洲、北美和南美，中国是全球石墨消耗最多的国家，占到石墨消费量一半以上，其次为印度和巴西，美国、日本、韩国和欧洲等发达国家，消费量占到 20%以上。目前全球基本形成了以中国、莫桑比克、巴西、加拿大、乌克兰、俄罗斯等国为主要供应方，以中国、日本、韩国、印度、加拿大、巴西、美国、德国等为主要需求方的供需格局。供需格局特征为供应方较为集中，需求方较为分散。

石墨产品分类及应用领域如图 4-2 所示。

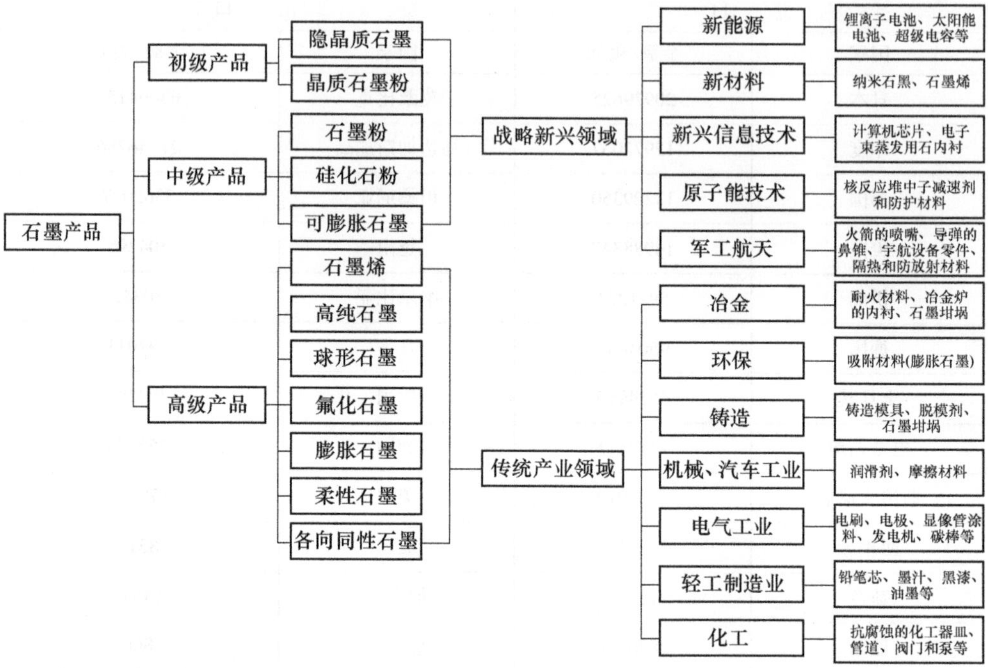

图 4-2　石墨产品分类及应用领域

表 4-2　2018 年全球主要国家石墨消费分布

国家	消费量/万吨	占比/%
中国	101.85	59.91
日本	9.05	5.32
韩国	5.78	3.40
印度	7.74	4.55
加拿大	6.74	3.97
巴西	7.25	4.26
美国	4.00	2.35
德国	4.05	2.38
马来西亚	2.09	1.23
俄罗斯	1.44	0.85

续表 4-2

国家	消费量/万吨	占比/%
奥地利	1.88	1.11
波兰	1.16	0.68
土耳其	0.97	0.57
其他	16.00	9.41

4.1.3 未来石墨消费趋势

从长远来看，未来随着世界经济的发展和改善，全球天然和合成的石墨的需求将继续增加。钢铁冶炼、铸造、润滑剂、化工、油墨和铅笔等传统产业发展趋向平稳，对石墨需求基本稳定；电动汽车、新能源和储能等新型产业稳健发展，对石墨需求增速较快；人造石墨价格较高，人造石墨在制作过程中的能耗也较大；但是人造石墨具有应用门槛低的优势，且现在随着人造石墨研发的进步，人造石墨在负极电池应用中的性能已经与天然石墨相差不大，未来也有较大增长空间；石墨烯对石墨目前需求量过小，但由于石墨烯未来发展趋势广阔，可能是石墨消费的一个方向。Roskill 咨询公司估计，未来 10 年，耐火材料、电极电刷、铅笔、铸造、密封、摩擦、润滑等传统工业领域对天然石墨的需求量增长缓慢，增长率为 2%~3%，以锂电池为代表的新兴行业对石墨的需求增长率可能为 10%~15%。全球天然石墨各应用领域需求增长率预测如图 4-3 所示。中国近年来全球石墨矿生产能力过剩，普通级别石墨产能过剩，高纯石墨、球化石墨、膨胀石墨和柔性石墨等石墨精加工产品质量显著提高，基本能够达到下游应用行业的标准；国内石墨负极电池的发展速度非常快，由于我国负极电池公司快速增长，虽然单个负极电池对石墨的需求会由于人造石墨等替代品和二氧化碳等添加剂而降低，但总体需求仍呈快速上升中。

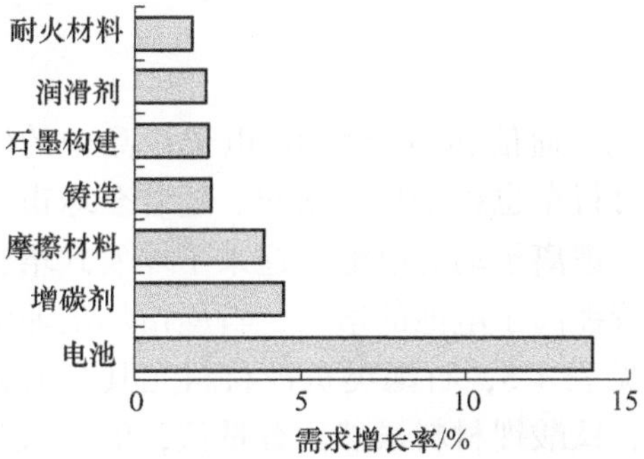

图 4-3 天然石墨应用领域需求增长率预测

扫一扫查看彩图

4.1.3.1　传统应用领域

A　耐火材料

耐火材料石墨的需求量与镁碳砖产量及其石墨加入量相关。石墨是生产镁碳砖所用的一种主要碳原料，其种类和纯度对镁碳砖的性能影响十分敏感。一般选择固定碳含量93%~95%，粒度0~150μm(0~100目）晶质石墨。石墨的需求量随钢炉种类、使用部位和操作条件不同而不同。欧洲多采用碳含量10%左右的镁碳砖，而我国、日本一般都使用含碳量为12%~20%的镁碳砖。近年来，低碳镁碳砖成为人们研究和应用的热点。低碳镁碳砖正在我国主要大型钢铁企业推广应用，并将并逐步替代高碳镁碳砖。同时伴随中国经济从高速发展转变为高质量发展，耐火材料产业对石墨的需求量略将低于现阶段的需求量。

B　耐摩擦配件

刹车片产品的市场需求增长与汽车工业的发展息息相关。统计数据显示，2010年我国摩擦材料行业年产摩擦材料制品42.6万吨，其中汽车用摩擦材料占总量的80%左右。随着我国国民经济的快速发展，汽车工业近几年来迅猛增长以及国外市场需求大幅增加，摩擦材料行业也得到了快速的发展，随着汽车产量增加，需要更多的汽车配件，制动衬片及其他摩擦材料有望持续增长，摩擦材料将使用更多的天然石墨。天然石墨（包括非晶质石墨和鳞片石墨）替代石棉用于生产重型卡车的制动衬片已成为发展趋势。

C　钢铁铸造增碳剂、电极的需求

石墨在炼钢工业中作为增碳剂广泛使用，炼钢增碳剂是土状石墨的主要用途之一。炼钢、钢铁铸造等过程对增碳剂有大量需求。铸铁是工程领域中的基础合金之一。钢铁的规模、结构及电炉电极单耗、增碳剂使用量等均决定了对石墨的需求。随着我国经济增速逐渐放缓，未来钢铁产量增速趋于平缓，但钢铁产量需求仍然巨大，未来钢铁铸造业对石墨的需求量仍然巨大，但增速会逐渐放缓。

4.1.3.2　储能材料

近年来，锂离子电池在计算机、通信和消费类3C电子产品中的使用迅速增长，电动工具和电动滑板车电动自行车也越来越受欢迎。随着全球市场混合动力汽车和纯电动汽车的爆发式增长，锂离子动力电池也迎来了爆发式增长，目前石墨作为主要的锂电富集材料，随着锂离子电池的增长，石墨市场的非常火爆。在各类锂电负极材料性能对比中，见表4-3，石墨类负极材料尤其是人造石墨材料各方面综合性能较好，性价比高；钛酸锂材料虽然比容量低，但首次效率和循环寿命较高，快充性能好，使用上较为便利；石墨烯的比容量较高，但首次效率、寿命等性能较差；硅碳复合材料循环寿命和安全性较差，但比容量远高于其他材

表 4-3 主要锂电负极材料性能对比

内容	天然石墨	人造石墨	中间相碳微球	石墨烯	硅碳复合材料	钛酸锂
比容量/mAh · g^{-1}	340~370	310~360	300~340	400~600	4200	165~170
首次效率/%	90	93	94	30	84	99
循环寿命/次	大于 1000	大于 1500	大于 1000	10	300~500	大于 30000
工作电压/V	0.2	0.2	0.2	0.5	0.3~0.5	1.55
快充性能	一般	一般	一般	差	好	好
倍率性能	差	一般	好	差	一般	好
安全性	良好	良好	良好	良好	差	好
优点	1. 技术及配套工艺成熟 2. 成本低	1. 技术及配套工艺成熟 2. 循环性能好	1. 技术及配套工艺成熟 2. 循环性能好 3. 倍率性能好	1. 电化学储能性优异 2. 充电速度快 3. 可提高电池的负载能力	理论比能量高	1. 倍率性能优异 2. 高低温性能优异 3. 循环性能优异 4. 安全性能优异
缺点	1. 比能量已到极限 2. 循环性能差 3. 倍率性能差	1. 比能量底 2. 倍率性能差 3. 安全性能差	1. 比能量底 2. 安全性能差 3. 成本高	1. 技术及配套工艺不成熟 2. 成本高	1. 技术及配套工艺不成熟 2. 成本高 3. 充放电体积变形 4. 导电率底	1. 技术及配套工艺不成熟 2. 成本高 3. 能量密度低
发展方向	1. 低成本化 2. 改善循环	1. 提高容量 2. 低成本化 3. 降低内阻	1. 提高容量 2. 低成本化	1. 低成本化 2. 解决与其他材料的配套问题	1. 解决钛酸锂与正极、电解液的匹配问题 2. 提高电池能量密度	

料，快充性能好，是目前企业的研发重点。

一般而言，制造锂离子电池所需的石墨重量是锂重量的 10～20 倍，每辆混合动力电动汽车使用 5～20kg 石墨，而一辆全电动汽车使用 20～45kg 石墨，制造一辆电动公共汽车石墨用量达到了 150～350kg 石墨，见表 4-4。电动汽车领域消费的快速增长也使得锂离子动力电池行业成为石墨需求增长最快的领域，决定着未来全球石墨市场需求的增长速度。此外储能电池、燃料电池和核能等领域也对石墨需求有巨大的增长潜力，如图 4-4 和图 4-5 所示。

表 4-4　不同类型电动汽车使用的电池规格、阳极材料和天然石墨需求量

类型	2017 销售量/千辆	锂离子电池规格/kW · h	单位产品阳极材料（天然和人工合成）/kg	单位产品天然鳞片石墨用量（阳极材料产率为 40%～50%）/kg
插电式电动汽车	400	5～20	5～20	10～30
全电动汽车	400	30～45	30～45	35～50
电动卡车	120	40～70	40 ~70	40～80
优质电动汽车	150	75～100	75～100	40～50
电动公共汽车	105	150～350	150～350	150～380

注：在制作阳极材料时天然鳞片石墨实际消耗量为表中数值的 40%～50%，阳极材料生产中的 60%～40%的副产品仍可作为细粒石墨产品使用。

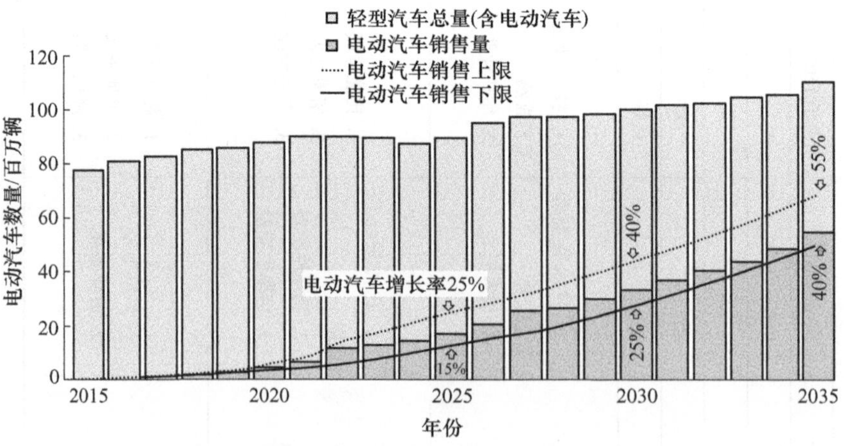

图 4-4　全球电动汽车增长预测

（源于 BUILDING A SUSTAINABLE ECO-FRIENDLY GLOBAL GRAPHITE BUSINESS，Kibaran Resoures，Informa Lithium & Battery Metals Conference Presentation）

扫一扫查看彩图

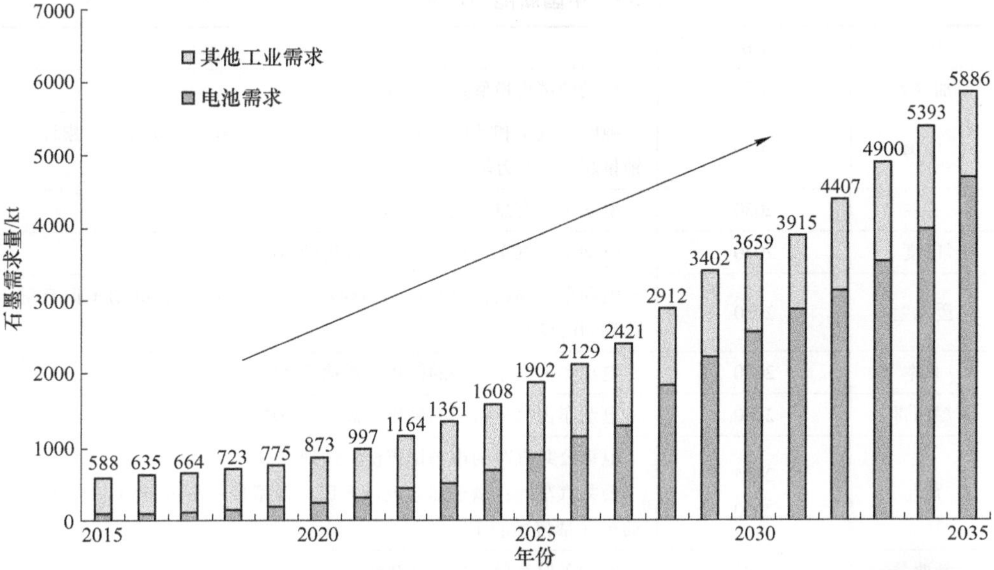

图 4-5 Benchmark mineral 公司全球天然石墨需求增长预测

扫一扫查看彩图

环境保护是人类面临的一个重要课题，面对日益严峻的节能减排压力，大力发展新能源汽车成为世界汽车工业竞争的一个新焦点。在此过程中，电动汽车逐渐成为新能源汽车的代表。在企业的推动下，它也逐渐成为世界各主要汽车制造强国政府确定的战略产业方向。为了在新一轮全球竞争中继续领先，德国、日本、美国、英国等国，由中央政府直接出面，出台了一系列全面促进新能源汽车产业发展的政策措施，引起世界普遍关注，见表 4-5。我国也及时将新能源汽车列为国家战略性新兴产业，出台了一些政策措施，见表 4-6。

基于各国政府发布的节能减排计划和新能源汽车发展规划以及全球汽车厂商的电动汽车发展规划，众多研究机构对未来全球石墨市场需求做出了各种预测。尽管目前锂离子电池负极材料更多的使用人造石墨，但是天然石墨具有价格优势，而且提纯和加工技术的进步缩小了天然石墨和人造石墨负极材料的性能差异，天然石墨的需求将会随着电动汽车的爆发式增长进入高速增长期。未来锂离子电池材料需要的合成石墨、天然石墨、针状焦和其他现有碳原料的数量将不断增加。预计 2017～2027 年，对应于电池材料应用的天然石墨需求将增长 17%～23%。Roskill 信息服务公司预计未来 10 年锂离子电池负极材料需求的天然石墨将从 2018 年的 16 万吨增长到 2028 年的 80 万～100 万吨，如图 4-6 所示。

表 4-5　中国新能源汽车政策回顾

国家	年份	目　标
加拿大	2030	市场的销售份额达到 30%
中国	2020	纯电动汽车和插电式混合动力汽车生产能力达 200 万辆、累计产销量超过 500 万辆
芬兰	2030	电动车保有量达到 25 万辆
印度	2030	电动车占汽车市场的销售份额达到 30%
爱尔兰	2030	电动车市场销售份额达到 100%（禁售燃油车），电动车保有量达到 50 万辆
日本	2030	电动车占汽车市场的销售份额达到 20%~30%
墨西哥	2030	电动车占汽车市场的销售份额达到 30%
荷兰	2025 2030	电动公共汽车的市场销售份额达到 50%； 公共汽车的存量全部为电动大巴；轻型乘用车市场销售 100% 电动车（禁售燃油车）
新西兰	2021	电动车保有量达到 64000 辆
挪威	2025 2030	电动车（轻型乘用车、轻型商用车、城区巴士）的市场销售份额达到 100%（禁售燃油车）； 长途大巴的市场为 100% 电动、50% 的卡车市场为电动
韩国	2020	电动轻型乘用车保有量达到 20 万辆
斯洛文尼亚	2030	电动车占汽车市场的销售份额达到 100%（禁售燃油车）
瑞典	2030	电动车占汽车市场的销售份额达到 30%
英国	2020	电动车保有量达到 39.6 万~41.3 万辆
美国	2025~2030	零排放汽车的保有量达到 150 万辆，占汽车市场份额的 15%； 零排放汽车保有量达到 500 万辆

表 4-6　中国新能源汽车政策回顾

年份	中国新能源汽车政策
2009	国务院批准汽车产业调整振兴规划（2009—2011）提出："着力发展自主品牌，积极发展新能源汽车"，财政部发布《关于开展节能和新能源汽车示范推广试点工作的通知》，明确对试点城市公共服务领域购置新能源汽车给予补助，由此拉开了新能源汽车补贴时代的序幕
2010	国务院将新能源汽车列为"国家七大战略性新兴产业"之一
2012	国务院印发"节能与新能源汽车发展规划（2012—2020）"，提出"加快培育发展新能源汽车产业，推动汽车动力系统电动化转型"的战略目标
2013	财政部、科技部、工信部、国家发改委四部委批复在 80 多个城市开展新能源汽车的推广应用工作，对纯电动汽车、插电混动、氢能源汽车进行补贴

续表 4-6

年份	中国新能源汽车政策
2015	国务院发布《中国制造 2025》，将“节能与新能源汽车”列为九项战略任务之一，并将新能源汽车列为“重点突破的领域”财政部关于 2016—2020 年新能源汽车推广应用财政支持政策的通知
2016	财政部、科技部、工信部、国家发改委关于调整新能源汽车推广应用财政补贴政策的通知
2017	财政部、税务总局、工信部、科技部关于《免征新能源汽车车辆购置税的公告》，公安部交通管理局，在全国分三批推广新能源汽车专用号牌，各地根据实际采取不限号，不排队抽签直接上牌
2018	国家发改委宣布，2018 年取消专用车、新能源汽车外资股比限制

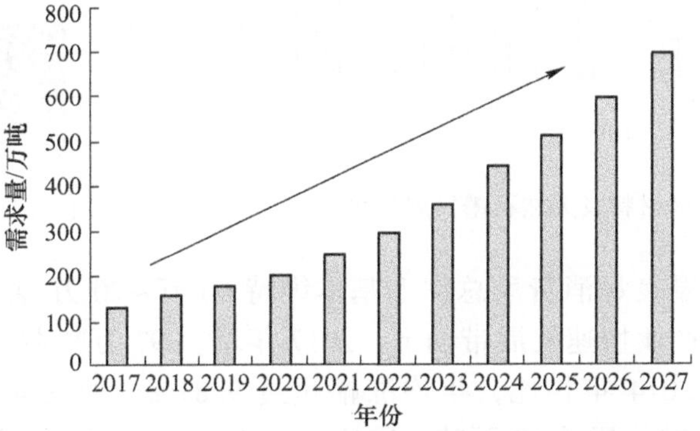

图 4-6 Roskill 公司全球电池材料天然石墨增长需求预测

扫一扫查看彩图

中国是最大的石墨生产国，也是最大的石墨消费国，中国石墨消费量占世界消费量的一半以上。2000 年以来石墨消费量整体呈先上升再下降再上升的趋势，由 2000 年的 131.77 万吨上升到 2006 年的 150.34 万吨，再下降到 2018 年 92 万吨，2018 年中国石墨消费量全球占比接近 60%。中国与世界天然石墨消费结构基本相同，主要用于耐火材料、冶金铸造、导电和润滑等领域，在冶金领域占比最大，钢铁行业是消耗耐火材料最大的行业。随着中国经济结构调整和发展方式转变，战略性新兴产业成为中国经济发展的新引擎，天然石墨的消费领域也由耐火材料、炼钢、铅笔等传统产业逐渐转向新一代信息技术、节能与新能源汽车、电力装备、新材料等战略性新兴产业，燃料电池（新能源产业）、将实现规模化生产，必将带动石墨在战略性新兴产业消费的快速增长。在燃料电池（新能源产业）领域，中国是目前全球最大、增长最快的锂离子电池市场，而且世界锂离子电池产业链的几乎所有阶段都集中在中国。2017 年中国新能源汽车产量 79.4 万辆，连续三年全球第一，新能源汽车产业快速发展带动锂离子电池的需求量激增，而锂离子电池阳极材料使用的是由鳞片石墨加工而成的球形石墨。

石墨负极材料及天然石墨发展趋势如图 4-7 所示。

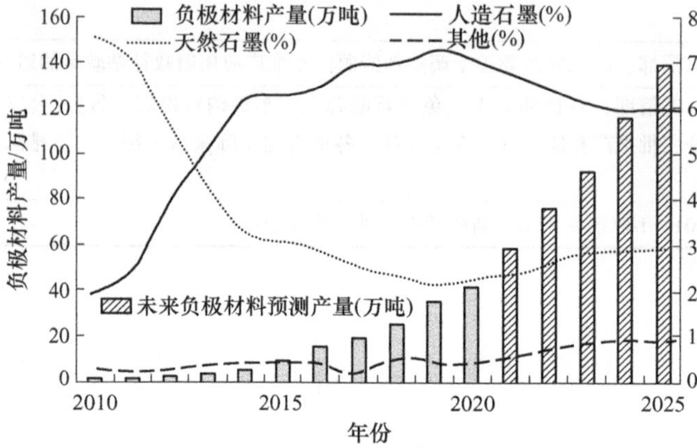

图 4-7　石墨负极材料及天然石墨发展趋势

扫一扫查看彩图

2014~2016 年我国石墨表观消费量总体上基本维持 60 万~70 万吨/a 水平，在我国电动车行业和新兴产业快速发展带动下，2017 年增至 97 万吨左右，2018 年达到 101.85 万吨，与 2014 年相比，年均涨幅超过 9.87%，如图 4-8 所示。2018 年鳞片石墨消耗量激增，超过 90 万吨，同比增长 57%，如图 4-9 所示，到 2020 年上半年，全国动力电池投产项目超过 28 个，投资额 2300 亿元，见表 4-7。中国地质调查局预测到 2030 年，对鳞片石墨消费量的需求将会大幅度提高，主要用于球床核反应堆、锂离子电池、钒氧化还原电池和制备石墨烯，晶质石墨需求将达到 135 万吨。

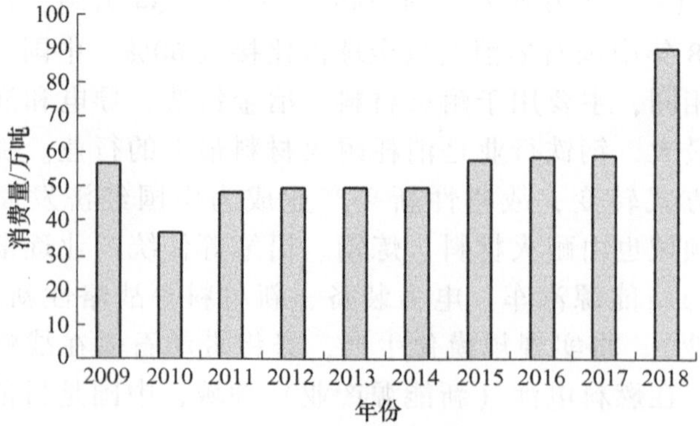

图 4-8　中国鳞片石墨消费量

扫一扫查看彩图

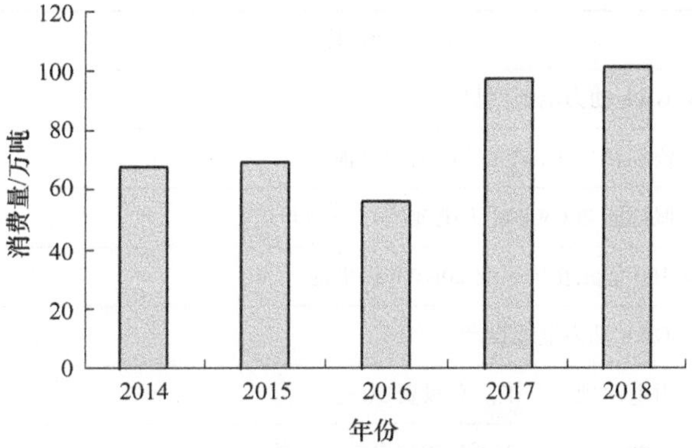

图 4-9 中国天然石墨表观消费量

扫一扫查看彩图

表 4-7 2020 年上半年中国新上动力电池项目

序号	项 目 名 称
1	星恒电源滁州基地一期 5GWh 产能 4 月投产
2	青海时代年产 8GWh 项目投产
3	巨电新能源滁州年产 10 亿安时项目开工
4	联动天翼年产 30GWh 项目投产
5	重庆比亚迪年产 20GWh 项目开工
6	远景 AESC 年产 20GWh 项目投产
7	中化国际太原投资 200 亿元在太原建 20G~50GWh 锂电池
8	蜂巢能源和捷威动力在江苏盐城合资建 4 条三元软包
9	万向聚能城 80GWh 项目开工
10	欣旺达南京新建 30GWh 项目
11	亿纬锂能二期 6GWh 项目开工
12	智航新能源新增 6GWh 方形电池
13	星盈科技一期 6 亿安时项目投产
14	宁德时代（时代一汽）拟投动力电池项目，投资 44 亿元
15	力神在青岛一期 4GWh 项目投产
16	SK 创新投资 33.5 亿元在华建第二座电池厂
17	孚能将投资 46 亿元在德国建厂

续表 4-7

序号	项 目 名 称
18	福斯特江苏 12GWh 动力电池项目一期投产
19	亿纬锂能拟投资不超过 35 亿元扩产动力电池
20	湖北来度在宣城储能 20GWh 动力电池项目一期开工
21	中化国际投资 100 亿元在扬州建 20GWh 锂电池
22	安徽利维能 10GWh 动力电池投产
23	比亚迪宁乡动力电池项目开工。总投资 50 亿元
24	桑顿新能源拟在湖南长沙建 8GWh 软包电池生产线
25	比亚迪投资 40 亿元在增城建锂电池项目
26	荣盛盟固利在天津动力电池二期 6GWh 项目开工建设
27	亿纬锂能增资 10.5 亿元加码软包电池
28	中航锂电在厦门 20GWh 动力电池项目落户

4.1.3.3　石墨烯新材料

石墨烯作为可能改变世界的新材料，近年来成为各国研究的热点。天然鳞片石墨可以用于生产石墨烯，目前的石墨烯生产方法主要以天然鳞片石墨为原料，运用机械剥离法、液相剥离法、氧化还原法、化学气相沉积法、SiC 外延成长法等方法制造，如图 4-10 所示，常见石墨烯产品有石墨烯粉体、氧化石墨烯粉体等，见表 4-8。石墨烯由于具有薄、硬、导热电系数高、比表面积大、柔、透光性好等特点，广泛用于电子信息、新能源、节能环保、医疗健康、国防军工、石油化工等领域。截止到 2019 年，全国已经拥有从事石墨烯制备、销售、应用、投资、检测、技术服务相关的各类企业 2000 多家，企业数量最多的三个省分别是江苏、广东和山东。

表 4-8　石墨烯产品特性及应用领域

产品名称	产品特性	产品应用领域
石墨烯粉体（化学法）	导电导热性好，机械强度高，散热性能好	军工、航空航天、海洋、散热、增强等复合材料
石墨烯粉体（物理法）	亲水性强，分散性好，官能团丰富	生物医用、环境工程等改性复合材料
氧化石墨烯粉体	分散性好，官能团丰富，复合型能好	生物医用、环境工程等改性复合材料

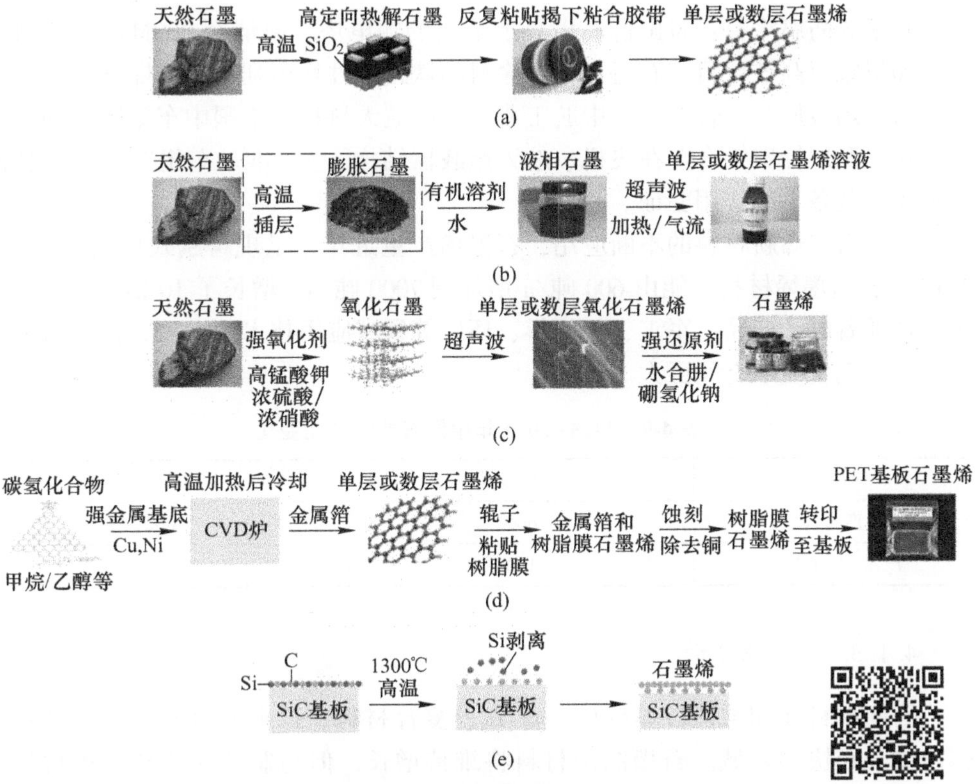

图 4-10 石墨烯的制备方法

（a）微机械剥离法；（b）液相剥离法；（c）氧化还原法；
（d）化学气相沉积（CVD）法；（e）SiC 外延生长法

扫一扫查看彩图

在电子信息领域：石墨烯传感器、新型石墨烯 RFID 材料、石墨烯电子纸、石墨烯散热材料等已开始在手机等电子设备中广泛使用；石墨烯散热材料已成为5G 时代标配。

在节能环保领域：石墨烯净化剂、石墨烯过滤膜、石墨烯光催化网等净化材料和石墨烯导热材料已成为节能环保领域技术突破的新契机。

在新能源汽车领域：电池：石墨烯导电浆料已在比亚迪、国轩高科等国内知名动力锂电池产商中规模应用，国外电池巨头 LG、三星等也都在积极开发石墨烯电池技术，而石墨烯在三元电池材料、固态电池等方面也取得不错的进展，广州研究院自主研发了添加石墨烯材料的软包电池，8 分钟就可以充满电。

汽车轻量化：石墨烯改性树脂、石墨烯改性橡胶等材料已逐渐应用在汽车轻量化；宝马、福特、上汽、广汽等车企都开始联合开发相关的石墨烯技术。

在日用新材料领域：石墨烯防疫口罩、石墨烯加热护目镜、石墨烯防护服等产品也已经上市。

石墨烯防腐涂料：舟山群岛世界上最高的输电塔、柬埔寨 200MW 双燃料电站与印尼雅万高铁项目、石墨烯粉末涂料的铁路扣件均用到了石墨烯材料。

石墨烯金属基复合材料：中航工业、中国航天科技、中国中车集团等国内应用单位，开展烯碳铝合金在飞机、航天运载器结构、“标准动车组”列车、新能源汽车等装备上的应用验证。

随着石墨烯新材料的不断应用，石墨烯产量近年也呈现跨越式增长，2015~2019 年，石墨烯材料产能由 600 吨/a 增加到 7000 吨/a，增长了 10 倍，见表 4-9，未来伴随着电子产品、军工、新材料、环保等领域应用技术的发展，预计未来石墨烯应用消费需求空间巨大。

表 4-9　2015~2019 年中国石墨烯产能变化

年份	2015	2019
产量/t	600	7000
产量/万立方米	150	1134

4.1.3.4　其他方面

石墨材料（如柔性石墨材料、碳-石墨复合材料、石墨密封材料等）是石墨需求增长较快的领域。石墨润滑材料将维持增长，但与制动衬片和耐火材料相比，其使用石墨新材料的绝对使用量还很小。

此外，第四代高温气冷球床反应堆核能技术更安全、更经济，是核电发展的重要方向之一，该反应堆石墨球可以使用人造石墨或天然石墨，此类核电技术的发展将会开辟新的天然石墨应用领域。

4.2　石墨市场趋势

4.2.1　全球石墨贸易格局

目前，全球约有 65 个国家和地区出口石墨，主要出口国为中国、巴西、印度、莫桑比克、坦桑尼亚、朝鲜、马达加斯加等国家，主要石墨产品为晶质石墨和隐晶质石墨精矿和初级加工产品等。约有 100 个国家和地区进口石墨，主要进口国为日本、美国、德国、韩国、荷兰等国家，中国自 2017 年以后也开始大量进口石墨，其中美国、德国和日本等拥有先进的石墨加工技术，主要进口石墨初级产品，出口高附加值的石墨精加工制品。目前全球形成了形成以朝鲜、莫桑比克、马达加斯加、巴西、印度等国为主要出口国，以中国、日本、美国、德国、韩国、荷兰等国为主要进口国的贸易格局，需要特别指出的是，伴随着莫桑比克鳞片石墨出口量大幅增长，中国首次成为鳞片天然石墨净进口国。发展中国家中国、巴西、马达加斯加等以低端产品出口为主，即“低出高进”；发达国家日本、美国和德国则通过高科技手段加工技术制成高精产品高价出售，即“低进高出”。美国有 90 多个石墨制品企业，天然石墨全部依赖进口。

美国石墨消费量稳定，据美国地调局发布，2018 年美国约有 95 家公司进口天然石墨 5.2 万吨，消耗 4 万吨石墨，其中片状和高纯石墨约占 75%，隐晶质石墨占 24%，块状和片状石墨占 1%，主要分布在五大湖区、东北部地区、亚拉巴马州和田纳西州，估计价值 3700 万美元；2018 年美国主要天然石墨进口来源国依次为中国、墨西哥、加拿大、巴西、马达加斯加、斯里兰卡、英国和日本，其中，美国主要从中国进口隐晶质石墨、鳞片和鳞片细粉石墨，进口中国石墨占到美国石墨总进口量的 40%以上，从墨西哥主要进口隐晶质、块状石墨，斯里兰卡提供了块状和片状粉末。

日本是全球第二大石墨消费国，2019 年之前是世界上石墨进口第一大国，其石墨消费完全依赖进口。我国是日本石墨最大供给国，2018 年进口量为 15.96 万吨，其中从中国进口 15.67 万吨，占总进口量的 98.21%，其余主要来源于朝鲜、斯里兰卡等国。日本从我国进口大量的石墨原材料，而经过其提纯加工再出口到我国，价格翻了十几倍。例如，日本东海碳素公司是高纯石墨的主要供应商，是碳素业界的先驱，其石墨产品主要为石墨电极、炭黑、细碳、工业炉及相关产品、摩擦材料、阳极材料等。

德国石墨进口主要来自中国、马达加斯加、乌克兰和巴西等国，主要应用于电极，其次是耐火材料、石墨板材、润滑剂、铸造、电池等领域，出口我国的石墨产品单价高达 3720 美元/t。

中国目前是全球第一大石墨消费国、第一大石墨进口国，2018 年鳞片石墨进口量为 6.03 万吨，进口来源主要为莫桑比克、马达加斯加、坦桑尼亚等国家，隐晶质石墨进口量约为 4 万吨，主要进口国家为朝鲜。2019 年中国石墨进口量突增，超过日本成为全球第一大石墨进口国。近年来随着初级产品生产成本和石墨矿环保成本的增加，以及中国政府为刺激与非洲的贸易政策，对非洲石墨出货征收零关税，中国从莫桑比克、马达加斯加、坦桑尼亚等非洲国家进口石墨将进一步增加，预计未来将从非洲国家进口更多的天然鳞片石墨。出口方面，以往中国以出口石墨原料及各种规格的石墨粉片、粉末等初级产品为主，随着我国石墨加工技术的不断进步，出口石墨产品的多样化不断增加（如柔性石墨、负极材料的球化石墨等），近年来石墨出口产品附加值不断增加，出口石墨产品价格不断上涨。近年我国石墨平均出口单价趋势如图 4-11 所示。

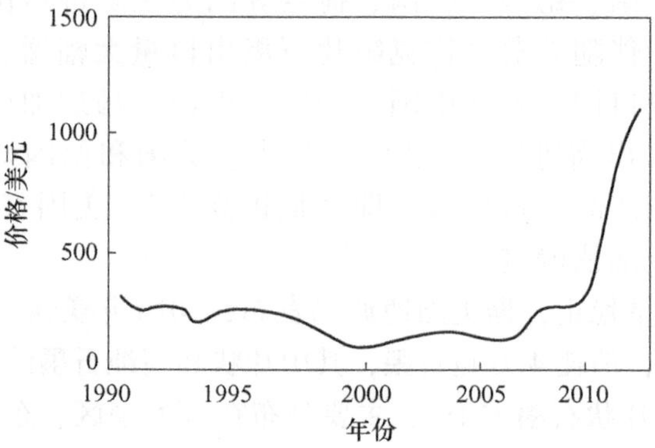

图 4-11　近年我国石墨平均出口单价趋势

4.2.2　全球石墨资源市场价格

石墨价格受产品的加工程度影响，本书谈及石墨价格指石墨精矿价格。石墨精矿价格主要与固定碳含量（纯度）、鳞片大小（目数）等因素影响，结合市场需求情况，石墨精矿的规格、品种、型号不同，例如，碳含量相同，石墨规格-195、185 和 196 或 595 规格不一样，价格差异大，见表 4-10～表 4-12，中国石墨精矿价格计价方式与国际价格基本保持一致，见表 4-13。在过去的百年中，以美元计价的全球石墨价格（平均价格）随市场需求波动稳定上涨，如图 4-12 所示。第一次世界大战时期，钢铁业快速发展导致石墨需求增加，价格暴涨，除此期间之外，1900～1970 年，70 年间石墨价格波动不大。20 世纪 70 年代末期，世界经济增速加快，钢铁业的快速发展刺激石墨需求增长及美元货币贬值，导致石墨价格快速上涨，2005 年后，中国钢铁业高速发展带动石墨价格暴涨，到 2012 年天然石墨的均价达到 1200 美元/t，鳞片石墨均价达到 2000～2500 美元/t，此后中国经济增速放缓，钢铁业去产能，天然石墨供给过剩，价格连续下跌，2016 年天然石墨均价跌到 600～800 美元/t，如图 4-13 所示。近年来全球石墨的主产国受原材料、人工成本、水电、机械设备、其他辅料等生产要素成本不断上升，安全环保与资源保护等压力状况，以及全球市场供求关系变化等因素影响，原矿、精粉及一些主要的产成品价格也不断提升。

表 4-10　鳞片石墨的一般市场规格（C 94%～97%）

尺寸	细鳞片	小鳞片	中鳞片	大鳞片	特大鳞片	超大鳞片
目数	-200	+200～-100（负目）	+100～-80（正目）	+80～-48	+48～-32	+32
微米/μm	<75	+75～-150	+150～-180	+180～-300	+300～-500	+500

表 4-11 鳞片石墨不同牌号技术要求（GB/T 3518—2008）

名称	高纯石墨	高碳石墨	中碳石墨	低碳石墨
固定碳(C%)	(C%)≥99.9	94.0≤(C%)<99.9	80.0≤(C%)<94.0	50.0≤(C%)<80.0
代号	LC	LG	LZ	LD
牌号	共 10 个牌号 根据固定碳含量 和鳞片大小规格	共 66 个牌号 根据固定碳含量 和鳞片大小规格	共 81 个牌号 根据固定碳含量 和鳞片大小规格	共 12 个牌号 根据固定碳含量 和鳞片大小规格

表 4-12 2019 年底国际石墨价格及影响因素（加拿大北方石墨公司）

鳞片分类	纯度/%	鳞片规格	价格/美元 · t^{-1}	鳞片尺寸/μm
特大鳞片	C 94~97	-420~270μm (-35~+50 目)	1800	-500~+300
大鳞片	C 94~97	180μm (+80 目)	830	-300~+180
中鳞片	C 94~97	150μm (+100 目)	700	-180~+150
细鳞片	C 94~97	-150~750μm (-100~+200 目)	550	-150~+75
隐晶石墨	C 80~85	70μm (-200 目)	300~350	-75

表 4-13 2019 年 9 月我国天然石墨规格及价格

石墨类型	规　　格	价格/元
天然鳞片石墨	-293~-150μm(-195~ -100 目)C 95%	3600~4000
天然鳞片石墨	+79~150μm(+190~ +100 目)C 90%	3600~4000
天然鳞片石墨	-38~-48μm(-399.5~-300 目)C 99.5%	7600~8900
天然鳞片石墨	-76~-150μm(-199~ -100 目)C 99%	6500~7100
天然鳞片石墨	+17~180μm(+895~+80 目)C 95%	5600~6200
天然鳞片石墨	-79~-150μm(-190~-100 目)C 90%	2500~2800
天然鳞片石墨	+293~+150μm(+195~+100 目)C 95%	4600~5000
土状石墨	80%，75μm（200 目）	2000~2300
土状石墨	80%，原矿	1300~1700
球化石墨	小球（6~10μm）C99.95%	18000~22000
球化石墨	大球（15~20μm）C99.95%	17000~19500

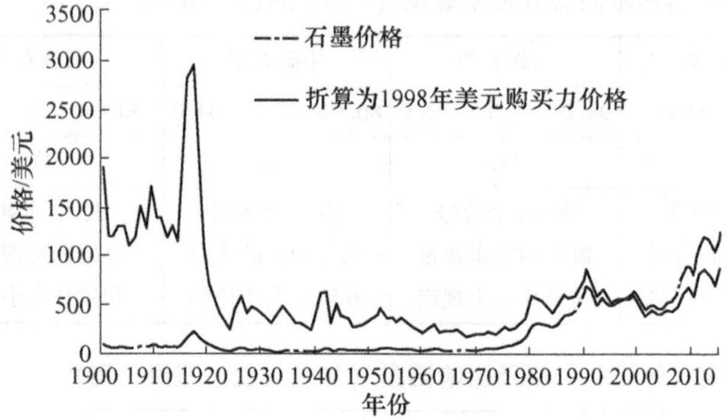

图 4-12　过去百年石墨价格变化趋势

扫一扫查看彩图

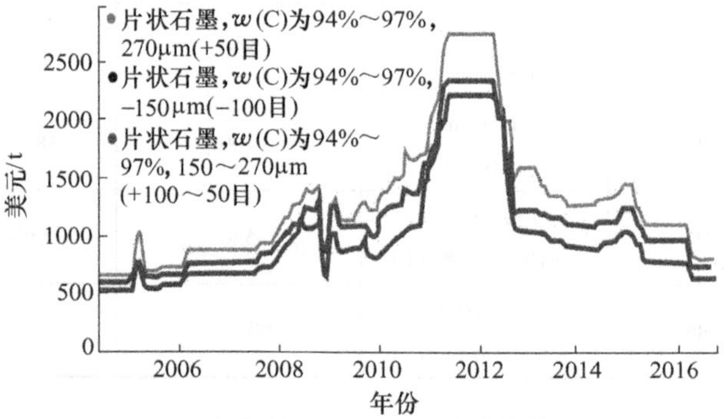

图 4-13　近年来全球鳞片石墨价格变化趋势

扫一扫查看彩图

除了石墨精矿等初级产品外，高端石墨资源产品的出口价格，除受进口原矿或初级产品价格的影响，还受到各主要生产国核心技术开发成本，各进口国的市场需求以及产品技术含量等状况影响。这类技术含量高、附加值高的高端石墨资源产品出口价格高、利润率高，与主产国原矿或初级产品的出口价格形成了鲜明的对比。根据 2019 年中国非金属矿工业协会对外发布的信息分析，以中国为例，占全球进出口比例的 60%左右，2018 年，195 规格产品市场价格虽然已上升到了 4500~4800 元/t，595 规格产品市场价格虽然已上升到了 1.2 万元/t，但相对于高端石墨资源产品价格，仍然是附加值不高、利润率低。出口低端原矿或初级产品的价格远不如出口高端石墨资源产品的价格。2018 年，我国国内自产自销或国外进口的球形石墨资源价格达到 1.4 万~1.5 万元/t，可膨胀石墨资源价格达到了 1.3 万~1.5 万元/t；高端石墨烯产品导电导热特性好，系列产品及材料甚至达到 10 元/g；负极材料中，低端产品价格一般在 2.5 万~3.2 万元/t，中端产品价格一般为 4.5 万~6.5 万元/t，而高端产品价格为 8 万~10 万元/t。

全球石墨资源净进口的国家有日本、美国、德国、韩国、加拿大等；中国、印度、巴西等石墨资源主产国既是进口大国，也是出口大国。相关材料研究与分析表明，从2014年以来，全球石墨资源各种规格的一次进口和深加工后的二次进口，其中，日本进口价格为1460美元/t，相比较于日本的出口价格11480美元/t，接近低了10倍；美国平均进口价格为1270美元/t；中国的平均进口价格为4960美元/t，平均出口价格为950美元/t；巴西的平均进口价格为2380美元/t；德国的平均进口价格为1000美元/t，平均出口价格为1750美元/t，见表4-14。全球石墨资源从低价进口原矿或初级产品，高价出口精深加工后的高端产品的状况又叫二次出口的状况，随着全球经济社会发展和各石墨资源主产国的科技进步，未来会有所改观，品种、价格和出口金额结构应该会发生较大的变化，进口的价格也应该会不断提升，并将对下游的石墨资源制成品的二次出口价格产生很大的影响；对石墨资源主产国及其生产企业是一种利好的机会，能促进其效益的提升和科技创新能力的提高。近年来，我国是全球仅次于日本的第二大进口国。2012年以前，全球最大的进口国是美国。2012年后，日本的进口总量超过了美国。我国的石墨资源进口，2015年为8.45万吨到2018年已经超过了10万吨。原矿及初级产品主要是从莫桑比克、朝鲜、土耳其、坦桑尼亚等国家进口。高端精深加工后的石墨资源主要从日本、美国、韩国等国家进口。从朝鲜进口的原矿价格较低，而从日本进口的高端石墨资源产品价格达到平均10165美元/t，从美国进口的高端石墨资源产品价格为4800美元/t（自然资源部，2019）。

表4-14 各国天然石墨出口价格

国家及地区	单位出口价值/美元·t^{-1}	单位进口价值/美元·t^{-1}
全球	11064.37	951.43
日本	11480.67	1461.32
中国	951.43	4961.69
巴西	1136.62	2387.29
美国	1483.62	1278.70
德国	1757.85	1009.05
加拿大	1345.84	198.62

4.2.3 中国石墨贸易现状

中国虽为石墨消费第一大国，但石墨深加工技术落后，而美国、德国、英国和日本等发达国家的石墨应用技术居世界领先地位，其中高纯柔性石墨只有日本才能够生产，2018 年中国球形石墨 97%来自日本。

石墨资源方面，2018 年以前，中国石墨进口来源国基本为朝鲜，以隐晶质石墨为主，如图 4-14 所示，其中 2017 年中国石墨进口量为 14.73 万吨，进口量的 95.99%来源于朝鲜；2018 年我国天然石墨进口量为 10.82 万吨，主要来自朝鲜、莫桑比克、马达加斯加三个国家，其中非洲地区进口总量在 5.8 万吨，占比进口量的 50%以上，非洲地区已经取代朝鲜成为中国最大石墨进口地；2019 年 1~11 月，中国石墨进口量为 19.00 万吨，其中莫桑比克进口石墨高达 14.36 万吨、马达加斯加 3.39 万吨、坦桑尼亚 0.75 万吨，而未从朝鲜进口。中国石墨进口来源国由以朝鲜为主变为以莫桑比克为主，如图 4-15 所示。

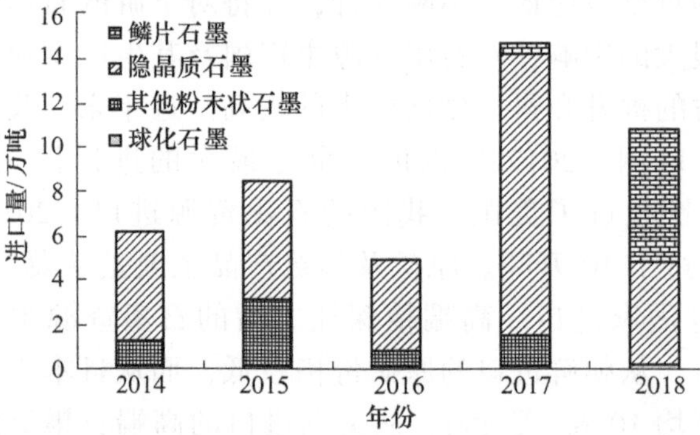

图 4-14　2014~2018 年中国天然石墨进口量变化

扫一扫查看彩图

石墨产品方面，随着中国工业化进程的发展，中国市场对高端石墨产品的需求开始增大，而国内生产加工能力弱，部分产品（如各向同性石墨、氟化石墨、高纯石墨等）只能从日本、美国、德国等发达国家进口来满足国内需求，中国从日本进口石墨，产品单位价值达到 10165.75 美元/t，从美国进口石墨产品单位价值达到 3582.11 美元/t。

我国石墨出口的主要产品为天然石墨、球化石墨等，天然石墨出口国以日本、韩国等为主，出口美国占比较小，2014~2016 年出口量逐年下降，2017 年实现较大反弹，为 34.26 万吨，2018 年，我国天然石墨出口量小幅回窄，为 33.97 万吨，如图 4-16 所示。石墨出口平均单价约 1000 美元左右，出口产品以初级产品为主，见表 4-15。对比中国石墨的进口情况和出口情况，总结得出，中国的石墨贸易现状为：整体以相对低廉的价格向日本、欧洲国家、韩国、美国等国家出口初级产品为主，但进口产品相对高级，价格较高。

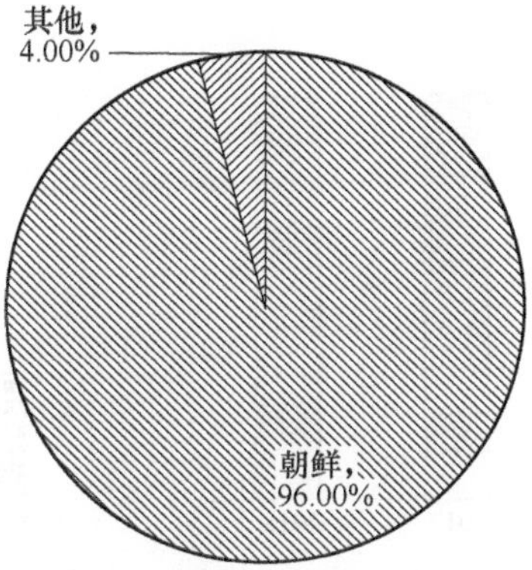

2017年中国进口天然石墨占比

(a)

扫一扫查看彩图

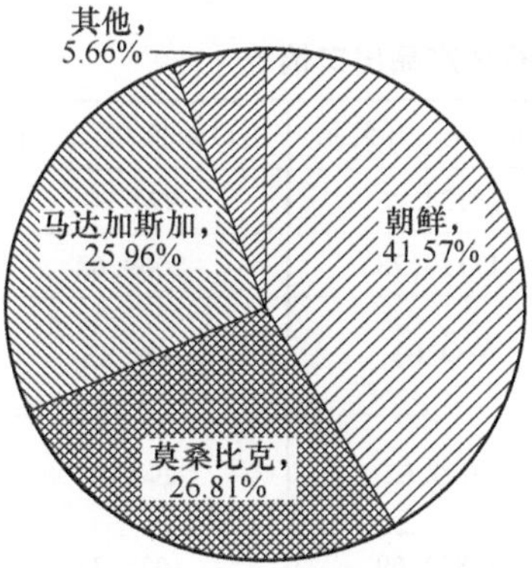

2018年中国进口天然石墨占比

(b)

扫一扫查看彩图

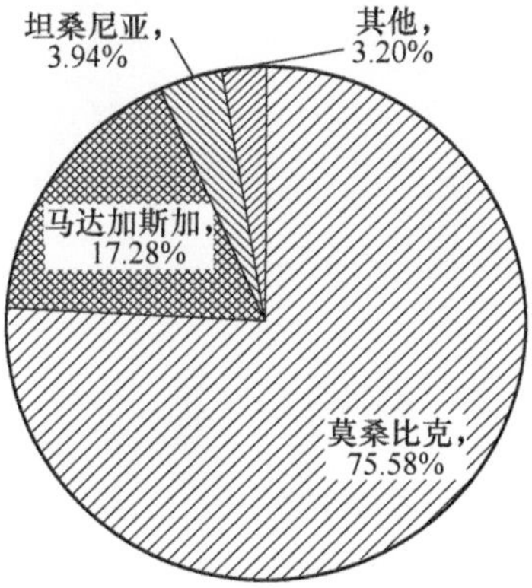

2019年中国进口天然石墨占比

(c)

扫一扫查看彩图

图 4-15 2017~2019 年中国进口天然石墨占比变化

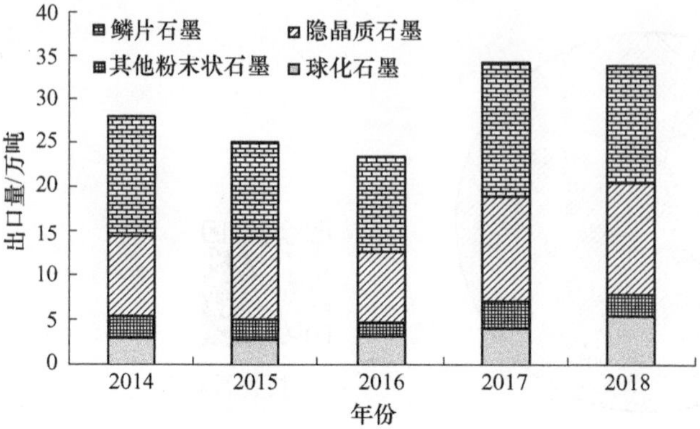

图 4-16 2014~2018 年中国天然石墨出口量变化

扫一扫查看彩图

表 4-15 中国石墨产品出口情况

出口类别	出口量/万吨	出口金额/万美元	出口单价/美元 · t^{-1}	出口量占比/%
鳞片天然石墨	13. 47	13134. 26	974. 90	39. 66
球化石墨	5. 58	17114. 78	3069. 62	16. 41
其他粉末或粉片天然石墨	2. 34	934. 03	398. 83	6. 89
天然石墨（粉末或粉片除外）	12. 58	3649. 62	290. 09	37. 04
合计	33. 97	34832. 69	1025. 37	100. 00

5 我国石墨产业发展对策建议

长期以来，我国石墨开发企业以生产初级产品为主，产品附加值低，同质化问题严重，产能过大，导致国内低价竞争出口。近年来，随着对天然石墨作为战略资源重要性的认识深化，一些有实力的大型企业开始重视对石墨产业的投入；国家相关部门对天然石墨的资源保护、科学利用十分重视，并采取重大措施支持对石墨产业进行整合。石墨产业原来的乱象得以改观，产业的整合及发展规划落实成果显著。在产业整合方面，进展可喜：湖南省郴州市等政府部门下决心将矿区停产整顿，中国建材集团战略投资集中了矿权，建立了南方石墨公司，终止了原来乱采、乱挖的混乱局面，目前已经有计划地恢复生产；国内优质大鳞片石墨的主要产区内蒙古自治区兴和，日新集团进行了战略投资，集中了矿权，组建了内蒙古自治区瑞盛新能源有限公司，建设石墨深加工园区；2019 年 12 月，中国五矿集团（黑龙江）石墨产业有限公司成立，中国五矿将在整合萝北云山石墨资源基础上，打造涵盖石墨资源储备、采选、球形石墨及负极材料等深加工产业的一体化石墨产业链；青岛石墨烯产业园区、常州石墨烯科技产业园、无锡石墨烯产业发展示范区等多个石墨烯产业园区成立，园区引导多家企业致力于石墨烯及相关产品的开发与应用，推动我国石墨烯产业的发展；其他石墨矿产区也有大企业进行战略投资，整合资源。虽然我国石墨产业经历了一系列的调整和进步，但目前石墨产业还存在较多的问题。

从全球石墨行业开发过程中的生产、利用及市场供需情况分析，在石墨开发利用过程中，发展中国家和发达国家的石墨工业发展的模式存在一定差异，通常发展中国家以经济发展首要，在开发过程中不顾过度开发对环境造成的不利影响，开采力度较大，不断扩大产能。而发达国家更重视对石墨资源进行保护，通过进口他国石墨资源推动石墨产业发展。国外发达国家通常采用手段有：（1）限制国内资源开采：限制本国石墨资源开采，把国内的石墨资源作为战略性资源进行国家储备，通过对外实行“以购代采”的方式，从中国、马达加斯加等石墨资源丰富的国家低价进口石墨初级产品，然后将经过提纯加工的石墨产品返销中国和其他国家，二者差价高达 10 倍。（2）采取石墨加工技术垄断和封锁：目前，很多石墨深加工核心技术主要掌握在美、日、欧盟等少数发达国家手中，这些国家企业通过技术垄断了全球石墨深加工产品技术和市场，如由于相关技术封锁原因，我国特种石墨和高档石墨乳产品产量极小，不成规模，满足不了市场需求，只能依靠高价进口。（3）相关政策支持：美、英、欧盟等发达国家出台系列政策支持发展石墨深加工制品同时，还投入大量的资金和人力进行支持。如：美国能源部发布的2011版《关键材料战略》中将石墨材料、石墨烯列入重点发展内容；2018年美国发布35种关键矿物清单（Final List of Critical Minerals 2018），将天然石墨列为美国的关键矿物之一；欧洲2020战略的七大旗舰项目中，将石墨视为关键工业矿物列为关键材料之一。（4）直接投资开发国外石墨资源基：近年来，美国、日本、澳大利亚和欧洲等发达国家在中国、印度、莫桑比克等技术欠发达地区石墨资源基地投资兴建加工厂，通过自身技术优势，占据当地资源市场，降低生产成本。综上，国外石墨发达国家在石墨开发利用过程中，充分利用了技术优势，再加以政策配套措施，以获得石墨行业较高的竞争力。

矿产资源型产业如何加快转型升级，实现高质量发展、可持续发展是国家未来发展的一个重大课题。石墨资源产业是典型的国家战略性矿产资源型产业，与稀土、钨等矿产资源型产业一样，在全球市场化竞争中有非常重要的战略地位。如果没有国内产业链企业的强大，原料出口就没有全球市场的定价权，没有国内高端自主产品的技术研发与市场上的打拼，高新技术进口产品照样会卖给我们天价，并卡住技术脖子。如果不加快石墨资源产业的转型升级与高质量发展步伐，不科学规划好现有石墨资源的保护、开发与利用，石墨资源产业将会面临很大的发展瓶颈。借鉴国外先进国家战略性矿产资源型产业可持续发展的经验，按照我国战略性矿产资源型产业发展的整体战略需求，立足国内实际状况，把握全球市场趋势，吸取稀土、钨等战略性矿产资源管控中的教训，做好石墨资源产业发展的顶层设计和统筹规划，科学做好石墨资源的保护、开发与利用、促进石墨资源产业的可持续发展、高质量发展，具有非常重要的现实意义和历史意义，是新时代发展的客观要求，是国家战略性资源产业科技创新发展的必然要求，是石墨资源产业转型升级，加快发展的内在要求，是实现我国由石墨资源产业大国到石墨资源产业强国目标的战略要求。

借鉴国外发达国家发展经验，针对国内石墨产业发展现状，对我国石墨资源产业提出如下对策建议：

（1）加强石墨资源市场评估研究，增强我国石墨矿山项目抗风险能力。

2011年开始，全球掀起石墨烯热，此外以特斯拉、比亚迪等电动汽车为代表的新能源汽车产业的快速发展，随着电动汽车产业的高速发展，锂动力电池对石墨材料的需求不断增长，鳞片石墨价格稳定上涨，这也激发了全球天然石墨矿产勘探开发热情，一大批国外石墨矿项目正在加紧推进，这些项目多数完成了可研、正在筹资、审批、或建厂阶段，也有一些处在可研阶段和勘查阶段，本书3.4节，如莫桑比克的Balama石墨矿项目已于2018年投入试生产，鳞片石墨精矿产量达到10.4万吨，该矿设计产能达到35万吨石墨精矿/年，2019年生产24.5万吨石墨精矿，莫桑比克目前已取代朝鲜成为国外中国最大的鳞片石墨供应国。若这些项目在2025年前都能顺利投产，将为全球石墨市场带来超过170万吨鳞片石墨精矿的产能，远远超过了2018年全球天然石墨产量93万吨，并且多数国外石墨项目资源储量大、品质好、开发成本低，将会对中国石墨产业产生深远的影响。

未来石墨石市场竞争会更加激烈，国内石墨资源项目应当加强国内外市场状况的研究，加强对国内外石墨储量、品质、生产成本、产量、产品价格等方面的研究，分析国外石墨项目对我国石墨市场的冲击，提前做好相应预案，找准我国石墨资源开发的定位，增强新上石墨资源项目抵御市场风险的能力。

（2）加强石墨资源品质评价，研发低成本高效环保的石墨采选技术，提高石墨矿山竞争力。

通过了解石墨的矿石性质，不断加强我国石墨资源的分级、分类评价，结合不同地区石墨资源的资源特点，研发低成本高效环保的石墨采选技术，降低石墨生产成本，提高生产效率，进而提高我国石墨资源的竞争力。

一是加强对不同地区不同类型天然石墨的地质特征和矿石矿元素的赋存规律及其对天然石墨理化性能的影响，研究不同矿物在选矿和深度提纯进程中的性状及其行为，建立我国石墨工艺矿物学数据库及工艺矿物学研究方法；二是目前我国石墨开采方式多以钻机、钩机为主，开采的矿石硬度没有降低，加大了粉碎工序的工作量，增大了能源消耗，在采矿环节应注重开发能耗低、环境友好、生产能力强的绿色保护性开采技术和工艺，研制自动化、大型化的石墨矿专用开采装备，如在确保环保安全的前提下，将不能回收的浮选酸液播撒到矿石，软化矿石，增大开采过程中鳞片石墨比率和回收率，通过技术的优化和设备改进，不断提高石墨开采效率；三是加大选矿工艺技术改造，加大对石墨鳞片保护和提升大鳞片石墨产品的产率，降低生产成本，如推行晶质石墨层压粉碎—分质分选技术，在不提高企业生产成本的前提下最大限度保护鳞片，提升产率，提高石墨竞争力。

（3）推动石墨矿绿色矿山建设，树立石墨矿山绿色发展标杆。

践行“绿水青山就是金山银山”的发展理念，加强石墨矿山领域生态文明建设，加快石墨矿山转型与绿色发展，要通过政府引导和企业自身建设，结合《非金属矿行业绿色矿山建设规范》（DZ/T 0312—2018），对新建、改扩建和生产矿山从矿区环境、资源开发方式、资源综合利用、节能减排、科技创新与数字化矿山、企业管理与企业形象等方面进行严格要求，统一部署，将建设绿色矿山的要求贯穿于新建矿山规划、设计、建设、运营、闭坑全过程，树立石墨矿山绿色发展标杆。

针对石墨选矿和提纯环节主要采用多级浮选法进行初选，再通过多级强酸强碱法进行提纯，浮选和提纯废水含有大量剧毒有害物质，严重威胁地表水和地下水安全问题，在石墨资源加工基地建立统一的污水处理厂，推广沉淀中和、超滤、纳滤、反渗透等先进处理工艺，将企业排水进行净化回收，既不对环境造成危害，又能实现水资源的循环利用。

山东南墅污水处理流程如图 5-1 所示。

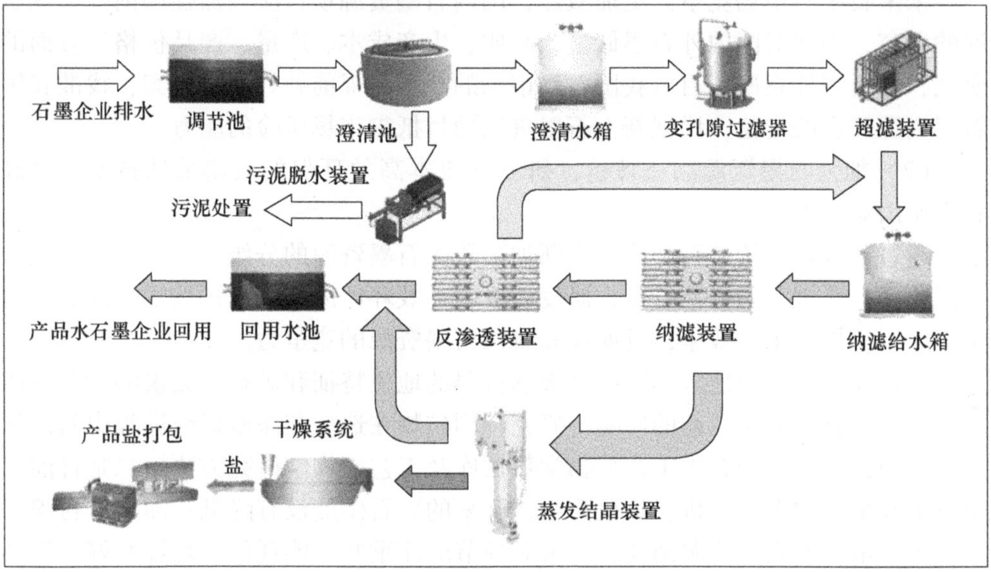

图 5-1　山东南墅污水处理流程

(4) 提高石墨矿山行业准入门槛，制定相应产业发展规划，提高对石墨行业统筹引导。

立足于石墨市场需求，优先支持引导竞争力强、附加值高、环境影响小、规模大的企业发展，限制和淘汰技术落后、企业规模小、产业链条短的企业。统筹兼顾规划当前和长远的关系，准确把握国际、国内石墨行业市场情况和产业发展方向，以市场需求为导向，加强宏观调控，从全国范围内管理控制石墨的产能，将石墨资源的管理权统一由国家进行管理，有关部门需根据全球和中国石墨资源未来需求变化进行石墨采矿权产能规划；合理规划国内石墨产业发展规模和方向，推进石墨资源规模化开发，结合“以销定产”思想，杜绝国内石墨产业恶性竞争，控制总量，并鼓励高水平规模化开发。

国外石墨项目多将产品目标设定为电池材料或膨胀石墨等深加工产品，或对精矿产品进行了电池材料性能测试，多数项目从勘查和可研阶段开始，不仅进行了选矿试验研究，而且进行了提纯、球形化等方面的研究工作，有些甚至进行了包覆和电池性能研究。在不同阶段的研发生产在不同地区进行，以充分发挥出专业化优势，例如，莫桑比克 Balam 石墨项目、Montepuez 石墨项目已在美国建成了电池材料生产厂和中试厂；瑞典 Vittangi 石墨项目在德国进行了电化学剥片法生产石墨烯和鳞片石墨的中间试验；这些石墨项目不仅会向市场提供鳞片石墨产品，而且会向市场提供很大的锂离子电池材料新增产能，大大提高了产品的竞争力和项目效益。针对不同地区石墨资源品质、加工技术、企业聚集度、产业政策等特点，合理规划我国不同地区石墨产业发展方向，推动当地的专业化、规模化发展，如黑龙江、甘肃、内蒙古等地石墨资源丰富、品质优良，应以石墨资源及初级产品供应为主，同时适当兼顾产业链延伸，鼓励企业发展石墨深加工制品(耐火材料产业链、密封材料产业链、超硬材料产业链、蓄能材料产业链、尾矿综合利用产业链等)，提高石墨产品附加值；山东地区石墨加工企业多、加工技术先进、污水处理技术先进环境影响小（已建成日处理污水 4000t 的污水处理厂)，应重点发展石墨高精尖产品，将其规划为石墨精深加工基地；利用青岛、常州、无锡、重庆等地石墨烯研发科研单位、高校多，石墨烯企业相对聚集的优势，将其规划为石墨烯新材料研发应用基地。通过提高行业门槛和合理的规划，推动我国石墨合理、有序、高效开发。

(5) 加快石墨产业结构的优化转型，推动石墨产品结构逐步向高技术含量、高附加值的深加工方向发展。

虽然近年来我国石墨产品深加工程度不断提升、出口价格不断上涨，但与日本、德国、美国等发达国家出口石墨产品相比，我国石墨资源深加工水平有待提升。当前形势下，国际产业结构已发生了新的调整，以信息、新能源、生物、军工航天、海洋开发等产业为主的高技术和新材料产业逐渐发展壮大，传统产业领域也在不断地引入新技术和新材料，其中，石墨作为战略性矿产在各个新材料高技术领域越来越广泛。我国虽然是石墨大国，但不是石墨强国，石墨在开发过程中存在诸多问题，如产品同质化竞争激烈、石墨产能过剩、微晶石墨缺乏相应的鉴别标准导致大量优良微晶石墨被低价甚至当作煤炭出售。这导致了我国大量石墨资源或初级加工产品以低廉的价格流向日本、欧洲国家、韩国、美国和印度等国家，石墨资源优势未能完全显现。

石墨资源生产出口方面，通过合理规划，对石墨资源实行保护性开发生产，严格规划石墨出口量，建议禁止微晶石墨原矿出口，限制中高碳鳞片石墨的选矿产品出口总量。尽快制定隐晶质石墨原矿及精矿行业鉴定标准，方便海关对隐晶质石墨进行快速区分鉴别。石墨加工技术方面，加大石墨产品加工及技术研发、技术攻关力度，加强产学研建设和创新基地建设，差异化发展石墨深加工产品，瞄准未来石墨高端应用需求，探索石墨提纯的新路径和新方法，不断加强在高性能石墨/M（硅、锡、金属氧化物等）复合负极材料、各向同性石墨，核级石墨、高性能膨胀石墨、柔性石墨、浸硅石墨、乳状石墨、高导热导电耐高温石墨复合材料、超高纯石墨等领域的技术装备研发和相关材料应用技术研发。加大石墨烯等高精尖产品的创新研发技术，重点开展石墨烯在新型功能复合材料中的应用基础研究，率先实现石墨烯应用技术突破。

通过技术的创新和改进，加快石墨产业结构的优化转型，推动石墨产品结构逐步向高技术含量、高附加值的深加工方向发展，改进我国石墨贸易结构，切实将石墨资源优势转化为经济优势。

附　　录

附录 A　石墨、碎云母矿勘查类型与工程间距

A.1　石墨、碎云母矿勘查类型划分的主要地质因素

A.1.1　*矿体规模*

A1.1.1　大型矿体，其长度大于 1000m。

A1.1.2　中型矿体，其长度 500~1000m。

A1.1.3　小型矿体，其长度小于 500m。

A.1.2　*主矿体形态*

A.1.2.1　主矿体形态规则，其矿体呈层状、似层状，分枝复合少，夹石很少见，边界规则。

A.1.2.2　主矿体形态较规则，其矿体呈似层状、脉状或大型透镜状产出，夹石较少，边界较规则。

A.1.2.3　主矿体形态不规则，其矿体以透镜状、扁豆状、脉状、囊状、筒柱状或羽毛状以及其他不规则形状断续产出，边界不规则。

A.1.3　*矿体厚度稳定程度*

A.1.3.1　矿体厚度稳定，其矿体连续，厚度变化小或呈有规律变化，厚度变化系数小于 40%。

A.1.3.2　矿体厚度较稳定，其矿体基本连续，厚度变化不大，局部变化较大，厚度变化系数为 40%~70%。

A.1.3.3　矿体厚度不稳定，其矿体连续性差，厚度变化大，变化无规律，厚度变化系数大于 70%。

A.1.4　*矿石质量稳定程度*

A.1.4.1　矿石质量稳定，即主矿体矿石品位或其性能的变化小或变化有规

律，品位变化系数一般小于 40%。

A. 1. 4. 2　矿石质量较稳定，即主矿体矿石品位或其性能的变化不大或变化较规律，品位变化系数一般为 40%~70%。

A. 1. 4. 3　矿石质量不稳定，即主矿体矿石品位或其性能的变化大或变化规律不明显，品位变化系数一般大于 70%。

A. 1. 5　构造复杂程度

A. 1. 5. 1　构造简单，即矿体（层）呈单斜或简单的开阔向、背斜。无较大的断裂构造及脉岩，对矿体形态影响小。

A. 1. 5. 2　构造中等复杂，即矿体（层）有次一级褶曲或局部较紧密褶曲。有少数较大断裂及脉岩切割，对矿体（层）形态有一定的影响。

A. 1. 5. 3　构造复杂，即断层、褶曲或脉岩发育，矿体（层）受到严重破坏。

A. 2　矿床勘查类型

石墨、碎云母矿床勘查类型见表 A-1。

表 A-1　石墨、碎云母矿床勘查类型

勘察类型	矿体规模	主矿体形态	矿体厚度稳定程度	矿石质量稳定程度	构造复杂程度
Ⅰ	多为大型	规则	稳定	稳定	简单
Ⅱ	多为大、中型	较规则	较稳定	较稳定	中等
Ⅲ	多为中、小型	不规则	不稳定	不稳定	复杂

A. 3　勘查工程间距

探求控制的石墨、碎云母矿产资源/储量勘查工程间距见表 A-2。

表 A-2　探求控制的石墨、碎云母矿产资源/储量勘查工程间距

勘查类型	控制的勘查基本工程间距/m	
	沿矿体走向	沿矿体倾向
Ⅰ	200	100~200
Ⅱ	150~200	100~150
Ⅲ	100	50~100

注 1：勘查工程间距为探求控制的矿产资源/储量勘查工程间距的参考值，对勘查工程间距不能满足要求的局部问题，如对矿体覆盖层和风化层的控制，应在勘查剖面上和剖面间适当加密工程。对首期开采地段，当勘查工程间距不能满足要求时，可适当增加工程。当需要控制褶皱、断层、侵入岩、破碎带等时，可适当增加工程。

注 2：不同勘查类型、不同地质可靠程度的矿产资源、储量类型间工程间距的差别，不限于加密 1 倍或放稀 50%，可视实际需要而定。

附录B 碎云母实验室质量分数测定

碎云母实验室质量分数测定流程如下：

首先将实验样品放在烘箱中于（105±5）℃条件下烘干至恒量称重。

待冷却至室温后对样品进行加工，加工过程是两次颚式破碎机破碎，2~3次（易破碎2次，难破碎3次）对辊式破碎机破碎。

然后用3mm、1mm、0.45mm三种标准筛依次进行筛分，对大于0.45mm（40目）样品混匀烘干至恒量称重（A），在双目镜下确定碎云母精矿的体积分数。

再将小于0.45mm的样品混匀烘干至恒量称重，称取150g样品进行浮选，剩余部分称重（B）浮选后的精矿混匀烘干恒量称重（C），在双目镜下确定碎云母精矿的体积分数。

在双目镜下确定尾矿中碎云母的体积分数，若小于3%就不再浮选，若大于3%则还需再浮选至小于3%，最终的尾矿也同样烘干恒量称重。

碎云母质量分数按下式计算：

碎云母质量分数=[（A×碎云母精矿体积分数）÷样品质量+（C×碎云母精矿体积分数）÷150]÷校正系数×100%

其中，校正系数=（A+B+C+尾矿质量）÷样品质量

由于加工过程中难免损失质量，故应进行校正。

附录C 石墨、碎云母矿产一般工业指标

C.1 石墨矿

C.1.1 石墨矿石类型

C.1.1.1 晶质（鳞片状）石墨矿石

石墨晶体片径大于1μm，呈鳞片状。矿石特点是固定碳含量较低，可选性好}物与石墨伴生的矿物常有石英、云母、长石、透闪石、透辉石、石榴子石和少量硫铁矿、方解石等，有时还伴有金红石及钒等有用组分。矿石为鳞片状、花岗鳞片变晶结构，片状、片麻状或块状构造。矿石类型主要为各类含石墨的片岩型、片麻岩型、变粒岩型、透辉（透闪）岩型、大理岩型、混合岩型、花岗岩型等。

这类矿石由于固定碳含量低，工业上不能直接利用，需经选矿才能获得合乎要求的石墨产品。对矿石中所含各种杂质，经选矿后一般可基本脱除。脱除程度

差则会影响石墨产品质量。

C. 1. 1. 2　隐晶质（微晶、土状或无定形）石墨矿石

石墨晶体片径小于 1μm，呈微晶的集合体，在电子显微镜下才能见到晶形，其特点是固定碳含量高，可选性差。与石墨伴生的矿物常有石英、方解石等，矿石为微细鳞片—隐晶质结构、块状或土状构造。

这类矿石固定碳含量一般较高，但由于石墨粒度太小，选矿效果不好，目前工业上只经手选后磨成粉末即可使用，鉴于这类矿石系石墨直接产品，故矿石中含硫、铁等量高时会降低耐火度与化学稳定性，影响产品质量。

C. 1. 2　*石墨矿一般工业指标*

石墨矿一般工业指标见表 C-1。

表 C-1　石墨矿一般工业指标

类型	矿石品位（固定碳含量）/%		可采厚度/m		夹石剔除厚度/m	
	边界品位	工业品位	露天开采	地下开采	露天开采	地下开采
晶质石墨矿	≥2	≥25	2~4	1~2	2~4	1~2
隐晶质石墨矿	≥55	≥65		0.7~1.4		1~2

注 1：露天开采的最终开采边坡角小于或等于 55°，采深高度小于 100m 或边坡围岩稳定性好时可放宽到小于或等于 60°，剥采比（m^3/m^3）小于或等于 3∶1，超过 3∶1 时应做工业指标论证。最低开采标高一般不低于矿区内最低侵蚀基准面，低于矿区内最低侵蚀基准面时应做工业指标论证。大、中型矿最终底盘最小宽度大于或等于 40m，小型矿最终底盘最小宽度大于或等于 20m。矿山爆破安全距离大于或等于 300m。

注 2：由于晶质（鳞片状）石墨的片度不同，其工业用途及经济价值都相差甚大，在制定作为提供矿山建设设计依据的地质勘查报告所用工业指标时，应根据正目石墨含量的高低，提出相应的边界品位和工业品位要求，即正目石墨含量高时，品位要求可低。反之，则品位要求要高，对应边界品位及工业品位的正目石墨含量要求，一般可掌握在 40%～60%。所谓正目石墨含量，是指矿石中 0. 147mm（+100 目）石墨所占的百分比。

注 3：由于晶质（鳞片状）石墨矿风化矿石易采、易选，在勘查工作中可根据详查、勘探阶段的要求对风化矿石和原生矿石单独圈定。

C. 2　碎云母矿

碎云母矿一般工业指标见表 C-2。

表 C-2 碎云母矿一般工业指标

类型	矿石品位（碎云母含量）/%		可采厚度/m		夹石剔除厚度/m	
	边界品位	工业品位	露天开采	地下开采	露天开采	地下开采
碎云母矿	≥25	≥30	1~2	0.7~1.4	1~2	1~2

注 1：同表 C-1 中注 1。

注 2：由于碎云母矿风化矿石易采、易选，在勘查工作中可根据详查、勘探阶段的要求对风化矿石和原生矿石单独圈定。

附录 D 晶质（鳞片）石墨产品技术要求

D.1 晶质（鳞片）石墨产品技术要求见表 D-1。

表 D-1 晶质（鳞片）石墨产品技术要求

类别	产品牌号	固定碳含量/%	挥发分/%	水分含量/%	筛余量/%	主要用途
高纯石墨（LC）	LC300-99.99	≥99.99		≤0.20	≥80.00	柔性石墨密封材料
	LC(-)150-99.99, LC(-)75-99.99, LC(-)45-99.99				≤20.00	代替白金坩埚,用于化学试剂熔融
	LC(-)500-99.9, LC300-99.9, LC180-99.9	≥99.90			≥80.00	柔性石墨密封材料
	LC(-)150-99.9, LC(-)75-99.9, LC(-)45-99.9				≤20.00	润滑剂基料
碳石墨（LC）	LC500-99,LC300-99, LC180-99,LC150-99, LC125-99,LC100-99,	≥99.00	≤1.00	≤0.50	≥75.00	填充料
	LC(-)150-99,LC(-) 125-99,LC(-)100-99, LC(-)75-99,LC(-)45-99				≤20.00	润滑剂基料、涂料
	LC500-98,LC300-98, LC180-98,LC150-98, LC125-98,LC100-98,	≥98.00			≥75.00	
	LC(-)150-98,LC(-)125-98, LC(-)100-98,LC(-)75-98, LC(-)45-98				≤20.00	

续表 D-1

类别	产品牌号	固定碳含量/%	挥发分/%	水分含量/%	筛余量/%	主要用途
碳石墨（LC）	LC500-97，LC300-97，LC180-97，LC150-97，LC125-97，LC100-97，	≥97.00	≤1.20	≤0.50	≥75.00	润滑剂基料、电刷原料
	LC(－)150-97，LC(－)125-97，LC(－)100-97，LC(－)75-97，LC(－)45-97				≤20.00	
	LC500-96，LC300-96，LC180-96，LC150-96，LC125-96，LC100-96，	≥96.00			≥75.00	耐火材料、电碳制品、电池原料、铅笔原料
	LC(－)150-96，LC(－)125-96，LC(－)100-96，LC(－)75-96，LC(－)45-96				≤20.00	
	LC500-95，LC300-95，LC180-95，LC150-95，LC125-95，LC100-95，	≥95.00			≥75.00	电碳制品
	LC(－)150-95，LC(－)125-95，LC(－)100-95，LC(－)75-95，LC(－)45-95				≤20.00	耐火材料、电碳制品、电池原料、铅笔原料
	LC500-94，LC300-94，LC180-94，LC150-94，LC125-94，LC100-94，	≥94.00			≥75.00	电碳制品
	LC(－)150-94，LC(－)125-94，LC(－)100-94，LC(－)75-94，LC(－)45-94				≤20.00	
中碳石墨（LZ）	LZ500-93，LZ300-93，LZ180-93，LZ150-93，LZ125-93，LZ100-93	≥93.0	≤1.50	≤0.50	≥75.00	坩埚、耐火材料、染料
	LZ(－)150-93，LZ(－)125-93，LZ(－)100-93，LZ(－)75-93，LZ(－)45-93				≤20.00	
	LZ500-92，LZ300-92，LZ180-92，LZ150-92，LZ125-92，LZ100-92	≥92.0			≥75.00	
	LZ(－)150-92，LZ(－)125-92，LZ(－)100-92，LZ(－)75-92，LZ(－)45-92				≤20.00	
	LZ500-91，LZ300-91，LZ180-91，LZ150-91，LZ125-91，LZ100-91	≥91.00			≥75.00	
	LZ(－)150-91，LZ(－)125-91，LZ(－)100-91，LZ(－)75-91，LZ(－)45-91				≤20.00	

续表 D-1

类别	产品牌号	固定碳含量/%	挥发分/%	水分含量/%	筛余量/%	主要用途
中碳石墨（LZ）	LZ500-90，LZ300-90，LZ180-90，LZ150-90，LZ125-90，LZ100-90	≥90.00	≤2.00	≤0.50	≥75.00	坩埚、耐火材料
	LZ(-)150-90，LZ(-)125-90，LZ(-)100-90，LZ(-)75-90，LZ(-)45-90				≤20.00	铅笔原料、电池原料
	LZ500-89，LZ300-89，LZ180-89，LZ150-89，LZ125-89，LZ100-89	≥89.00			≥75.00	坩埚、耐火材料
	LZ(-)150-89，LZ(-)125-89，LZ(-)100-89，LZ(-)75-89，LZ(-)45-89				≤20.00	铅笔原料、电池原料
	LZ500-88，LZ300-88，LZ180-88，LZ150-88，LZ125-88，LZ100-88	≥88.00			≥75.00	坩埚、耐火材料
	LZ(-)150-88，LZ(-)125-88，LZ(-)100-88，LZ(-)75-88，LZ(-)45-88				≤20.00	铅笔原料、电池原料
	LZ500-87，LZ300-87，LZ180-87，LZ150-87，LZ125-87，LZ100-87	≥87.00	≤2.50		≥75.00	坩埚、耐火材料
	LZ(-)150-87，LZ(-)125-87，LZ(-)100-87，LZ(-)75-87，LZ(-)45-87				≤20.00	铸造材料
	LZ500-86，LZ300-86，LZ180-86，LZ150-86，LZ125-86，LZ100-86	≥86.00			≥75.00	耐火材料
	LZ(-)150-86，LZ(-)125-86，LZ(-)100-86，LZ(-)75-86，LZ(-)45-86				≤20.00	铸造材料
	LZ500-85，LZ300-85，LZ180-85，LZ150-85，LZ125-85，LZ100-85	≥85.00	≤2.50	≤1.00	≥75.00	坩埚、耐火材料

续表 D-1

类别	产品牌号	固定碳含量/%	挥发分/%	水分含量/%	筛余量/%	主要用途
中碳石墨(LZ)	LZ(-)150-85,LZ(-)125-85,LZ(-)100-85,LZ(-)75-85,LZ(-)45-85	≥85.00	≤2.50	≤1.00 铸造材料	≤20.00	铸造材料
	LZ500-83,LZ300-83,LZ180-83,LZ150-83,LZ125-83,LZ100-83	≥83.00	≤3.00		≥75.00	耐火材料
	LZ(-)150-83,LZ(-)125-83,LZ(-)100-83,LZ(-)75-83,LZ(-)45-83				≤20.00	铸造材料
	LZ500-80,LZ300-80,LZ180-80,LZ150-80,LZ125-80,LZ100-80	≥80.00			≥75.00	耐火材料
低碳石墨(LD)	LZ(-)150-80,LZ(-)125-80,LZ(-)100-80,LZ(-)75-80,LZ(-)45-80				≤20.00	铸造材料
	LD(-)100-75,LD(-)75-75	≥75.00			≤20.00	铸造材料
	LD(-)100-70,LD(-)75-70	≥70.00				
	LD(-)100-65,LD(-)75-65	≥65.00				
	LD(-)100-60,LD(-)75-60	≥60.00				
	LD(-)100-55,LD(-)75-55	≥55.00				
	LD(-)100-50,LD(-)75-50	≥50.00				

注:引自 GB/T 3518

D.2 有铁要求的隐晶质(微晶)石墨理化指标及性能见表 D-2

表 D-2 有铁要求的隐晶质(微晶)石墨理化指标及性能

产品牌号	固定碳含量/%	挥发分/%	水分含量/%	酸溶铁量/%	筛余量/%	主要用途
WT99.99-45,WT99.99-75	≥99.99	—	≤0.2	≤0.005	≤15	电池、特种碳材料的原料
WT99.9-45,WT99.9-75	≥99.9					

续表 D-2

<table>
<tr><th>产品牌号</th><th>固定碳含量/%</th><th>挥发分/%</th><th>水分含量/%</th><th>酸溶铁量/%</th><th>筛余量/%</th><th>主要用途</th></tr>
<tr><td>WT99-45,WT99-75</td><td>≥99</td><td>≤0.8</td><td rowspan="2">≤1.0</td><td rowspan="2">≤0.15</td><td rowspan="6">≤15</td><td rowspan="14">铅笔、电池、焊条、石墨乳剂、石墨轴承的配料、电池碳棒的原料</td></tr>
<tr><td>WT98-45,WT98-75</td><td>≥98</td><td>≤1.0</td></tr>
<tr><td>WT97-45,WT97-75</td><td>≥97</td><td rowspan="2">≤1.5</td><td rowspan="6">≤1.5</td><td rowspan="3">≤0.4</td></tr>
<tr><td>WT96-45,WT96-75</td><td>≥96</td></tr>
<tr><td>WT95-45,WT95-75</td><td>≥95</td><td rowspan="4">≤2.0</td></tr>
<tr><td>WT94-45,WT94-75</td><td>≥94</td><td rowspan="3">≤0.7</td></tr>
<tr><td>WT92-45,WT92-75</td><td>≥92</td><td rowspan="8">≤10</td></tr>
<tr><td>WT90-45,WT90-75</td><td>≥90</td></tr>
<tr><td>WT88-45,WT88-75</td><td>≥88</td><td rowspan="2">≤3.3</td><td rowspan="6">≤2.0</td><td rowspan="4">≤0.8</td></tr>
<tr><td>WT85-45,WT85-75</td><td>≥85</td></tr>
<tr><td>WT83-45,WT83-75</td><td>≥83</td><td rowspan="2">≤3.6</td></tr>
<tr><td>WT80-45,WT80-75</td><td>≥80</td></tr>
<tr><td>WT78-45,WT78-75</td><td>≥78</td><td rowspan="2">≤3.8</td><td rowspan="2">≤1.0</td></tr>
<tr><td>WT75-45,WT75-75</td><td>≥75</td></tr>
<tr><td colspan="7">注:引自 GB/T 3519</td></tr>
</table>

D.3　无铁要求的隐晶质(微晶)石墨理化指标及性能见表 D-3

表 D-3　无铁要求的隐晶质(微晶)石墨理化指标及性能

<table>
<tr><th>产品牌号</th><th>固定碳含量/%</th><th>挥发分/%</th><th>水分含量/%</th><th>筛余量/%</th><th>主要用途</th></tr>
<tr><td>W90-45,W90-75</td><td>≥90</td><td>≤3.0</td><td rowspan="12">≤3.0</td><td rowspan="12">≤10</td><td rowspan="12">铸造材料、耐火材料、染料、电极糊等原料</td></tr>
<tr><td>W88-45,W88-75</td><td>≥88</td><td>≤3.2</td></tr>
<tr><td>W85-45,W85-75</td><td>≥85</td><td>≤3.4</td></tr>
<tr><td>W83-45,W83-75</td><td>≥83</td><td rowspan="2">≤3.6</td></tr>
<tr><td>W80-45,W80-75,W80-150</td><td>≥80</td></tr>
<tr><td>W78-45,W78-75,W78-150</td><td>≥78</td><td rowspan="2">≤4.0</td></tr>
<tr><td>W75-45,W75-75,W75-150</td><td>≥75</td></tr>
<tr><td>W70-45,W70-75,W70-150</td><td>≥70</td><td rowspan="2">≤4.2</td></tr>
<tr><td>W65-45,W65-75,W65-150</td><td>≥65</td></tr>
<tr><td>W60-45,W60-75,W60-150</td><td>≥60</td><td rowspan="3">4.5</td></tr>
<tr><td>W55-45,W55-75,W55-150</td><td>≥55</td></tr>
<tr><td>W50-45,W50-75,W50-150</td><td>≥50</td></tr>
<tr><td colspan="6">注:引自 GB/T 3519</td></tr>
</table>

附录 E 碎云母产品技术要求

E.1 干磨云母粉产品技术要求见表 E-1

表 E-1 干磨云母粉产品技术要求

规格	粒度分布					含铁量/%	含砂量/%	松散密度/g·cm^{-3}	含水量/%	白度/(°)
830μm(20 目)	μm	>900	>450	≥300	<300	≤400×10^{-4}	≤1.0	≤0.36	≤1.0	≤45
	%	<2	65±5	25±5	<10					
380μm(40 目)	μm	>450	>300	≥150	<150					
	%	<2	45±5	45±5	<10					
250μm(60 目)	μm	>300	>150	≥75	<75	≤800×10^{-4}	≤1.5			≤50
	%	<2	50±5	40±5	<10					
150μm(100 目)	μm	>150	>75	≥45	<45					
	%	<2	40±5	30±5	<30					
75μm(200 目)	μm	>75	—			≤400×10^{-4}	≤1.0	≤0.34		
	%	<2								
45μm(325 目)	μm	>45	—							
	%	<2								

注:引自 JC/T 595

E.2 湿磨云母粉产品技术要求见表 E-2

表 E-2 湿磨云母粉产品技术要求

规格	筛余量/%		含砂量/%	烧失量/%	松散密度/g·cm^{-3}	含水量/%	白度/(°)
38μm(400 目)	75μm	≤0.1	≤0.5	≤5.0	≤0.25	≤1.0	≥70
	38μm	≤10.0					
45μm(325 目)	112μm	≤0.1	≤0.6				
	45μm	≤10.0					
75μm(200 目)	150μm	≤0.1			≤0.28		≥65
	75μm	≤10.0					
96μm(160 目)	180μm	≤0.1	≤1.0				
	90μm	≤10.0					
120μm(120 目)	250μm	≤0.1			≤0.30		
	125μm	≤10.0					

注:引自 JC/T 595

附录F 石墨、碎云母矿产资源/储量规模划分标准

石墨、碎云母矿产资源/储量规模划分标准见表F-1。

表F-1 石墨、碎云母矿产资源/储量规模划分标准

<table>
<tr><th colspan="2" rowspan="2">矿产种类</th><th rowspan="2">单位/t</th><th colspan="3">规模</th></tr>
<tr><th>大型</th><th>中型</th><th>小型</th></tr>
<tr><td rowspan="2">石墨</td><td>晶质石墨
(矿物量)</td><td>10^4</td><td>>100</td><td>20~100</td><td><20</td></tr>
<tr><td>隐晶质石墨(矿石量)</td><td>10^4</td><td>>1000</td><td>100~1000</td><td><100</td></tr>
<tr><td colspan="2">碎云母(矿物量)</td><td>10^4</td><td>>100</td><td>20~100</td><td><20</td></tr>
</table>

注:石墨部分引自《矿产资源/储量规模划分标准》(国土资发〔2000〕133号)

附录G 石墨、碎云母矿床成因类型划分

石墨、碎云母矿床成因类型划分见表G-1。

表G-1 石墨、碎云母矿床成因类型划分

矿种	主要类型	矿床特征及成矿时代	代表性矿床
石墨	区域变质型	矿床赋存于新太古代到早寒武世中—深变质岩系中。主要岩性有片麻岩、片岩、透辉(透闪)岩、大理岩、变粒岩、石英岩、斜长角闪岩等。含矿岩系的变质程度普遍达到角闪岩相—麻粒岩相。混合岩化作用普遍,多期变质作用叠加影响较明显。常伴有花岗岩类侵入。矿床受沉积变质作用控制,有一定的层位,矿体产状多与围岩产状一致,呈层状、似层状或透镜状,长度一般数十米至数百米,有的可达1000m以上。一个矿床中一般有多层矿体。石墨矿石类型有片岩型、片麻岩型、变粒岩型、大理岩型、透辉(透闪)岩型、混合岩型等	黑龙江省鸡西柳毛、山东省莱西南墅及北墅、内蒙古自治区兴和、湖北省宜昌三岔垭
	接触变质型	接触变质作用使碳质(煤)分解,碳质重新富集形成以隐晶质(土状)为主的石墨矿。矿石质量和规模与接触变质作用密切相关。石墨以层状产出,往往因褶皱和断裂作用而变形,成矿与石墨质板岩有关,矿床产出、分布严格受其控制	湖南省郴州鲁塘、吉林省磐石烟筒山
	岩浆热液型	此类型矿床较为少见,矿床规模一般为中、小型矿床产于花岗岩体间的接触带,矿体为含石墨花岗岩,常成群分布,形态与产状都较复杂,呈透镜状、囊状。单矿体直径长十米至数百米,厚度几十米至数百米。石墨呈团块状或鳞片状分布于花岗岩中	新疆维吾尔自治区苏吉泉

续表G-1

矿种	主要类型	矿床特征及成矿时代	代表性矿床
碎云母	区域变质型	矿床主要赋存于太古宇钾长片麻岩和条带、条纹状混合岩中。矿体产状多与围岩产状一致，呈层状、似层状或透镜状，长度一般为几十米至数百米，有的可达1000m以上。矿石类型有片麻岩型、片岩型、混合岩化伟晶岩型等	河北省灵寿山门口、河北省曲阳东庄

参 考 文 献

[1] Chen Y Y, Song X H. A phosphorylethanolamine-functionalized super-hydrophilic 3D graphene-based foam filter for water purification [J]. Journal of Hazardous Materials, 2018, 343: 298-303.

[2] Donald W. Olson, Minerals Yearbook (1994-2014) [R]. Reston: US Geological Survey, 1994-2014.

[3] Du Y, Li N, Zhang T L, et al. Reduced graphene oxide coating withanticorrosion and electrochemical property-enhancing effects appliedin hydrogen storage system [J]. ACS Applied Materials & Interfaces, 2017, 9: 28980-28989.

[4] HaoZiguo, FeiHongcai, HaoQingqing, et al. "Three rare mineral resources" and crystalline graphite have become prospecting focuses in China [J]. ActaGeologicaSinica (English edition), 2016, 90 (5): 1905-1906.

[5] Hao Ziguo, Fei Hongcai, Hao Qingqing, et al. Chinahas discovered super-large big flake graphite ores [J]. ActaGeologicaSinica (English edition), 2015, 89 (6): 2085-2087.

[6] Indira Bh · avan. Indian Minerals Yearbook 2017 [R]. Nagpur: Indian Bureau of Mines, 2017.

[7] James F Carlin, Historical Statistics for Mineral and Material Commodities in the United States Reston: US Geological Survey, Data Serial 140.

[8] James F Carlin, Mineral Commodity Summaries (1980-2017) [R]. Reston: US Geological Survey, 1980-2017.

[9] Kim S, Kim S K. Reduced graphene oxide/LiI composite lithiumion battery cathodes [14] [J]. Nano Letters, 2017, 17: 6893-6899.

[10] Magnis Energy Technoloies, Nachu Bankable Feasibility Study . 31 March 2016.

[11] Mason Graphite, Ni 43-101 Technical Report: Resources Update And Feasibility Study, Lac Guéret Graphite Project, 29 February 2016.

[12] Molo Graphite Project, Next Source Material Presentation, 25 April 2019.

[13] Natural & Synthetic Graphite: Global Industry Markets and Outlook, 9th Edition 2015 [R]. Roskill, 2015.

[14] Next Source Material , Molo Feasibility Study - National Instrument 43-101 Technical Report, 13 July 2017.

[15] nts in natural vs. synthetic graphite production [R]. Morgan, 2014.

[16] Roskill; Natural & Synthetic Graphite Outlook to 2028 [R]. London: Roskill, 2019.

[17] Sanmang, Wu. , L. Yalin. 2016: Study on the mechanism of energy abundance and its effect onsustainable growth in regional economies: A case study in China [J]. ResourcesPolicy, 2016, 47: 1-8.

[18] Syrah Resource, Convertible Note and Entitlement Offer presentation . 19 June 2019.

[19] Syrah Resource, Syrah Resource Annual Report 2018.

[20] The exponential growth of the lithium-ion battery market and its impact on global graphitesupply [R]. Morgan, 2014.

[21] Trade Statistics Branch, United Nations Statistics Division. United Nations Comtrade Database [DB/OL]. [2017-09 -01]. http: //comtrade. un. org /data /.

[22] UN Comtrade Database. United Nations. https: //comtrade. un. org/data/, 1995-2016.

[23] USGS. Historical Statistics for Mineral and Material Commodities in the United States. http: //minerals. usgs. gov/. 2019, 2019. 06.

[24] USGS. Mineral commodity summaries 2018 [R]. Virginia: USGS, 2017.

[25] USGS. Mineral Commodity Summaries [R]. U. S. Geological Survey, 2001-2016.

[26] Wheelen T. L. , Hunger J. D. Strategic Management and Business Policy, 5th edn [M]. Add-isonWesley, Reading, MA. 1995.

[27] 安江华，唐分配，李杰．湖南石墨成矿规律与资源潜力分析 [J]. 地质学刊，2016，30 (3)：434-437.

[28] 安彤，马哲，刘超，刘皓阳．中国石墨矿产资源现状与国际贸易格局分析 [J]. 中国矿业，2018，27 (7)：1-6.

[29] 安彤．中国石墨资源开发利用现状及产业发展策略研究 [D]. 北京：中国地质大学，2018.

[30] 白建科，陈隽璐，彭素霞．新疆石墨资源特征及成矿规律 [J]. 地质学报，2017，91 (12)：2828-2840.

[31] 边炳鑫. 石墨加工与石墨材料 [M]. 徐州：中国矿业大学出版社，2014：8-10.

[32] 曹芳芳，王喜亮，耿同升．淅川县五里梁石墨矿区地质特征及成因浅析 [J]. 中国非金属矿工业导刊，2012，(94)：43-44.

[33] 曹义甲，祁东，楚明春，梁永安，张冬霞．坦桑尼亚莫罗戈罗地区班巴拉维石墨矿床地质特征及找矿标志 [J]. 地质与勘探，2020，56 (3)：657-666.

[34] 曾庆彬．集安市双兴六队晶质石墨矿床地质特征及成因 [J]. 中国非金属矿工业导刊，2015，(114)：42-45.

[35] 陈隽璐，白建科．新疆东准噶尔地区发现大型晶质石墨矿带 [J]. 中国地质调查成果快讯，2016，(9)：15-17.

[36] 成飞，刘学清，黄静宇．新疆青河县阿拉托别石墨矿矿床成因分析 [J]. 西部探 40 矿工程，2012，(8)：177-178.

[37] 丁全利. 内蒙古探获 3 处超大型石墨矿床矿物量 4200 多万吨 [EB/OL]. (2016-09-17) .

[38] 杜轶伦，李宇昕，颜玲亚，等．我国石墨相关政策分析及建议 [J]. 矿产保护与利用，2018 (5)：8-13.

[39] 杜轶伦，张福良．我国石墨资源开发利用现状及供需分析 [J]. 矿产保护与利用，2017 (6)：109-116.

[40] 冯安生，张然，吕振福，曹飞．我国石墨资源开发利用“三率”调查与评价 [J]. 矿产保护与利用，2016 (5)：36-39.

[41] 傅明．珍惜保护石墨资源加强开发管理刻不容缓 [J]. 矿产保护与利用，2007

(2)：23.
[42] 高树学，颜玲亚，陈正国，刘海泉，陈军元，欧阳友和，刘艳飞，周雯，焦丽香．中国石墨矿床类型、成矿区带划分及成矿规律［J］. 中国非金属矿工业导刊，2019（S1）：18-24.
[43] 高天明，陈其慎，于汶加，等．中国天然石墨未来需求与发展展望［J］. 资源科学，2015，37（5）：1059-1067.
[44] 高显忠．南江县尖山石墨矿地质特征及成因浅析［J］. 四川地质学报，2015，12（35）：19-22.
[45] 巩丽，翟福君．鸡西市东沟石墨矿地质特征及成因［J］. 黑龙江地质，1998，9（1）：17-26.
[46] 郭巧玲，王德明，魏军．新疆青河县达布逊石墨矿床地质特征及成矿条件分析［J］. 西部探矿工程，2013，6：119-122.
[47] 国土资源部. 全国矿产资源储量通报［R］. 北京：国土资源部，2016.
[48] 海关总署［EB/OL］.［2019-09-29］.
[49] 李超，王登红，赵鸿，裴浩翔，李欣尉，周利敏，杜安道，屈文俊．中国石墨矿床成矿规律概要［J］. 矿床地质，2015，36（6）：1223-1236.
[50] 李寒滨，张冰．黑龙江云山石墨矿床变质作用及其意义［J］. 中国非金属矿工业导刊，2014，（108）：45-46.
[51] 李洪卫．2015. 白云鄂博群石墨矿成因探讨——以大乌店石墨矿为例［J］. 黑龙江科技信息，（30）：104.
[52] 李珍，杨剑波，刘学琴，等．石墨烯的制备及其在光催化材料中的应用［J］. 矿产保护与利用，2017（3）：84-89.
[53] 李作武，张小林，张磊，陈正国，陈军元，吴亚伦，文旭东．新疆奇台县黄羊山晶质石墨矿地质特征及资源潜力分析［J］. 中国非金属矿工业导刊，2019（S1）：25-34.
[54] 联合国商品贸易署 UN Comtrade［EB/OL］.［2019-10-08］.
[55] 刘海营，劳德平，李崇德，等．黑龙江萝北鳞片石墨浮选新工艺研究［J］. 中国矿业，2015，24（S2）：182-185.
[56] 刘敬党，肖荣阁，张艳飞，梁帅，赵青，白凤军，张永兴，王继春，杨培奇．刘剑．华北显晶质石墨矿床［M］. 北京：科学出版社，2017，324-328.
[57] 刘婷，张越．浅析山西省天镇县白羊口石墨矿矿床地质特征及成因［J］. 华北国土资源，2014（5）：106-107.
[58] 刘艳飞，陈正国，颜玲亚，高树学，陈军元，欧阳友和，于海军，焦丽香，周雯．全球石墨资源现状、生产、消费及贸易格局［J］. 中国非金属矿工业导刊，2019，S1：13~17.
[59] 刘艳飞，颜玲亚，高树学，欧阳友和，陈正国，陈军元．全球石墨资源分布与供需格局变化分析［J］. 地质论评，2020，66（S1）：129-131.
[60] 刘玉海，李海明．碱酸法制备高纯石墨试验研究［J］. 2018（5）：73-78.
[61] 孟弘．我国石墨产业转型升级的科技对策［J］. 高科技与产业化，2014（2）：78-83.
[62] 莫如爵，刘绍斌，黄翠蓉，张光荣，谭冠民，王宝娴，肖祥章．中国石墨矿床地质［M］.

北京：中国建筑工业出版社，1989，66-85.
[63] 倪振平，田京祥，王来明，李庆平．山东省重要矿产区域成矿规律［J］. 2016，234-238.
[64] 倪振平，马兆同，刘福魁，等．山东石墨资源潜力预测［J］. 地质学刊，2016，40（3）：410-423.
[65] 锂电网．中国新发现50余处矿床找到矿石墨矿资源量达3.32亿吨［EB/OL］.［2017-03-13］.
[66] 齐新国，谭均，王志刚，王立考．张北县义哈德一带石墨矿成矿地质条件分析［J］. 中国非金属矿工业导刊，2017，（2）：33-39.
[67] 祁东，张冬霞，曹义甲，柴丽洁，陈璐璐，黄达．坦桑尼亚班巴拉维石墨矿与中国典型地区石墨矿对比研究［J］. 资源环境与工程，2020，34（1）：36-40.
[68] 邱风，高建营，裴银，张美云．黄陵背斜石墨矿地质特征及成矿规律［J］. 资源环境与工程，2016，29（3）：280-281.
[69] 饶娟，张盼，何帅，等．天然石墨利用现状及石墨制品综述［J］. 中国科学：技术科学，2017，47（1）：13-31.
[70] 任辉．战略性矿产—石墨资源产业发展问题与对策研究［M］. 北京：地质出版社，2019.
[71] 沈保丰，翟安民，杨春亮．古元古代——中国重要成矿期［J］. 地质调查与研究，2010，33（4）：241-256.
[72] 宋瑞先，魏明辉，何宇青．张家口地质矿产［M］. 北京：地质出版社．2013，5-18.
[73] 宋叔和，康永孚，郑直，涂光炽，程裕淇，杜乐天，叶连俊，陈毓川，唐静轩．中国矿床（下册）［M］. 北京：地质出版社，1996，476-477.
[74] 孙青松．内蒙古扎木敖包矿区矿床成因与找矿标志［J］. 科技传播，2012，2（上）：163-164.
[75] 孙振一，白浩，方烨，狄永军．马达加斯加石墨矿床控矿构造特征与找矿模型［J］. 地质力学学报，2019，25（S1）：145-149.
[76] 王丹，孙映祥．我国石墨资源勘查开发规划布局分析［J］. 2018（5）：14-19.
[77] 王红军，侯学文，岑海涛，等．四川省南江县庙坪石墨矿成矿地质特征及成因探讨［J］. 科技创新导报，2017（6）：45-46，48.
[78] 王克勤．山东南墅石墨矿床地质特征及矿床成因的新认识［J］. 建材地质，1988（6）：1-9，15.
[79] 王力，樊俊雷，冯杨伟．石墨资源现状及中国石墨矿床分布［J］. 中国煤炭地质，2017，29（7）：5-9.
[80] 王力，樊俊雷，李雷，等．中国石墨资源概况及晶质石墨成矿规律［J］. 地质学刊，2017，41（2）：310-317.
[81] 王立君．辽宁省北镇市杜屯地区石墨矿地质特征及资源概况［J］. 地球，2015，（5）：106.
[82] 王林．攀枝花三大湾地区岩浆岩对石墨矿质量的影响［J］. 绿色环保建材，2016，206：235-236.

[83] 王时麒. 内蒙古兴和石墨矿含矿建造特征与矿床成因 [J]. 矿床地质, 1989, 8 (1): 85-96.

[84] 魏均启, 鲁力, 边智虹, 周亮亮, 王芳, 朱丹. 湖北省广水市芦花湾石墨矿地质特征及矿石物质组成研究 [J]. 资源环境与工程, 2017, 31 (1): 102-115.

[85] 吴光存. 浅谈山西省大同市新荣区白山—弘赐堡石墨矿地质特征、矿床成因及开发经济意义 [J]. 华北国土资源, 2012 (6): 108-110, 114.

[86] 吴培水, 艾蓬, 杨联涛, 寿立永. 陕西省石墨矿床成矿特征及找矿方向 [J]. 中国非金属矿工业导刊, 2016 (123): 5-6.

[87] 夏辉, 代晓龙, 刘学清, 谢名永, 张保国. 新疆阿拉托别石墨矿激电异常特征及找矿效果的初步研究 [J]. 西部探矿工程, 2013 (11): 150-152.

[88] 夏锦胜, 孙莉, 肖克炎, 等. 四川省南江县坪河石墨矿床地质特征及成因分析 [J]. 现代矿业, 2017, 33 (2): 57-59, 77.

[89] 夏锦胜, 孙莉, 肖克炎, 朱裕生. 四川省南江县坪河石墨矿床地质特征及成因分析 [J]. 现代矿业, 2017, (573): 57-59.

[90] 肖克炎, 孙莉, 李思远, 黄安. 我国石墨矿产地质特征及资源潜力分析 [J]. 地球学报, 2016, 37 (5): 607-614.

[91] 肖亮, 张得彦, 霍加庆. 四川阿坝州某晶质石墨矿的发现及找矿方向 [J]. 云南地质, 2017, 36 (4): 528-533.

[92] 鑫椤资讯. 非洲石墨产量异军突起 [EB/OL]. (2019-05-28).

[93] 徐博会, 丁述理, 侯丹丹. 隐晶质石墨提纯技术研究现状与展望 [J]. 河北工程大学学报 (自然科学版), 2017, 34 (2): 86-90.

[94] 徐志刚, 陈毓川, 王登红, 陈郑辉. 中国成矿区带划分方案 [M]. 北京: 地质出版社, 2008.

[95] 薛天闯, 杨士辉, 沈坤, 秦潇. 河南省石墨矿床分布特征及找矿方向 [J]. 中州煤炭, 2016, (9): 155-158.

[96] 颜玲亚, 陈军元, 杜华中, 孙淑贤, 周雯. 山东平度刘戈庄石墨矿地质特征及找矿标志 [J]. 山东国土资源, 2012, 28 (2): 11-17.

[97] 颜玲亚, 高树学, 陈正国, 等. 中国石墨矿成矿特征及成矿区带划分 [J]. 中国地质, 2018, 45 (3): 421-440.

[98] 杨苇, 王贝贝, 周进生. 我国石墨资源勘探开发现状和产业发展思考 [J]. 资源与产业, 2017 (6): 57-63.

[99] 杨卉芃, 张亮, 刘磊. 国外石墨矿产开发利用趋势 [J]. 矿产保护与利用, 2019, 39 (6): 14-21.

[100] 杨培奇, 刘敬党, 张艳飞, 等. 黑龙江佳木斯地块典型石墨矿床含矿岩石地球化学特征及成矿时代 [J]. 中国地质, 2017, 44 (2): 301-315.

[101] 姚利花. 氮掺杂的石墨烯作为钠离子电池负极材料的第一性原理研究 [J]. 2019, 36 (2): 319-324.

[102] 于雷. 山西省大同市新荣区白山村石墨矿床特征浅析 [J]. 科学之友, 2012, (9):

119-120.

[103] 余仕军．江西金溪地区石墨矿床地质特征及找矿方向［J］．中国非金属矿工业导刊，2012，35（3）：74-77.

[104] 张本臣．穆棱市光义石墨矿地质特征及成因浅析［J］．吉林地质，2005，24（4）：47-53.

[105] 张福良，张世洋，吴珊. 中国石墨产业发展现状及未来展望［J］. 炭素技术，2015，34（5）：1-5.

[106] 张国新，胡霭琴，张鸿斌，张前峰，申佑林．新疆苏吉泉石墨矿床成因的碳同位素证据［J］. 地球化学，1996，25（4）：379-385.

[107] 张生辉，蔺志勇，刘波，等．中国石墨资源调查报告［R］. 中国地质科学院矿产资源研究所，2016.

[108] 张清平，田成胜．湖北三岔娅石墨矿地质特征及成因分析［J］．中国非金属矿工业导刊，2012，(90)：5-7.

[109] 张苏江，崔立伟，张彦文，韩健，尚磊．国内外石墨矿产资源及其分布概述［J］. 中国矿业，2018，27（10）：8-14.

[110] 张天宇，张忠良，李金钱．我国区域变质型石墨矿床研究现状综述［J］. 中国非金属矿工业导刊，2014，(111)：36-38.

[111] 张小林，樊文军，李作武，陈正国．陈军元．新疆奇台县黄羊山发现超大型晶质石墨矿床［J］. 中国地质，2017，44（5）：1033-1034.

[112] 张新虎，汤中立，刘建宏，任丰寿，赵延庆．甘肃省矿床成矿系列研究［J］. 甘肃地质，2012，16（4）：4-5.

[113] 张蔚语．福建老鹰山矿区石墨矿床特征及成因［J］. 地质学刊，2010，34（4）：377-381.

[114] 张媛媛，程群峰．石墨烯复合纤维材料研究进展［J］．中国材料进展，2019，38（1）：49-57.

[115] 张越，刘婷．论山西省大同市新荣区七里村石墨矿矿床地质特征及经济意义［J］. 华北国土资源，2014（5）：108-109.

[116] 张增奇，刘明渭，宋志勇，张淑芳，栾恒彦，迟守祥，徐立军，赵光华，高美霞，迟培星．山东省岩石地层［M］. 北京：中国地质大学出版社，1996.

[117] 赵兵，祁宁，祁汝锋，王飞，等．我国石墨烯领域专利分析［J］. 现代化工，2017，37（8）：11-14.

[118] 赵然然，宋守永．黑龙江省石墨矿成矿条件探究［J］. 产业与科技论坛，2013，12（6）：64-65.

[119] 赵瑞．全球耐火材料供应和需求形势［J］. 耐火与石灰，2015，40（2）：38-41.

[120] 赵院东，邵俭波，车继英，等．马达加斯加 Maevatanana 绿岩带前寒武纪地壳演化：来自锆石 U-Pb 年代学和 Hf 同位素的证据［J］. 地质论评，2015，61：919-921.

[121] 赵想安．都兰县查汗达洼特石墨矿矿床特征及成因分析［J］. 中国非金属矿工业导刊，2015，(114)：54-55.

[122] 郑永涛，高洁，孙莉，郝培珧．内蒙古阿拉善左旗查汗木胡鲁晶质石墨矿地质特征及找矿标志［J］. 地质学刊，2016，40（4）：695-700.

[123] 中国产业信息．2014 年中国工业废水治理行业发展现状及产业投资规模测算［EB/OL］.（2014-11-04）.

[124] 周久龙，邵帅，吴大天，等．新元古代地幔柱事件在 Rodinia 超大陆西缘的响应：来自马达加斯加的初步证据［J］．岩石学报，2014，30（11）：3366-3373.

[125] 周久龙．马达加斯加新元古代 Imorona-Itsindro 岩套的构造属性及其地质意义［D］．博士学位论文，2015.

[126] 周南，程秀峰，高杨．微波法制备无硫膨胀石墨及表征［J］. 矿产保护与利用，2015（5）：38-40.

[127] 中华人民共和国工业和信息化部．石墨行业规范条件［R］. 北京，2020 年第 29 号．

[128] 中华人民共和国国家质量技术监督局. 固体矿产资源/储量分类［S］. GB/T 17766—2020.

[129] 中华人民共和国国家质量监督检验检疫总局. 固体矿产地质勘查规范总则［S］. GB/T 13908—2020.

[130] 中华人民共和国国家质量监督检验检疫总局. GB/T 3518—2008 鳞片石墨［S］.

[131] 中华人民共和国国家质量监督检验检疫总局. GB/T 3519—2008 微晶石墨［S］.

[132] 中国国家标准化管理委员会．GB/T 25283—2010 矿产资源综合勘查评价规范［S］.

[133] 中华人民共和国自然资源部．DZ/T 0336—2020 固体矿产勘查概略研究规范［S］.

[134] 中华人民共和国自然资源部．DZ/T 0326—2018 石墨碎云母矿产地质勘查规范［S］.

[135] 周树亮，王云佩，张旭，等．内蒙古达茂旗查干文都日区石墨矿地质特征及开发经济意义［J］. 吉林地质，2015，34（1）：61-66.

[136] 周艳晶，李建武，王高尚．全球战略性新兴产业资源形势分析［J］. 中国矿业，2015，24（2）：1-4.

[137] 邹建新，徐国印，彭富昌．国内外石墨资源及攀枝花石墨烯产业发展的思考［J］. 攀枝花科技信息，2016（2）：42-50.

[138] 左力艳，张万益，李状．全球石墨资源产业现状分析与我国石墨行业发展建议［J］. 矿产保护与利用，2019，39（6）：32-38.